現代社会を読み解く

嘉本伊都子　霜田　　求
手塚　洋輔　中田　兼介
中山　貴夫　西尾久美子
　　　　編著

晃洋書房

まえがき

　京都女子大学現代社会学部では，演習用教材としてこれまで『現代社会論——当面する課題』(2006年)，『現代社会研究入門』(2010年)を刊行してきた．学部所属教員がそれぞれの専門分野に関連するトピックについて執筆し，1年次の基礎演習を受講する学生はこれらの教材を通して，資料や情報の集め方，調査や発表の仕方，レポートの書き方などを学び，卒業論文を作成する3～4年次の演習クラスの選択に役立てることもあった．また，現代社会学部が発足時より継続的に取り組んでいるFD活動（ファカルティ・ディベロプメント：教員が授業内容・方法を改善し向上させるための組織的な取組）の成果を示すものでもある．

　本書も同様の趣旨で構想され，編集委員会での協議を経て全体の構成が確定し，各教員がそれぞれの問題関心に基づいて，最新のデータや知見を踏まえて執筆されたものである．読者は，人文科学系（倫理学，仏教学，心理学，人類学），社会科学系（社会学，法学，政治学，行政学，経済学，経営学），自然科学系（生物学，精神医学），学際系（情報学，環境学）といった多彩な学問分野の教員を擁する現代社会学部の全体像を概観することができるはずである．

　本書の構成について簡単に説明しておこう．

　最初のパート「1．学びのための作法」は，大学で学ぶための基本的な姿勢（心構え）とスキル（技能）を習得してもらうことをねらいとする．テキストの内容や自分が興味を抱いたトピックに関連する資料や情報の集め方，調査や発表の仕方，レジュメやレポートの書き方といったことをしっかりと身につけていただきたい．

　「2．いのちの始まりと成長」から「7．インターネットと現代社会」までのパートに所収の各章では，人間，文化，産業，地域・国際・社会，自然・環境，情報といった問題枠組みのなかで，執筆者それぞれがこれまで取り組んできたトピックを選び出して，多様な角度から論点を掘り下げ，議論を展開している．読者は，各トピックに関する基本的な知識を得るとともに，そこで描かれてい

る内容から知的好奇心を刺激されることにより，自らさらに学ぼうという意欲を得るにちがいない．興味をひかれたトピックについては，ぜひ各章に掲載されている参考文献や推薦図書を手にとってほしい．

　出版事情の厳しい中，『現代社会研究入門』に続いて本書の出版を快く引き受けて下さった晃洋書房の井上芳郎さんには心より感謝申し上げる．また，本書の出版に当たって，京都女子大学から平成26年度の出版助成を受けた．執筆者一同，記して謝意を表明したい．

　　2014年12月3日

　　　　　　　　　　　　　　『現代社会を読み解く』編集委員会一同

目　次

まえがき

1．学びのための作法 ……………………………………（ 1 ）
第 1 章　大学での学習・研究の基礎体力をつけよう　…江口　聡………（ 1 ）
第 2 章　レジメの作り方，レポートの書き方　………嘉本伊都子………（ 14 ）
第 3 章　社会調査事始め　……………………………奥井亜紗子………（ 27 ）

2．いのちの始まりと成長 …………………………………（ 39 ）
第 4 章　豊かさと幸せ　………………………………秋本　勝………（ 39 ）
　　　　　――GNH をめぐって――
第 5 章　生命の始まりをめぐる諸問題　………………霜田　求………（ 53 ）
第 6 章　現代社会と自閉症スペクトラム　……………濱崎由紀子………（ 64 ）
第 7 章　思春期の心の成長　……………………………正木大貴………（ 77 ）
　　　　　――映画『千と千尋の神隠し』を通して――

3．人と人のつながり ………………………………………（ 89 ）
第 8 章　女性の政治的過少代表の克服をめざして　……竹安栄子………（ 89 ）
　　　　　――クォータ制への道――
第 9 章　離婚の経済分析　………………………………坂爪聡子……（ 105 ）
　　　　　――離婚増加の背景と今後――
第 10 章　グローバル化とつながり合いの変容　………工藤正子……（ 115 ）
　　　　　――国境を越える家族――

4．多文化社会と共生 ………………………………………（ 127 ）
第 11 章　現代の民族問題　………………………………林　忠行……（ 127 ）
　　　　　――ヨーロッパで考える――

| 第12章 | 21世紀の日系アメリカ人 ……………………… 東元春夫 …… (140) |

――社会調査の一例として――

| 第13章 | アフリカの貧困問題と私たち ……………… 戸田真紀子 …… (152) |
| 第14章 | 社会が作る法,法が変える社会 ……………… 澤　敬子 …… (165) |

――ジェンダーとマイノリティを手がかりに法社会学を学ぶ――

5．ヒト・モノ・カネの動き ……………………………………… (181)

| 第15章 | 現代日本経済の現状と展望 ………………………… 鳥谷一生 …… (181) |
| 第16章 | なぜ予算は決まるのか ……………………………… 手塚洋輔 …… (195) |

――決定を支えるしくみの分析――

| 第17章 | エンターテイメント産業の人材育成 ……… 西尾久美子 …… (205) |

6．生きる場へのまなざし ………………………………………… (217)

| 第18章 | 現代に生きる〈政治風土〉 ………………………… 森久　聡 …… (217) |

――鞆港保存問題にみる「話し合い」のローカリティ――

| 第19章 | 再生可能エネルギーについて ……………………… 諏訪亜紀 …… (233) |

――日本の再生可能エネルギー政策はどのように導入されてきたか――

| 第20章 | 生物に見られる種内変異の維持機構 ……………… 中田兼介 …… (252) |

7．インターネットと現代社会 …………………………………… (262)

| 第21章 | Internet of Things (IoT) ……………………… 宮下健輔 …… (262) |

――ネットに繋がるモノたち――

| 第22章 | ネットワーク社会を生き抜く ……………………… 中山貴夫 …… (277) |

1.

学びのための作法

第1章　大学での学習・研究の基礎体力をつけよう

> 大学は，人類が築きあげてきた学問の成果を学ぶとともに，社会や生活を改善するための知的な活動の方法を学ぶ場所です．ここではまず大学での学習のための心がまえと各種の基本的な知識について確認します．

はじめに——大学生活の目的と心がまえ——

皆さんは，企業に就職する，大学院に進学し学術的真理を追求する，社会に貢献する仕事をする，あるいは会社社長になる，政治家になるなど，様々な目標をもって入学してきたと思います．高校までは大学入学試験を通過するために画一的な「教科」を学ぶことが中心だったでしょう．しかし大学は違います．大学では，お仕着せの教科から進んで，「○○学」といった名前のついた各種の本格的な学問を学ぶと同時に，社会人として，市民として本格的な知的な活動する訓練をおこないます．

私たちはみな大人にならなければなりません．「大人になる」とは，なにより，他人にまかせずに自分で的確に判断できるようになるということです[1]．日本の法律では，20歳を越えれば誰でも，大金のかかった契約や結婚などを，すべて自分の判断と責任でおこなうことができる大人になります．結局のところ，あなた以上にあなたの人生がうまくいくことを願っている人はいないのですし，あなたの人生の責任は誰もとってくれないのですから，誰がなんと言おうと，最後は自分で判断しなければならないのです．また，近代社会における民主主義は，教育と学習を通じて自分で判断し行動できるようになった「市民」

が，様々な意見を寄せあい批判しあい議論するなかで立法・行政活動がおこなわれることを前提としています．あなたが自分で判断してくれなければ，社会がうまく動きません．

「大人」や「市民」になるためには，もちろんこれから大学で学ぶような幅広く深い知識を身につけることが重要なのですが，実は，大学で学ぶ知識そのものよりは，むしろこれから一生を通じて自発的に学習し行動する能力を高めることの方がはるかに重要です．高校までは勉強の目的は，とにかく試験問題に正しく答えることだったかもしれません．しかし，今後あなたが大人として，市民として答を出さなければならない問題に「正しい」答があるかどうかはわかりません．あなたがどういう人生を選択するかという問題を正誤問題にして採点してくれる人はいません．また，原発を稼働させるべきかどうか，人種差別的発言を法的に規制すべきかといった現在議論されている社会問題をマークシート問題にしてくれる人もいないのです．

たった4年間の大学生活で学べる知識はたかが知れています．また，大学で学んだ知識の少なからぬ部分は，学んだ時点で最新のものであったとしても，10年，20年経つうちには，たちまち古い知識，役に立たない知識，場合によってはまちがった知識になってしまいます．重要なのは知識そのものというよりは，正しく信頼できる知識を求め続け発展していく「学問」（科学）という営みの基本的な態度と，新しい知識を収集し整理し活用する力，そうした知識を常にアップデートしつづける力，そして自発的に学びつづけようとする習慣です．

実際のところ，大学卒業後に社会人がおこなう知的活動は，企業活動であれ，市民活動であれ，個人的・家庭的活動であれ，大学でおこなうこととまったく同じ構造になっているのです．ある目標を定め，レクチャーを受け，アイディアを練り，データや資料を集め信頼性を検討し，計画や企画書を作り，会合で自分のアイディアを提示し，仲間や論敵と話しあってアイディアや計画を改善し，決断し計画を実行し，その結果を評価し，次の活動につなげます．現在企業が求めている人材も，まさにそうした能力をもっている人々です．企業への就職活動で，あなたはまず自分の責任で企業の資料を収集し就職活動の見込みのある計画を立てねばなりません．課せられる「面接」はあなた自身のプレゼ

ンの場所であり、「グループディスカッション」は、あなたが積極的に他の人と議論をして全体に貢献できるかどうかを判断するためのものです。

　おそらく、こうした様々な活動のための知的な訓練は自発的なものでなければ効果がありません。知的な活動の能力は、自分で考えて考え、自分で選択してみることによってしか身につけることができないのです。⁽²⁾

(1) まずは大学ガイドブックから

　そこでまず心がけてほしいのは、常に自発的に情報を探しつづける習慣をつけることです。世の中には様々な情報があり、よい情報を入手することができればそれだけうまく活動しうまく生きることができるようになります。

　私が大学入学の時点で読む習慣をつけることをお勧めしたいのは、実践的なガイドブックです。

　なにをするにもうまい方法があり、そのためのガイドがあります。ガイド情報へのガイドもあります。地図をもたずに登山すれば運が悪ければ遭難するでしょう。健康と美容のためにダイエットしたいと考えたときに、いきなり1カ月で5キロ痩せようと思いつきで決め、食事を抜けば痩せるはずだ、と考えて無理なダイエットを実行しても必ず失敗し、一見成功したように見えてもすぐにリバウンドするでしょう。しかし最新のダイエットのガイドブックを見れば、無理のない適正な体重を目指した計画を立て、食事と体重の記録をつけ、筋肉をつけるエクササイズをするべきであること、その実現のための詳しいノウハウやティップス⁽³⁾を知ることができます。

　同じように、大学に入学はしたもののなにをしたらいいかわからない、時間割の組み方がわからない、勉強の仕方がわからないといった壁にぶつかったときには、とりあえず数冊ガイドブックを読んでみればよいのです。サークル活動や人間関係で悩んだときも、就職活動をはじめるときも、まずはガイドブックで基本的な考え方をおさえてから活動すれば苦労が減ります。もちろんガイドブックを読んでその通りに行動しても自動的にうまくいくことはありませんが、本当に自分で考えるための参考にはなります。

　最近は、大学での勉強法についてのよいガイドが数多く出版されています。そのほとんどが、講義の聞き方、ノートのとり方、レポートの書き方、図書館

の使い方，よいプレゼンテーションの方法など，大学生活に必要なことを事細かに説明してくれています．ガイドブックを読むコツは，同じ種類のもの複数冊目を通すことです．1冊だけだと，もしかしたらその本は偏った本かもしれませんし，オリジナルすぎる考え方をしているかもしれません．3冊程度目を通せば，おそらくどの本でもだいたい同じようなことが強調されているでしょう．それはおそらくその分野についての非常に基本的な知識です．そこを押えれば，あとは必要ならば気にいったものを購入し，自分の新しいアイディアで試行錯誤すればよいでしょう．

具体的に推薦できる書籍を章末のブックガイドにあげておきました．こうした本は大学図書館に数多く収録されていますので，早めに目を通しておくのがよいでしょう．インターネットにも多数のガイドがあります．特に「名古屋大学新入生のためのスタディティップス」(http://www.cshe.nagoya-u.ac.jp/stips/) は定評がありますので一見の価値があります．[4]

この文章を読んでいる人が，そうした本を自発的に手にとってくれれば，実は本章の目的は完了しています．以下はポイントだけを述べておくことにします．

（2）大学教員という人々

ここで，大学教員という人々について簡単に説明しておきます．大学教員は大学における教育者であり「先生」です．しかし多くの大学教員はむしろ，「先生」であるよりは，その専門分野の「研究者」「学者」を自認しています．大学教員は「先生」であるだけでなく，専門分野の研究者・学者として，より新しい知識，より信頼できる知識，より優れた意見を生産することが求められていますし，自分たち自身それを目指して大学教員になっています．大学教員は各専門分野の研究のプロフェッショナルですが，中学・高校の先生たちとは異なり，実はほとんどの教員は，専門的な「教育」の訓練は受けていません．[5]また，高校の教師は教育委員会や先輩教師から授業内容や指導法などを細かく指導されているでしょうが，大学教員は基本的には自分の責任で，授業内容から授業方法，成績評価まですべてをとりしきります．したがって，同じような科目名の授業でも，内容は担当する教員によって千差万別になります．

高校の授業で学んだことは，多くの人々によって承認された基本的な知識で

した．大学ではもっと新鮮な知見，現在発見されつつある知見，あるいは新しい問題に対する検討や解決策を紹介し，授業のなかで検討することが期待されています．学生に教えるべきことが定まっていた高校とは違い，大学の講義内容は原則的にその教員に完全に任されており，必然的にその教員の専門的な研究と研究上の立場を反映したものになります．「○○学入門」のような科目名の授業でも，教員は常に新しい知見を取り入れ紹介していきます．大学教員は，授業をおこないながら同時に自分の最新の研究をおこなっているのであり，授業のなかで新しい知見を検討し試行錯誤しながら，自分の研究を磨いているのだと理解してください．

　そうした新しい知識や見解は日々更新されるものであり，また常に他の研究者から批判され議論されているものでもあります．A教員が賞賛していた見解をB教員が否定する，C教員がけなしていた本をD教員が推薦する，ということを見聞きすることもあるかもしれません．これは当然のことなのです．大学の教員はまずは研究者であり批判者であって，現在の最新の研究成果にもとづいて意見を戦わせて，可能なかぎり真理に近いものや信頼できる意見を探しもとめています．高校生の勉強はすでにできあがった知識の体系を学ぶこと（そしてその達成度を大学入学試験などでテストすること）を目標にしていたわけですが，大学生になるということは，そうした知識と学問が刷新され磨きあげられていく場に居合せ，いっしょに研究することだと考えてください．したがって，大学教員の言うことをすべて正しいと考える必要はありません．むしろ批判的にいっしょに考えるという態度をもってほしい．一方的に学ぶだけの「生徒」から，若い「研究仲間」に成長してほしいと教員は願っています．

(3) 講義の聞き方

　大学では，講義形式の大人数授業も数多く受けることになります．講義は教員のレクチャーを通して，本を読むだけでは知ることのできない知識を獲得することができます．生身のお喋りによる講義は，本を読むよりもインパクトがあり記憶に残りやすいものです．また，意外な豆知識，裏話，教員自身の考え方などを知ることができるのも魅力です．

　講義で聞いた知らない単語，理解できない専門用語などを放っておかないよ

うにしてください．もしわからない言葉があったら，辞書をひく，教科書（テキスト）をチェックしなおす，各種の事典などを参照するなど工夫して，理解できないことをそのままにしない，という癖をつけてください．

　また講義では知識を吸収するだけでなく，各分野の研究者としての教員を観察してください．教員の上手でわかりやすいプレゼンテーション（プレゼン）のコツ，教材（レジメ）の作り方，発音・抑揚・間の取り方などの話し方，力点の置き方，教壇での姿勢，板書する姿勢等を観察しておけば，いずれ自分がゼミなどでプレゼンするときの参考になるでしょう．

（4）授業中の約束事

　ごくあたりまえのことですが，授業には約束事があります．常識で考えればいちいち列挙する必要はないでしょうが，あえていくつかあげておきます．

- どの授業でも，私語は厳禁です．私語は他の人の集中を妨害します．遅刻・途中退席も原則的に禁止です．一部には，講義をしている人が，テレビのなかで話をして自分たちの行動とまったく関係のないかのように行動する人がいますが，そうしたことは許されません．
- トイレや体調不良のときは教員に軽く会釈するなど，それらしき合図して退席してください．再度入ってくるときも邪魔にならぬように．
- 授業中の飲み物については，教員間で意見が分かれていますので，教員に個別にOKかどうか確認してください．ガムなどで口をもぐもぐ動かすのはみっともないのでやめましょう．机につっぷしての居眠りなども子どもっぽく醜いものです．
- スマートフォンなどは授業中にも辞書やメモ等に使えて便利なことがありますし，積極的に使用を促す授業もあるようですが，気が散ることを気にする教員が大半です．特に許可のないかぎり，基本的には電源を切りカバンに入れてください．
- イヤホンで音楽聞く，雑誌や旅行パンフレットを読むなどはもってのほかです．雑誌を読み音楽を聞くなら，教室よりももっとよい場所があるでしょう．

一番の基本的なことは，自分を透明人間だと思わないことです．人数の多い授業に出席していると，つい自分は誰にも気にされない透明人間だと思いこんでしまいます．しかし，どんな場所でもあなたの行動や表情は他の人に見え，影響を与えていることを意識してください．

（5）メモとノート

　メモやノートをとることは知的活動の一番の基本技術です．基本的に将来のための職業訓練だと思ってください．人間の記憶力などというものはまったく信頼できないものです．研究者であれ，ビジネスパーソンであれ，ジャーナリストであれ，秘密探偵であれ，なにをするにしてもメモをとる癖がついていなければなにもできません．

　しかし実際には，メモのとり方・ノートのとり方といったことはあまりにもその人の知的活動の核心の部分に近く，プライベートなものでもあるため，実際に書いたものを見せてもらうことは少ないものです．職業上の秘密，秘訣に近いものなので，赤の他人には簡単には教えられないのです．私自身，他の研究者がどういった研究ノートやアイディアのメモを作っているかを見たことはありませんし，見せたこともありません．またその手法もおそらく非常に多様で，このやり方が一番だ，と言えるものがあるのかどうかもわかりません．ただし，知的活動をおこなっている人々は，常によいメモの方法を探索しているといってよいと思われます．

　とりあえず言えることは，講義にかぎらず，ノートやメモをとる目標は，他の人の話や自分の考えの基本的な組み立てを再現できるようにすることだ，ということです．ところが，大学教員は高校までのように学生がノートをとりやすいように板書してくれたりすることはありません．多くの教員にとって黒板はただのメモ帳です．現在話していることのキーワードを殴り書きするだけの教員も少なくないでしょう．あまりほめられたことではないでしょうが，教員が黒板に書いたことよりも，黒板に書くことを忘れて夢中になって話している内容の方が重要なこともしばしばです．こうしたタイプの講義で，板書されたキーワードだけをノートに写してもなんの意味もありません．また，大学以降

の社会で話を聞くことになる人々は，必ずしも話をしなれた人ばかりではありません．要点がわかりにくい話のなかから要点や事実を探しだすことが必要になることも多いものです．そうした場合には，なにが「重要な点」であるかということは自分で判断するしかありません．

したがって，知的訓練として，できるかぎり教員の説明を自分で文章にしてノートにする習慣をつけるべきです．また，板書せずに口頭で説明されたこともできるかぎりノートしてください．余裕があれば，特に重要だと思われることや疑問も簡単でいいのでメモしておきましょう．また，話の内容をコンパクトにまとめた文章を作ってみてください．こうした地道な自発的学習のつみかさねが知的な能力の向上につながります．

典型的なノートのとり方の詳しい手ほどきは，推薦図書にあげた書籍を参照してください．とにかく最初は「なんでも書きつける」という態度で1コマ90分集中して書いてみればよいでしょう．試行錯誤して自分なりの方法を見つけてください．この章の推薦図書にあげている書籍でもノートのとり方をそれぞれの方法で説明しています．様々な流儀があることがわかるでしょう．

またペンやノートの文具は知的な活動の基本的な装備なので，書きやすいものを探してこだわりましょう．パソコンやネットの利用についても研究するべきです．

(6) ゼミ・少人数授業では積極的に発言する

少人数授業や「ゼミ」こそが，大学教育の核です．いつも数十人で授業を受けていた高校との一番の違いです．自分で調べ，考え，プレゼンし，議論することを学ぶには，やはり少人数の方が効果的です．

一番大事なのは，受け身にならず，なんらかのしかたで「みんなと協力する」という態度です．積極的に発言しましょう．教員や他の受講者の言うことがわからなかったら，すぐに疑問をぶつけ，また話題を提供しましょう．若いうちは人前で話すことがはずかしいと思ったり，「私がだめだからよくわからないのだ」「私のアイディアや疑問なんか価値がない」と思ってしまって黙りこんでしまったりすることがありますが，そうした思いを捨ててしまいましょう．実社会でのミーティングや会合では，単にその場にいて話を聞くだけでなく，

アイディアを出し，疑問を明らかにして，その場にいる全員がなにかをしっかり理解すること，新しいアイディアや知識を身につけること，協力してなにかを発見することが期待されているのです．単に誰かの話を聞いてその通りに行動するだけなら，少人数での会議やミーティングの必要はないのです．アイディアや疑問を共有することこそが学問や共同作業の中心部分であり，ゼミや少人数授業はその技術を学ぶ最善の機会なのです．ポイントを簡単にあげておきます．

- 必ずなにか発言することを心がけること．なにも発言しないということは，その会合のテーマや，その場にいる人々に対して関心がないということを意味してしまいます．
- 人の話を聞く態度や話をする態度や姿勢は円満なコミュニケーションのために非常に重要です．また，他の人が話しているときはその人の表情や口調，姿勢，その他に注目し観察すること．
- 自分は内容がよくわかったので質問すべきことがないと思ったときでも，「質問はないです」ではなく「〜ということですね」と確認する．意外に自分が理解したと思っていたことは正確でなかったり，重要なポイントが違ったりするものです．

(7)「本」の選び方

いつの時代も，信頼できる情報を与えてくれるのは書籍・論文です．図書館にも書店にも書籍は大量にあります．しかしすべてがよい本であるとは限りません．なかには，政治的に極端な意見や，明らかにまちがった「科学」情報をどうどうと掲載している本や雑誌もあり，政治や人々の健康などに与える影響が懸念されています．また，ゼミなどで課題を出すと，時々いわゆる「トンデモ本」を参考にしてレポートを書いてしまう人がいます．そうした学生さんに，「その情報はどこから手に入れたの？」と聞くと「本に載っていた」という答をよく耳にします．本はたしかに知識を与えてくれますが，本も様々であって本として書店で売られているからといって信用できるというわけではありません．

まず，その「本」は誰が書いたものかを常に意識してください．文章は必ず誰かが書いたものです．その「誰か」が信用できる人なのかどうかを確かめながら読まなければなりません．そのために役に立つのが，本の奥付（最終ページ）にある筆者の経歴や業績です．なにが専門分野なのか，どんな学歴や職歴なのかを確認してください．たとえば，経歴や職業が医学や保健学となにも関係がない人が書いたダイエット本は，単なる筆者の個人的な経験にもとづいたものでしかない場合があります．そうしたダイエット法は，むしろ不合理で危険なものかもしれません．この『現代社会を読み解く』に掲載されている論文の参考文献を読んでもわかるように，学術的な書籍・論文に付けられる文献情報は必ず筆者が先頭に表示されます．これは学問の世界では「誰の意見か，誰が集めたデータか」ということが最も重要な情報だからです．先の「その情報はどこから？」という質問に対して教員としては，「○○学者の××という人が書いた『～』という本を読んだ」と答えてほしいわけです．そしてその筆者が人々からどんな評価を受けているのかも意識してほしいものです．

　出版社にも注意してください．当然のことながら，しっかりした出版社はしっかりした本を出す傾向があり，(6) しっかりしたシリーズはしっかりしたシリーズ編集をおこなっていてしっかりした本が収録されている傾向があります．(7) また，一般向け雑誌や学術雑誌にも格付けが存在しています．学問の世界では，一流の学会が発行している雑誌に掲載されている論文は，「査読」という批判的な目にさらされ評価されたものなので，最も信頼がおけるとされています．こうした出版社や雑誌に関する知識は一度には身につきません．どの出版社がしっかりした出版社であるか，といったことは常に情報を集めつづけなければわかりません．

　また出版年にも注意してください．新しければよいというわけではありませんが，学術的な情報は常に刷新されているので，たいていの学問領域では20年前の書籍・論文は20年前の時点での知識や意見として受けとめねばなりません．

　脚注や後注，書籍の後ろにある参考文献リストや索引がしっかりしている本は内容もしっかりしていることが多いもので，一応の目安になります．

　一番簡単なのは，専門の教員に推薦や評価を求めることでしょう．大学教員

は研究のプロですので，自分の専門分野について勧める本は基本的に信頼してかまいません．どの本がよい本であるかということは，大学教員たちの一番の関心事であり，専門分野については常に情報交換し評価づけをおこなっています．また，オンライン書店や書評サイトの記事は玉石混交ですが，参考にはなります．(8)

(8) 図書館を利用しよう

　教員と学生にとって，大学施設で最も重要なのは図書館です．大学生と高校生との一番大きな違いは，なんといっても自由な空き時間があることでしょう．読まねばならない本，読みたい本やDVDを自分で購入するのはたいへんな負担ですので，ぜひ図書館を利用してください．学生生活のはじめのうちに，場所を確認し，書架や雑誌室をひとまわりして，どこにどんな本があるかざっと見ておくとよいでしょう．

　大学図書館には高校とは比べものにならない大量の本が収蔵されており，その大半は直接本を眺めることのできない閉架書架や学外書庫に納められています．そのため，実際にはOPAC（オンライン蔵書検索）等で検索して利用することになります．使い方は大学の「利用の手引き」等で確認してください．章末の図書ガイドでも図書館の利用方法について詳しい説明が掲載されています．

　大学図書館は視聴覚資料も充実しています．また，府立図書館や市立図書館など公共図書館の場所もチェックしておきましょう．一般向けの軽い小説，一般生活のハウツー本などはそうした図書館の方が充実しています．また大学図書館も公共図書館も，「購入希望」「リクエスト」等を受けつけています．あなたが他の人にも有益であろうと判断した本については，積極的にそうした要望を提出してください．(9)

　また，必要な図書を探すために図書館カウンターの「リファレンスサービス」を利用することもできます．ある程度自分で調べてわからないことがあったり，どうすれば情報を見つけることができるか見当がつかなかった場合には，専門家が本探しを手伝ってくれたり，探し方をアドバイスしてくれるはずです．教員もしばしばお世話になっていますので利用してください．しかし自分ではな

にも調べずに相談するのは避けてください．まず図書館の「利用の手引き」を熟読して，何を探したいのか，自分はどこまで調べたのかなど，しっかり質問すべきことを考えてからから訪問しましょう．

また，図書館の各種のルールは守ってください．基本的に講義と同様に私語は厳禁です．

おわりに

これまで書いてきたようなお説教のほとんどは，大学に入学したてのときはありがちなお説教として聞き，強制的に読まされても実は身につくものではないでしょう．結局私たちは，自分がなりたいものにしかなることができないのです．大学での勉強や研究も，もしあなたがそれを望まなければなんの役にも立たないでしょう．

しかしもしあなたが自発的になにかをし，何者かになろうとしているならば，大学が提供できることはたくさんあります．あなたによって有意義であると思われる4年間を過ごせるように，常に情報にアンテナをはり，試行錯誤を繰り返してくれることを願っています．

注
（1）これは18世紀の哲学者カントが『啓蒙とは何か』という有名な論文の冒頭で主張したことです．
（2）なぜ自発的な活動を通してではないと知的な能力が身につかないのか，なぜ自由が大事なのかということは，19世紀の哲学者J. S. ミルの『自由論』（特に第3章）を読んでみてください．
（3）「ティップス」(tips) とは「ちょっとしたコツ，秘訣」です．
（4）同じ名古屋大学の「成長するティップス先生」(http://www.cshe.nagoya-u.ac.jp/tips/) は大学教員のためのティップスですが，学生とは逆の教員の側から大学を見てみるのも興味深いでしょう．
（5）もちろん最近ではFD（ファカルティ・デベロップメント）として大学教育の改善のための取り組みがおこなわれ，多くの教員がとりくんでいます．
（6）著名でない出版社の本の質が低いということではありません．
（7）私見では，たとえば新書ならば中公新書は非常に高い評価を得ています．また岩波

ジュニア新書は非常に良質でどれも読む価値があります．ただしこうした評価も年とともに変わりますし，先に述べたように書籍やシリーズや評価について研究者の意見が食い違うことは多々あります．
（8） しかしたとえば，Amazon ブックストアでぜんぶ最高評価，という本は私ならばあまりに評価が高すぎて関係者や「信者」による「自作自演」を疑います．
（9） もちろんその図書館にふさわしい書籍でなければなりません．

推薦図書

コーンハウザー，A. W.（1995）『大学で勉強する方法』，玉川大学出版部．アメリカの大学向けですが，大学生の心がまえの本として定評があります．薄くて読みやすい．

筒井美紀（2014）『大学選びより 100 倍大切なこと』，ジャマンパシニスト社．これも大学生の心がまえについての本です．高校での勉強はプールで泳ぐようなものであり，大学からは海で泳ぐようなものです．

佐藤望編（2012）『アカデミック・スキルズ』，第 2 版，慶應義塾大学出版会．ノートのとり方，レポートの書き方，図書館での調査などがコンパクトにまとめられています．

学習技術研究会（2011）『知へのステップ』，第 3 版，くろしお出版．内容は上の『アカデミック・スキルズ』と同様ですが，ノートのとり方等はより詳しく説明されていて参考になるでしょう．

田中共子編（2010）『よくわかる学びの技法』，第 2 版，ミネルヴァ書房．これも事細かにノート，図書館，ネットでの調査などを解説しています．

（江 口 　 聡）

第2章　レジメの作り方，レポートの書き方

　　感想文しか書いたことのない日本の大学の新入生にはロジカルな思考に基づいた文章＝レポートを書くことはキツイ．大学では，演習科目，一般にゼミと呼ばれる少人数クラスがある．ゼミでは，テキスト＝文献を読み，要約し，レジメを作成して発表する．ゼミの仲間や先生とディスカッションし，修正したレジメに基づいてレポートを書く．皆の前で報告＝レポートし提出する．本章は，評価の高いレポートを書くコツを明確にする．

--◆

はじめに──ジェネリックスキル──

　「どうしたら身につくの？　社会に出ても通用する力」．新聞の一面広告に河合塾とリアセックが共同開発したジェネリックスキルの成長を支援するプログラム「PROG」の宣伝の見出しである（朝日新聞2014年8月17日付広告）．ジェネリックスキルとは，専攻・専門に関わらず社会で求められる汎用的な知識・技能・態度であるという．知識を基に実践的に問題を解決に導く〈力〉をリテラシー，周囲の環境と意関係を築く〈力〉をコンピテンシーと位置づけ，その両面から客観的に測定して育成するのだそうだ．リテラシーには，情報収集能力→情報分析能力→課題発見力→構想力→問題解決へという図が掲載されている．コンピテンシーには，3つの基礎力の「対課題基礎力」「対自己基礎力」「対人基礎力」が輪になって描かれ，真ん中に「環境に対処する力」とある．

　上記の段落は広告に掲載されていた内容の要約である．では新聞の広告という情報から，あなたならどう情報分析し，課題を発見するであろうか？　筆者がここからどのように問題提起し，情報を収集しようとするか，〈おわりに〉で紹介しよう．

　ゼミで課されるレポートを本章で紹介する「レジメの作り方」そして，レジメに基づいた「レポートの書き方」を1つ1つ実践し繰り返すならば，ジェネリックスキルは磨かれる．

たとえ，期日にレポートが提出されたとしても，0点，あるいは単位取得が難しいレポートがある．日本語の文章を書く際のルールを守らない，独りよがりで日記（ブログ）のような文章である．単位取得可能なレポートとは，本章で示すルールを守り，5W1Hが明確で，初めて読む人にもわかりやすい文章で書かれたものである．評価の高いレポートとは，課題と問題提起が明確で，的確な情報収集とそのデータの分析ができた，ロジカルな文章で書かれたものである．

（1）レジメの作り方
a　レジメとレシピ

本章の，レジメとレポートの作成過程は，社会科学（政治学，社会学，経済学など）では一般的なやり方である．しかし，人文学（文学，哲学，歴史など）自然科学では異なる．担当のゼミの先生によって，構成要件が異なる場合がある．必ず担当の先生のやり方に従ってほしい．

レジメとレポートの違いを明確にしておこう．レポートはその文章を読んだだけで，補足しなくてもわかるように書いた文章である．音読しただけで，理解ができるレポートは素晴らしい．評価の高いレポートを作成するためには，どうしたらいいか．レジメをしっかり作ることだ．

レジメとはフランス語で「要約」の意味である．大学では，レジメの作り方はそれぞれのゼミで習う．ゼミで「レジメをきってくれる？」と言われれば，「レジメを作成し，発表して下さい」という意味である．

紙芝居は，絵が書いてあるが，言葉はほとんどない．レジメも，視覚的なわかりやすさが求められる．図表の工夫，空間の使い方を利用すると，よいレジメができる．現代の紙芝居であるパワーポイントなど，スライド式に要点を示すソフトもレジメと同様，なんとなくわかるが，レジメやパワーポイントだけでは完全に理解できない．発表を前提としているからだ．レジメの発表はコンピテンシーの3つの基礎力すべてを必要とする．

レポートは完成した料理そのものだ．レポートの美味しさ＝高得点かどうかは，「下ごしらえ」段階できまる．レジメは，料理のレシピに似ている．料理を作るとき，まず材料を切り，調味料を調える．だが，同じ材料でも，中華料

理にも，フランス料理にも，日本料理にもなりうる．どの順番で，蒸したり，焼いたりするかで，美味しいか不味いかが決まる．段取り力が問われる．あなたがどのようなレポート（〇〇料理）にしたいのか，そのレシピと料理方法を吟味するためのものが，レジメだとイメージしてもらえたらよい．

b レジメ見本と構成要素

レジメもレポートも構成は同じである．箇条書きにすると以下の通りとなる．

〈タイトル・サブタイトル〉
〈0. 本報告の目的〉
〈1. 要約〉
〈2. 問題提起〉
〈3. 議論・分析・考察〉
〈4. 今後の課題〉
〈5. 参考文献〉

以上の構成を，レジメの場合，A4の用紙2枚程度で作成する．

〈0. 本報告の目的〉だけは基本中の基本である5W1H(when, where, who, what, why, and how) に気をつけて，文章で書こう．レジメの段取りのすべての手順を終了してから〈本報告の目的〉は作成しよう．レジメの構成としては，タイトルの次に入れよう．〈レジメ見本〉を見て欲しい．記号（＊）や数字（Ⅰ, 1, ①, 1.1.）→（矢印）などを活用しよう．特に〈why なぜ？疑問〉が一番重要になる．「レポートの書き方」で詳述するが，〈なぜ？疑問〉にはあなたの問題意識が含まれている．評価が高くないレポートは，how はあるが，why がない．Howのみのレポートは，タイトルが「～について」になっていることが多い．「～についての」の「何が問題？」と聞かれて答えに困るようだと，レポートの点数は上がらない．レジメ作成時に問題となるキィワードを3つ考えてみよう．その3つが，タイトルとサブタイトルに反映されていれば，いいレジメ＝レポートだ．

デジタル時代には，いかに視覚に訴える発表をするかが問われる．ここにもその人の性格がでる．見る人がわかりやすい「思いやり」のあるレジメと，ルールを守らないレジメでは，その人が信頼できる人物かを判定できてしまう．〈2.

レジメ見本（A4 の紙，2 から 3 枚程度が望ましい）

20XX 年○月△日提出

科目名
氏名　　　　　　　　学生証番号

レジメ・タイトル（全体の中身を表現）
―― サブ・タイトル（何に焦点があたるのか）――

0. 本報告の目的
初めて読む人にもわかるように文章で一段落を構成するように書こう．目安は 5～8 行．5W1H（where どこの，which 比較，who 誰の，what 何について，why なぜ＝問題提起のクエスチョン，how どのような＝方法またはデータで，分析・考察）に注意して，レジメで何をどこまで発表するのか，全体を大まかに伝える

1. 要約　〈2. 問題提起〉のための要約
著者名，テキストの章タイトル，書籍タイトル，ページ数を明示する．テキストの主張を的確に把握しよう！
引用の仕方
① インデントを利用して抜書きする（ページ数明記）
② 括弧を使う「　」例（嘉本，2014：305）＝（著者名，出版年：ページ数）
③ 数ページを要約して提示する場合．例　嘉本によれば，……（嘉本，2014：304-310）
注意＊ここで自分の意見を入れてはいけない

2. 問題提起　「なぜ～なんだろう？」
〈1. 要約〉は，〈2. 問題提起〉をしやすいように要約するのがコツである
＊　著者の主張や論理展開への疑問，データへの疑問
＊　自分の発見　へえ，こうなんだ！　でも，なんでだろう？
　★　仮クエスチョン「なぜ？Why」
　★　仮クエスチョンへの仮アンサーを作ってみる＝原因，要因を考えてみよう！

3. 議論・分析・考察　仮アンサーを検証する
〈2. 問題提起〉で示した　仮アンサーを検証する
＊　データを収集し，記述・分析する
　データの記述＝図表のタイトル明記，単位，数値を用いて図表を描写する．自分の意見は書かない．
　データの分析＝仮クエスチョンに対する仮アンサーがあっていたかを検証．自分の分析を入れる．

4. 今後の課題
仮アンサーが論証できなくても，論理的プロセスを重視する．どこまでわかったのか．次はどうしたらいいかを考えることが大切＝今後の課題

5. 参考文献　URL の提示　参考文献に複数文献がある場合はどの文献を参考にしたかわかるように！
著者名（出版年）「章のタイトル」書籍の編著者『書籍のタイトル』出版社
例：嘉本伊都子（2014）「国際結婚の誕生，その後」藤原良雄編著『なぜ今，移民問題か』藤原書店：304-310
URL → 厚生労働省「人口動態統計」　http//www.xxxxx　年　月　日アクセス）
wikipedia 使用禁止！無断コピペは盗作 0 点！

（ページ番号を忘れずに）

問題提起〉が一番キツイ．なぜなら，高校まで「考える力」を養うカリキュラムに大半の日本の学校教育はなっていないからだ．

　最初，問題意識は曖昧で，漠然としている．だからこそ，ゼミでレジメをきって発表しよう．失敗をここで恐れないこと．「ここまでは考えてみたけど，この方向性でいいのか？」をぶつけてみよう．先生やゼミの仲間のツッコミに反論し，自分の問題意識を明確にできるかが「評価の高い」レポートへの第1歩である．ゼミでの発表をいい加減にする（失敗するかどうかではない）か，真剣にするかは，レポートの評価を左右する．ゼミでのディスカッションをいかしてレジメを修正し，その修正レジメをもとに，あとはレポートを書こう．

（2）レポートの作り方
〈1．要約〉

　ゼミでは，テキストを指定せず「なぜ日本は少子化するのか」についてレポートを作成すること，という課題もあるが一般的には，共通のテキストを使用することが多い．例えば，『Do！ソシオロジー』という教科書のなかの1つの論文から要約する場合を示そう．その第7章は江原由美子が書いた「ジェンダー・フリー」のゆくえ，という章である．〈5．参考文献〉には，論文の著者，出版年，「論文タイトル」編者『書籍・雑誌のタイトル』出版社，頁数の順に書く．論文のタイトルは「　」の括弧でくくるので，もともと「ジェンダー・フリー」についている括弧は，「　」に入れるので『　』の括弧でくくる．

〈5．参考文献〉
江原由美子（2013）「『ジェンダー・フリー』のゆくえ」友枝敏雄・山田真茂留編著『Do！ソシオロジー』有斐閣：178-202

　〈1．要約〉では，参考文献にすべて書かれているので，次のような書き出しにしよう．初出はフルネームを書き，次からは苗字だけでよい．

　　　江原由美子著「『ジェンダー・フリー』のゆくえ」によると，……

上記のように，テキストの要約には，レジメでもレポートでも誰が書いたどんな論文かを明記しよう．レジメでは参考文献の書き方で示すような，書き方で

もよいが，レポートの場合は，初めて読む人にもわかりやすく書き出そう．何を要約したかわからないようなレポートは減点である．

　要約のポイントは，テキストの著者が何を主張したいのかを的確に把握すること．5W1Hに気をつけて要約してみよう．テキストを読んで分からなかった部分は，しっかりゼミの時間に確認するとよい．ただし，単語レベルは辞書やネットで検索してくること．あくまでも，論旨を理解することが大切である．要約の箇所では，学生がこのテキストの主張を把握したかどうかを判定できる．きちんと高校の現代国語の論文読解の力をつけているかどうか，要約をさせると，すぐにわかる．読解力がない要約は，点数が低い．残念ながら「日本語の基礎をもう一度学習して下さい」と書かれる学生は少なくない．高校までの学習をしっかり復習しよう．要約部分には，自分の意見や主張は入れないこと．

〈2. 問題提起〉
① 感想文とレポートの違い

　〈1. 要約〉で，著者の主張を要約した．次に問題提起を行う．つまり，「なぜ？」というあなた自身の意見＝問いを発する箇所である．「感動した！　衝撃を受けた！」という感想文や日記のような文章は必要ない．〈2. 問題提起〉が一番キツイ．普段何も社会に対して疑問に感じないで過ごしている人には，問題提起を行うことは難しいからだ．「探求すべき何か」があなたのなかにある場合，問題意識が高いといえる．「探求すべき何か」がわからない人は，「先生，問題意識はどうやって持ったらいいですか？」という質問をしてくる．そのヒントは，第3章にあるので，読んでみよう．

　新聞やニュースに日頃から接していれば，現代社会における問題群など，星の数ほどある．だが，「〜について」というタイトルのレポートや，あるいは「○○について問題だと考えた」とのみ書いてあるが，考えた跡がない．調べただけで，問題提起のないレポートの点数は低い．「何が問題？」と赤入れされる典型だ．「○○について」のなかで，あなたがサーチ・ライトで照らし，問題として取り上げたいものは，何か．Why＝なぜそれを取り上げるのか書いてみよう．レポートは皆に知らせる＝報告する意義が必要である．

　調査は，英語でリサーチと表現する．リサーチするためには，何を明確にしたいのか，どこを照らしたいのか，サーチ＝探る必要がある．闇雲に「○○に

ついて」調べることは，ただゴミのような情報を収集することになる．「なぜ論」をロジカルに筋道を通して探すことをリサーチという．リサーチができる人のことをリサーチャー，研究者と呼ぶ．よいリサーチャーは問題意識が明確である．大学院に進みたい人は高校までのお勉強ができる人ではなく，この問題意識が次から次へと湧き起こり，疑問の解明を根気よくできる人である．

なぜこの問題を取り上げるのか，という問題意識は就職活動でもっとも必要となる．面接で「なぜ，この会社に入りたいのか？」という質問に「好きだから，感動したから」と感想文で答える人には，「お祈りメール」と呼ばれる「今回はご縁がありませんでした」という回答を頂くことになるだろう．

② 問題提起の鍛え方「なぜ～？」「なぜならば～」を5回繰り返す

問題提起の部分は「なぜ○○は××なんだろう？」という問いにしてみるとよい．私はこれを仮クエスチョン（以下，仮Q）と呼んでいる．疑問に対して，こういうことが原因ではないか，あれが要因ではないかというあなた自身の脳みそで考えたアイディアを仮アンサー（以下，仮A）と呼ぶ．「なぜ○○は××なんだろうか？」という仮Qに，原因・要因をいくつか考えるのだが，仮Aは3つぐらいあるとよい．その原因，要因が正解かどうかは，データを収集して，論証してみなくてはならない．仮Qは，「仮」なのだから間違っても構わない．なぜ仮説としないか．仮説というには，他の説を知っていなければならない．だが，他の説を知る時間がないので，仮Q，仮Aと呼んでいる．

社会学アプローチでは仮Q，仮Aを鍛えるトレーニングをする．仮Qは「なぜ日本は少子化するのか？」である．あなたの考える原因，要因を「なぜならば……」という文章を作って答えよう．そのとき文章に，複数の原因・要因を入れないこと．なるべくシンプルな文章にすること．その文章の「なぜならば」の文章を「なぜ」に直して疑問文を作成し，その問いに対して「なぜならば……」を5回繰り返すというトレーニングである．

「なぜ日本は少子化するのか？」
「なぜならば日本人女性が子どもを産まなくなったから」
「なぜ日本人女性は子どもを産まなくなったのか？」
「なぜならば……（ここから先は社会学アプローチの宿題）」……

以下,「なぜ〜?」の仮Qに「なぜならば」ではじまる仮Aの文章を作成し,ロジカルに掘り下げてみよう.

　仮Aで考えた原因,要因は,変数と呼ばれる.例えば,「日本人女性が子どもを産む」という行動は,出生数を調べたらよい.だが,産む人もいれば,産みたいのに産めない人,産みたくないから産まない人もいる.よって,その年の合計特殊出生率という出産可能年齢の女性が平均的に何人子どもを生んだかという数値がどう変化したかというデータのほうが重要になる.合計特殊出生率と,なぜならば……と仮Aを作りあげた文章にある変数との関係性をロジカルに考えていくことによって,「正解」かどうかが判断できる.必ずしも「正解」である必要はない.仮で想定した原因・要因ではないことがわかることも大切だからだ.データに振り回されないようにするために,しっかり,「思い込み」を修正する力,想定し,検証するという力を身につけよう!

　自分なりの仮Aつまり,原因,要因を考え,提示するまでが〈2. 問題提起〉であり,その原因・要因に基づいて,変数をリサーチする箇所が,〈3. 議論・分析・考察〉である.

　③ レジメを作って発表しよう

　〈2. 問題提起〉において,間違ってもいいから,仮Qと仮Aを3つぐらい考えよう.〈3. 議論・分析・考察〉に行く前に一度,レジメを作って発表をし,皆で議論してみよう.ゼミはコンピテンシーの3つの基礎力を磨くチャンスだ.ゼミでは,レジメを作って自分の考え方を説明し,批判する(される)力も養う.思いやりのある,他人にわかりやすい発表ができることが「対人基礎力」だろう.「対課題基礎力」は,問題提起がロジカルかどうか.「対自己基礎力」は,問題提起は自分でするのだから己に基礎力がなくてはならない.最初は上手くいかないが,ゼミで議論すればするほど,コツがわかる.ただし,先生は「答え」をくれない.つまり,あなた自身がアドバイスをうけて考え直し,ゴールにたどり着く必要がある.まさに,途中で投げ出さない「対自己基礎力」が必要だ.問題提起に必要なことが〈1. 要約〉されているかチェックしよう.

　優等生をしてきた学生のなかには,先生からの反論や批判を「先生は自分が嫌いなのだ」と思い込むことがある.仮である考え方の筋道(論理)に矛盾があるから批判しているのであって,あなたが嫌いだから,反論するのではない.

好き，嫌い（感想文）で判断するのは，高校まで．大学では，あなたの考え方のプロセスが論理的か非論理的かを検討する．社会でもロジカル思考は問われる．

　就職活動も，グループ面接などでは，他者が面接を受けている時間に何をしているかを観察されていることがある．「素」がでるからだ．自分の発表だけでなく，人の発表を聞いて，先生やゼミ生のディスカッションを注意深く聞いている学生は，結果的にいいレポートを書く．「環境に対処する力」がある学生だからだ．自分の順番だけ力を入れ，他の人の発表のときは寝ているような学生に「環境に対処する力」や評価の高いレポートなど望めない．

〈3. 議論・分析・考察〉——仮Aを検証しよう
① 論証するデータの分別
　〈3. 議論・分析・考察〉は，〈2. 問題提起〉で行った疑問点を仮Qにし，仮Aで想定した原因・要因をリサーチし，検証する箇所である．日本人が過去のデータに基づいて想定する訓練をいかに避けてきたかは，2011年3月11日の東日本大震災発生後の「想定外」という言葉に象徴される．過去の津波のデータがあっても，「なかったことにする」と，そのような津波は将来「こないことにする」．現代社会は「想定外」のことが起こるリスク社会に入っている．リスクからどう我が身を守るのか．ロジカルな想定と，正確な情報の収集，そして分析力を鍛えることである．ジェネリックスキルはレポートをしっかりやることで鍛えられる．

　仮Qと仮Aを想定する．次に仮Aを証明するにはどのようなデータ＝変数が必要かを，ディスカッションする．それから，私は学生を図書館に集合させる．図書館で，基本的な統計の入手の仕方，白書などが置かれている場所，学年があがれば，雑誌論文の検索の仕方や，入手の仕方を司書の方に説明してもらう．その日の宿題は，それぞれの仮Qを論証する仮Aのデータを入手してくること．「データがなかった」という学生がいる．問題提起が曖昧で考え抜いていないため何を探していいかわからないという状態であることの言い訳が大半だ．ビックリするような面白い問題提起をする新入生がいないわけではない．「探求すべき問題」が明確な優秀な学生であれば，データを作る，すなわち社会調査の手法を教える．第3章「社会調査事始め」を参考にしよう．ただ

し，そこでも変数や，ロジカルな思考能力と問題意識は問われる．

学生は大量のゴミのようなデータを収集してくる．ゴミ拾いはエコだが，ゴミだらけのレポートは長いだけの環境破壊である．「なぜそのデータを手に入れてきたか」を説明できないデータはゴミである．せっかく収集してきたデータがゴミと呼ばれて凹む．しばらくすると，「ゴミなんですけど」とゴミとそうでないデータの区別がつくようになる．成長した証だ．ゴミか，ゴミでないかの分別は，データを記述・分析してみるとわかる．

一方，良質なデータはリサイクルできる．データは，ファイルをつくって保存しておくとよい．授業でもデータが配布されれば，クリア・ファイルなどに入れて保存しておくと，他のレポートでも使える．ただし，出典が明記されていないものは使用不可である．時折，○○先生の授業で配られたプリントを出典にする人がいるが，オリジナルなデータ源にあたること．データには，図表のタイトルと出典を忘れずに明記すること．年号は必ず西暦を併記すること．

② 図表の記述・分析

データを入手した後は，データの記述と分析を徹底して分けて考える訓練が待っている．仮Qが，論証できるデータ（仮A）かどうかは，記述し，分析しないとわからない．データの分析は，仮Qがしっかりしていないと分析できない．

レポートではデータの記述と分析は，それぞれ段落をかえて書くように指導している．図表には出てくる順番に番号をつけよう．データは，図表1「図表のタイトル」によると，という書き出しで記述を始めてほしい．卒論になると，データは1つや2つではない．面倒でも，図表のタイトルを「　」でくくりいれること．なぜならば，図表のタイトルを記述することによって，番号の付け間違いに気づくことができる．5W1Hのうち，Whyを抜かした，4W1Hに注意して記述する．つまり，いつから具体的にどのような変化があるのか．データの単位を明確にし，計算してから，具体的数値を入れて記述しよう．数値がなく例えば「図表1-1によると，1980年と2000年では，2000年のほうが大きい」という記述は，算数もできない小学生レベル以下の文章である．

分析とは，筆者の意見や問題意識＝Why（なぜ？）が反映されている部分である．分析だと思って書いている大半が記述の延長であることが多い．分析

は記述した変化がなぜ起ったのか原因，要因を考え述べる．〈2．問題提起〉の仮Aと情報収集してきたデータとの関連が分析されていなければ，分析にならない．レジメの場合，記述は，図表に記号や線，矢印を工夫して書き込み，あとは口頭で具体的数値を言いながら説明できるようにしておこう．

〈4．今後の課題〉

たとえ，データが仮Qと仮Aを論証できるものでなかったとしても，落ち込む必要はない．その変数では証明できないことがわかることも大切だからだ．むしろ，そのプロセスが，なぜ論証にいたらなかったかを考察し，今後の課題として明示できればよい．〈4．今後の課題〉では，このレジメでは，どこまでわかったか．何がわかって，わからなかった点が何かが明確になればよい．今後，何をすべきか明確になるようなレポートは，次のレポートで何をすべきか課題がわかる．それを積み重ねると卒業論文ができる．

〈5．参考文献・参考URL〉

参考文献の示し方は，先生によって若干異なる形式を指定してくるかもしれない．引用が明記していない，参考文献にない場合，盗作として処理をする．この場合，レポートは0点になるので注意すること．特に，インターネット上のホーム・ページから引用する場合：ホーム・ページ（以下HP）名，URL，アクセス年月日を示さなければならない．インターネットは性格上，HPは削除されると閲覧できない．アクセスした日付を必ず書いておくこと．どこの部分がネットからのコピペなのかわからないものは，剽窃扱いとなるので注意すること．

おわりに――レポートは一晩寝かせる・書き直す――

書き終わったレポートは，音読しよう！　誤字脱字や論理の飛躍を自分で気づくことができる．高得点が欲しいなら一晩寝かせたカレーが美味しくなるように，1日見ないで寝かせよう．レポートは料理と同じだからだ．スッキリした頭で一晩寝かせたレポートを，以下にチェックを入れながら音読しよう．高い評価のレポートは，次の項目にチェックが入るはずだ．

☐　タイトルが，全体の中身を表現し，サブタイトルが具体的．

- ☐ 要約　問題提起に必要な箇所が，的確かつ簡潔に要約できている．
- ☐ 問題提起　問題提起の〈なぜ？疑問〉である仮Qと仮Aがロジカルである．
- ☐ 分析・考察　仮Aを論証するデータがリサーチできている．
- ☐ 分析　データを記述と分析にわけ，仮Q・仮Aの視点から分析できている．
- ☐ 参考・引用文献で示された文献＝出典先が，引用された箇所に記載されている．

評価の低いレポートは上記に１つもチェックが入らないレポートである．０点の可能性のあるレポートのチェックポイントは以下の通りである．

- ☐ 日本語の基礎を踏まえて文章が書けていない（例：１マスあけて段落を構成する．書き言葉＝文語と話し言葉＝口語を混同しない．文体を統一する．主語と述語を明記する．あれら，これら，それらを多用しない）．
- ☐ 盗作（出典が不明確なコピペはすべて盗作．アメリカの大学では退学になることも）．
- ☐ 同じレポートが複数提出される場合（どこかのサイトの見本レポートを提出する学生がいる），全員０点．

〈はじめに〉の問題提起にもどろう．仮Qとして「なぜ河合塾がジェネリックスキルを測ることを大学生に宣伝するのか」という問いを立てることができる．仮Aとして，なぜならば，大学教育に，ジェネリックスキルと呼ばれているスキルを磨く場所があるにもかかわらず，いつ，どのように磨かれるかを示してこなかったため，大学生が変数としてのジェネリックスキルを知りたいからだと想定できる．本章では，明確に大学生に向けていつ，どこで，どのようにジェネリックスキルが磨かれるか示した．変数はレポートの点数である．論証のデータは，この章を読んだ学生と，読ませなかった学生とに同じ課題をだし，レポートを提出させ，点数化することで検証できる．広告から情報収集し，仮説をたて，問題解決のために本章を執筆した．さて，変数は何点？

📖 **推 薦 図 書**

苅谷剛彦（2002）『知的複眼思考法　誰でも持っている創造力のスイッチ』講談社〔講談社学術文庫〕．

林治郎・岡田三津子編（2008）『改訂版　言語表現技術ハンドブック』晃洋書房．

（嘉本伊都子）

第3章　社会調査事始め

　　大学での学びと高校までの勉強の最も大きな違いは，「探究すべき何か」を自分自身で設定する点にある．社会調査とは，社会科学的な「探究すべき何か」に迫るうえで習得しておくべき知識と技術の総体といえる．ネット社会において，関心ある社会事象に関するデータを収集することは一見簡単に思われるが，適切なデータを正しい手法で収集し，的確に読みこなし加工して分かりやすく相手に伝えるには，相応の技術と訓練が必要である．

はじめに——リサーチ・リテラシーとは——

　近年，学生のゼミ発表は，ネットから引用し切り貼りした文章や数値，グラフが満載である．もっとも，世の中に存在する情報の97～98%はネットで検索可能ともいわれる現代，ネット上の様々な調査データを引用することそれ自体は決して悪い事ではない．しかしながら，世の中に溢れる情報を批判的に検討することなくただ真に受けて，誰がどのような目的で，いかなる手法で行った調査であるのかを確認しないと，誤ったデータ（ゴミ）を拾ってしまう可能性が少なくない．また，記事の書き手は大抵自分の主張に沿った形にデータを加工するため，書き手の意図を読み取れないままデータを引っ張ってきた学生の発表は全体的にちぐはぐな印象になり，「で，このデータからあなたは何が言いたいの？」と低い評価をつけられることになる．

　リサーチ・リテラシー（reserch literacy）とは，「事実や数字を正しく読むための能力」と説明される（谷岡 2000）．ネットの普及によって情報収集が格段に容易になった現代社会において必要とされるのは，膨大な情報から本当に必要なものを見分けて的確に読み解く能力であり，また自身の問題関心（「探求すべき何か」）に沿って適切にデータを収集し，整理・発信する社会調査の技術の習得である．

　本章では，既存の統計分析を読み込む上でのリサーチ・リテラシーの原則について述べ，社会科学的な「探求したい何か」に迫るための思考のプロセスと

適切な社会調査の手法を，実際の学生の卒業論文の事例を紹介しながら説明していこう．

（1）既存統計データの分析
a 信頼できるデータをあたろう

「少子高齢化」「晩婚・晩産化」「核家族化」「DV」……現代日本を生きる私達にとって，これらのキーワードは新聞やニュースで目にしない日はないくらい身近にあるものだろう．ゼミ報告や卒業論文のテーマに設定する学生も少なくない．

大学の学びは自身の「探究すべき何か」の現状や推移をきちんと把握することから始まる．上述したキーワードを検索するとヒット件数は無数にあるが，間違っても上位にあがった記事を適当にクリックしてそこからグラフなどを引っ張ってこないようにしよう．「まとも」な記事には必ず出典が書かれている．そして，キーワードに関する統計データの多くは国勢調査を出典としている可能性が高い．

国勢調査は日本国内にふだん住んでいるすべての人口（外国人含む）を対象として，5年に一度ずつ国が実施する最も重要な統計調査である．調査項目は多岐にわたり，社会学分野では利用頻度が高い．第一回国勢調査は1920（大正9）年に実施されており，内容は時期によって多少の変動はあるものの，国民の生活の基本的な事項についての長期的な推移を調べることができる．

国や自治体は様々な統計調査（官庁統計）を実施している．なかでも特に重要として「統計法」によって定められたものは「基幹統計」を呼ばれ，国勢調査をはじめ計55種類（2014年4月現在）の調査が指定されている．官庁統計は概して調査概要が詳しく記されており，統計処理も適切であるため相対的に信頼性が高い．現在，政府の統計データは総務省統計局が管理運営するHP「政府統計の総合窓口 e-Stat」で公開されており，直接元のデータを確認することが可能である．既存データを探す際には，まずは官庁統計等の元データをあたる習慣をつけておくとよいだろう．

b 社会的文脈を知らないとデータは読めない

ここで「DV」という事象について考えてみよう．将来，もし配偶者から暴

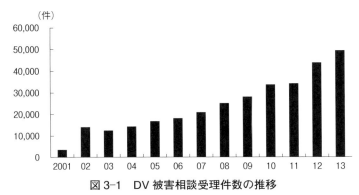

図 3-1　DV 被害相談受理件数の推移

出典）警察庁生活安全局生活安全企画課「平成 25 年中のストーカー事案及び配偶者からの暴力事案の対応状況について」5 頁より筆者作成.

力を受けたとしたらあなたは誰に相談するだろうか．友達，両親やきょうだい，あるいは自治体の支援センター，警察など，いくつかの選択肢があるだろう．

　図 3-1 は警察が DV 被害者からの相談等を受理した件数の推移である．DV の相談件数は年々増加し，特に 2012 年は前年比 28.0％，2013 年度 12.7％ と急激な増加をみせている．

　この図を見て「暴力的な夫が増えた⁉」「現代は家族関係が崩壊している⁉」という仮説を出してくる学生がいる．少し立ち止まって考えてみよう．昔は妻に暴力をふるう夫が少なかったのだろうか．そもそも，かつての日本には「夫婦喧嘩は犬も食わない」（つまり他者が介入すべき事柄ではない）という諺があった．また家父長制的な風習が色濃く残る高度成長期前後までは，そもそも夫が妻を殴ることが今ほど問題視されなかったともいえる．図の DV 相談件数の増加は，被害を受けた女性が「私を殴る夫の行為は犯罪である」ということを認識して警察に相談するケースが増えたから，というのが正しい解釈だろう．この相談件数はあくまでも「警察が」相談を受理した件数，つまり警察による認知件数に過ぎないのであって，実際の DV 被害件数からすると氷山の一角であるということをきちんと認識しておく必要がある．

　ちなみに 2001 年の相談件数が 3608 件とそれ以降に比べて格段に少ないのは，「配偶者暴力防止法」が施行された 10 月 13 日以降の件数だからである．つまり，そもそも DV に関する統計自体，「配偶者への暴力は犯罪である」という

社会の認識の高まりがあり、法律の制定があって初めて実施されているものなのである。

　社会事象に関する数値データを読み解くにあたっては、その事象をめぐる背景や世の中の動きを知らないと、往々にして的外れな仮説をふりかざすことになる。まずはその社会事象に関連ある事柄（話題になった出来事や法律の制定・改正など）の年表を作成することをお勧めする。

　c　100％は大事！

　統計データを扱う際に「100％は何か？」を考えるのは、的外れな仮説を立てないために極めて重要な視点である。先述したように、女性がDV被害を相談するには、「夫に殴られることはDVであり、警察に相談できることなのだ」という事を知っていることが前提である。そうでなければ、被害に遭っても警察に訴えようという考えすら及ばないであろう。つまり、DVの増加というのは、DVの概念を認識している女性がどれだけいて、そのうちどれだけの人間が相談したのか、という観点で見なければならない。DVについて認識のある女性の総数を100％（母数）としたときの相談件数の割合が増加して、初めて当該社会においてDVが増加していると判断されるのである（ただし、認識ある女性の数が把握できないので、当該社会におけるDVの増加自体は実証できない）。その意味では、図3–1におけるDV相談件数の急増は、法整備をはじめDVの社会的認知に向けて各団体が啓蒙活動を行ってきた効果の反映とみることもできる(5)。

　この「100％は何か？」「何を母数として数値を見るのか」という視点は、リサーチ・リテラシーの基本中の基本である。新聞やニュースで「○％」という数値が出てきた時はまず「100％は何か？」と考えること、何らかの社会事象の統計数値の増減に関しては、「母数は何か？」を考えること、これが社会を読み解く上で小学生レベルの誤りを防ぐ第一歩である。

　（2）データを収集する――社会調査の多様性――

　「探求すべき何か」に関する先行研究や既存のデータがない場合、あるいは既存のデータをきちんと把握したうえでさらに分析を深める場合には、自分自身でデータを収集する――つまり社会調査の実施が必要となる。

社会調査とは、「社会的な問題意識に基づいてデータを収集し、収集したデータを使って社会について考え、その結果を公表する一連のプロセスのこと」である（大谷・木下ほか編 2013：7）。社会調査で扱うデータとは、前節で述べたような数字で示されるものだけではなく、数字にはできないような様々な社会事象をそのままデータとして扱うものも含まれる。社会調査の方法は大きく分けて量的調査と質的調査に分類される。社会調査事典によれば、量的調査とは「統計的分析を用いることを予定して統計的なデータを収集し分析すること」であり、調査票（アンケート）調査を実施して得られた結果をコンピュータ・ソフト等を用いて分析する、といういわば社会調査イメージの王道を主なものとする。一方、質的調査とは「統計的分析には限定しない、それ以外の方法で分析することを想定してデータを収集し分析する様々な調査の総称」であり（社会調査協会 2014：58）、インタビュー調査、参与観察、ドキュメント分析など様々な調査手法を用いて数値化できない「質」的なデータを収集するものである。

　各調査法の詳細な説明は講義に譲るとして、本章では「探求すべき何か」に迫る思考のプロセスと適切な調査方法を具体的な例をもとに一緒に考えてみたい。以下はいずれも、実際に学生が卒業論文や社会調査関連科目のレポートに発展させたテーマ（「探求すべき何か」）である。

　【Aさん】女子大で彼氏がいる子ってどんな子？
　【Bさん】最近の恋愛ドラマってやたら恋人が死ぬ結末が多くない？
　【Cさん】地元の商店街が気付けばお年寄りばっかり！
　【Dさん】シェアハウスが若者に人気なのはなぜ？

　卒論を執筆するにあたって「探求すべき何か」がなくて戸惑う学生が少なくないが、これを見ると少し安心するのではないだろうか？　このように卑近な問題関心、まずはこれで十分なのである。スタート地点が高尚でなくてもよいのが社会学の良いところ。では考えてみよう。上の4つの問題関心を明らかにするには、それぞれどのような思考プロセスと調査手法が必要だろうか。

（3）因果関係を考える——仮説検証型調査，仮説構築型調査——[6]

a Aさんの調査——因果関係を考えて仮説検証！

大学生になったらステキな彼氏が出来ると思っていたのに，いざ入学してみると「右も左も女子ばっかりの大学でどうしたら彼氏ができるの!?」と困惑しているAさん．彼女の問いを社会調査で明らかにするにはどうしたらいいのだろうか．

まずは周囲の友達を見渡してみよう（周辺リサーチ）．「下宿生の子（①）は彼氏いる子が多いよね」「○ちゃんは学外サークル（②）で彼氏出来たって」「女子力（③）高い△ちゃんはいつも彼氏がいるね」という「法則らしきもの」が浮かび上がってくるだろう．これを検証するには，まずこの経験的知識から得られた法則を因果仮説に練り上げていく作業が必要である．

因果仮説とは，何らかの「結果」を生む「原因」を定めて，「原因」と「結果」の関係を論理的に示すことである．因果仮説は物事をロジカル（論理的）に考えるにあたっての基本的な思考の枠組であり，社会人基礎力として就職活動でも非常に重視されている．

さて，この因果仮説において，「原因」となる要素は「独立変数」，「結果」となる要素は「従属変数」と呼ばれる．「変数」とは分類可能で任意の値を持つ概念である．独立変数の値が変われば従属変数の値が変わるという変数間の関係性があるとき，2つの変数には因果関係がある，ということになる．

Aさんの例でいうならば，従属変数を「彼氏の有無」（彼氏が「いる／いない」という変化する値を持つためこれは「変数」である）として，その原因となる独立変数の見当をつける作業をしていることになる．①の場合は「居住形態（自宅か下宿か）」，②の場合は「学外サークルへの参加の有無」が独立変数となる．それぞれ具体的な質問項目と選択肢に落とし込むことはさほど難しくないだろう．

③はどうだろうか．まずは「女子力」という言葉の定義から始めなければならない．例えば「見た目に気を使うこと」と定義しても，何をもって「見た目に気を使っている」ことになるのか抽象的である．このような漠然とした概念の抽象度を落として測定可能な概念にすることを概念の操作的定義（操作化）という．Aさんはここで「女子力」を「美容院に行く頻度」と定義した．[7] 確

かに，これなら「月に1回」「3カ月に1回」などで測定ができる．しかし，ここには落とし穴がある．美容院に行く頻度が高いほど彼氏がいる割合が高い結果が出たとしても，「美容院に行く頻度が高いから彼氏がいる」のか，「彼氏がいるから美容院に行く頻度が高い」のか，どちらが原因でどちらが結果かを断定することは難しい．この場合，この2変数は相関関係（一方が変化すれば他方も変化する関係）ではあるが，因果関係にあるかどうかは分からない．つまり因果関係とは，独立変数の変化が従属変数の変化より時間的に先行していて初めて成り立つ関係なのである．その点，①や②は独立変数の時間的先行が比較的明確である（「学外サークルに参加したら彼氏が出来た」と考えても「彼氏が出来たから学外サークルに参加した」とは通常考えないだろう）．

Aさんのように「探求したい何か」の法則性を実証するタイプの調査を「仮説検証型調査」という．因果仮説が明確で内容がアンケートに適しており——答えにくい内容ではなく——，一定の調査対象者数を確保することができるならば，この場合は調査票調査が適切である．データをコンピュータに入力して集計分析し，自宅生のうち彼氏有が○％，下宿生のうち彼氏有が△％，と具体的な数値を挙げて因果関係を検証していくことになる．

b　Bさんの事例——データ・ファイリングで全体的な傾向を把握

最近のドラマは恋人が死ぬ結末が多いと思ったBさんは，まず80年代以降の主要なドラマを鑑賞し，あらすじと結末の詳細をノートに整理（ファイリング）した．Bさんの手法はドキュメント分析といって，文字や映像，音声など記録されたものをデータとして収集・分析する調査手法である．Bさんの整理によると，80～90年代のドラマは恋人同士が結婚して終わる結末が主流だったのに対し，2000年代に入ると恋人が亡くなるパターンが増加する．そして亡くなった後も永遠に好きでいつづける姿が「ピュア」な恋愛として描かれていくようになる．

Bさんの発見はそれ自体十分面白いが，これだけではただのドラマのあらすじ整理である．社会調査の定義を踏まえると，この結末の変遷の背景にどのような社会の変化があるのかを考える必要がある．因果仮説で考えると，「ドラマの結末の変化（結婚／死）」を従属変数としてそれに影響を与えている要因，すなわち独立変数を社会との関連のなかで考える，ということになるだろう．

この場合，Aさんの事例のように因果仮説の検証は出来ないが，重要なのは説得的な（聞いた人の多くが「なるほど，そうかもしれない」と思うような）因果仮説を考えるということである（「仮説構築型調査」）．Bさんは，各年代のドラマのセリフのなかで，恋愛とセックスと結婚がどのように結び付けて語られているのかを詳細に分析した．そして，恋愛ドラマの結末が結婚から死に変化した背景として，若年層の性交経験率の増加，未婚化・晩婚化と離婚の増加，つまりセックスや恋愛が必ずしも結婚に結びつかず，また結婚自体も絶対的・安定的なものではなくなったことから，恋人同士の片方を死なせることでしか視聴者の望む「永遠の愛」を表現できなくなったのではないかと分析した．

ドキュメント分析はすでに記録されたデータを分析するため簡単そうに見られるが，ファイリングしたデータの山から探求に値する従属変数の変化を見出すには，ある種のひらめきや直観が必要である．またファイリング自体に膨大な労力と時間を費やすという点でも決して簡単な調査法ではない．自他とも認めるドラマ好きだったBさんは謝恩会で「もう当分ドラマはいいです……．」という言葉を残して卒業していった．

（4）丹念な観察と記録で対象に迫る——問題探索型調査——

AさんとBさんのテーマは因果仮説を考える作業が調査の中軸になるものであったが，社会調査は因果仮説を立てたり検証したりするものだけではない．個別の地域や集団の全体像や変遷を明らかにする場合，あるいは，まだデータがなく経験的知識を得ることが難しい社会事象に対して関心を持っている場合はどのような手法があるのだろうか．

a　Cさんの事例——足繁く通って現場を緻密に観察

大阪市内に住むCさんは，地元の商店街が商店主も利用客も高齢者ばかりであることに気づいてショックを受けた．1990年代以降，商店街の高齢化や「シャッター通り」は全国的な現象であるが，Cさんの地元の商店街はどのような歴史をたどって現在の高齢化した姿にたどり着いたのだろうか．このように，何らかの社会事象の法則の一般化を目指すのではなく，特定の事例の個性（特殊性）を描き出そうとする研究を事例研究といい，様々な調査方法を用いて対象に迫るフィールドワーク（現地調査）を行うことになる．

Cさんはまず地元の図書館で『区史』を調べて，商店街が位置する区が明治期以降市街地化していく様子を当時の地図や人口動態から確認した．商店会が発行した非売品の記念冊子等をもとに，当商店街が鉄道が敷設された1930年代に公設市場として始まった歴史をたどり，高度成長期前後に商店街が隆盛を極めた当時の写真も入手した．一方，現在の商店街を連日歩き回って写真を撮り，どのような業種の店が何店舗あるのか，寂れた通りと繁盛している通りの違いは何かといったことを観察し，後継者のいる店いない店それぞれにインタビューを行って店の歴史や今後の見通しについての考えを聞き取った．さらに商店街振興組合が近所に商業施設「あべのハルカス」の完成（2014年）を間近に控えて危機意識を持ち，地域の人々が楽しめる盆踊りを企画し，高齢者が憩う休憩場所（ベンチ）を設置するなど，「お年寄りに優しい商店街」を標榜し存続方法を模索していることを明らかにした．

　このように，様々な調査手法を駆使したフィールドワークを通じて精密に描き出した対象の姿をモノグラフという．Cさんのモノグラフは，ともすればどこにでもある寂れた一商店街としか認識されない商店街が，独自の歴史を持ち，時代の趨勢に抵抗を示す主体性を有する存在であることを示し，そこに生きる人々の生活の息遣いを描き出したのである．

b　Dさんの事例――体を張って「百聞は一見に如かず」！

　バラエティ番組「テラスハウス」の放送でシェアハウスという現象が一般にも知られるようになったが，シェアハウスに関する先行研究はまだあまり多くはない．最初にDさんが考えたのが学内での調査票調査である．しかし「シェアハウスに関心はありますか？」「住んでみたいと思いますか？　それはなぜですか？」というアンケートを実施しても，おそらく得られるのは「楽しそうだから」などという表層的で中身のない結果になるのが目に見えている．では，シェアハウスに実際住んでいる人にインタビューをしてはどうだろうか．まずは該当者を探し当てるのに苦労するかもしれない．また「若者がシェアハウスに求めるもの」という当事者自身明確に意識していないような内容を，見ず知らずの対象者への一度限りのインタビューから描き出すことはなかなか困難であろう．ではどうするか？　Dさんはなんと，下宿を引き払って約1年間シェアハウスに住み込んで調査を行ったのである．

Dさんの手法は参与観察といい，探求したい社会現象の起こっている場所に赴き，その社会や集団の一員として参加しながら観察を行う調査手法である．参与観察では，Dさんの物件探しから引越，シェアハウスでの日常生活，同居人との関係構築プロセス，本人の心情の移ろいといったすべてがデータとなる．Dさんは見学したシェアハウスの物件の間取り，管理人のプロフィール，同居人とのやり取りやシェアハウス転居後の自身の人間関係の変化など，長期間にわたって詳細な観察と内省の記録ノートを作成し，家族や地域社会の人間関係が脆弱化する現代（無縁社会）において，「家族ではないけど家族らしい」関係性をシェアハウスに期待する若者のナイーブな意識とその実現の難しさについて重厚な卒論を書きあげた．
　Cさん，Dさんの調査は，問題探索型調査といい，対象となる社会や集団，事象を丁寧に観察しそこから浮かび上がってくるテーマを重視するタイプの調査手法である．前述した仮説検証型・仮説構築型調査がどちらかといえばひらめき重視の「頭で行う」調査であるのに対して，問題探索型調査は何よりもまず「体を動かす」調査といえる．適切な社会調査の手法の選択は，自身の「探求すべき何か」がどちらの手法になじむのかの判断に加え，自分の強み（直観力，人間関係構築力，体力，行動力，忍耐力）を活かすこと，そして現実に自分が利用できる資源（時間，費用，労力，コネ）の制約を見極めること，という3つの面から総合的に判断するとよいだろう．

おわりに

　大学に入学したばかりの読者のなかには，「探究すべき何か」が思いつかず困惑する学生が多い．「他人の探求した事」を引用して安心するのではなく，自分自身の社会に対する問題関心を涵養する訓練をしよう．この努力は難しいことではない．スマホやゲーム機の画面から顔を上げて，通学電車の対面座席に座る人々の表情や恰好，何をしているのかを眺めてみよう（ただしじろじろ見てはいけない）．バスの窓から，集合住宅のベランダに置いてあるもの，自販機の中身を補充している人，通りに佇む高齢者の姿を観察して，そこにある無数の人生に想像力を膨らませてみよう．「探求すべき何か」は自分を取り巻く人々や社会に関心を持つことから始まるのである．

注

（1）　ただし，従来ほぼ100％であった国勢調査の回収率は1990年以降徐々に低下し，2005年には95.6％となっている．総務省はこうした事態を受けて調査票の新たな回収方法を試みるなど回収率アップに向けての模索をしているが，政府の統計調査として最も基本的な全数調査である国勢調査ですら約20人に1人は捕捉できていないという事実は，都市化やプライヴァシー意識の高まりによる社会調査環境の悪化の実情を示している．
（2）　「e-Stat」http://www.e-stat.go.jp/SG1/estat/eStatTopPortal.do（2014年12月1日確認）．
（3）　配偶者からの身体に対する暴力または生命等に対する脅迫を受けた被害者の相談等を受理した件数．法改正にともない，2004年以降は離婚後に暴力を受けた事案，2008年以降は生命等に対する脅迫を受けた事案についても計上している．
（4）　数値は女性から男性への暴力も含まれるが，少数のためここでは言及しない．
（5）　2007年のDV防止法第二次改正では，従来都道府県単位で取り組まれてきた配偶者暴力支援センター等の整備を市町村の努力義務とし，よりきめ細やかな支援体制を整備する方向性が示されている．
（6）　一般には社会調査は仮説検証型と問題探索型の2つに分類されることが多いが，ここでは便宜的に両者の中間に位置する調査を仮説構築型として位置づけている．
（7）　操作的定義に唯一絶対の正解は存在しない．操作化した概念の妥当性は常に再検討する姿勢が必要である．
（8）　ドキュメント分析のデータは，新聞・雑誌記事，手紙や日記などの文字データからドラマやCMなど映像資料からJポップの歌詞など多様である（阿部 2013ほか）．

参考文献

阿部真大（2013）『地方にこもる若者たち　都市と田舎の間に出現した新しい社会』朝日新聞社〔朝日新書〕．
大谷信介・木下栄二ほか編（2013）『新・社会調査へのアプローチ　論理と方法』ミネルヴァ書房．
社会調査協会（2014）『社会調査事典』丸善出版．
谷岡一郎（2000）『「社会調査」のウソ――リサーチ・リテラシーのすすめ――』文藝春秋〔文春新書〕．
――――（2007）『データはウソをつく――科学的な社会調査の方法――』筑摩書房〔ちくまプリマー新書〕．
高根正昭（1979）『創造の方法学』講談社〔講談社現代新書〕．
山本剛史・林創（2011）『大学生のためのリサーチリテラシー入門――研究のための8つの力――』ミネルヴァ書房．

推薦図書

岸雅彦（2014）『街の人生』勁草書房．

佐藤郁哉（1984）『暴走族のエスノグラフィー――モードの反乱と文化の呪縛――』新曜社.

好井裕明（2006）『「あたりまえ」を疑う社会学――質的調査のセンス――』光文社〔光文社新書〕.

（奥井亜紗子）

2.

いのちの始まりと成長

第4章　豊かさと幸せ
——GNHをめぐって——

　日本では，これまで物質的豊かさが実現すればそれだけ人間は幸せになれるという考え方が支配し，それは戦前，戦後を通じて一貫してきたように思われる．それは言うまでもなく世界の趨勢でもあった．しかし，それは自明のことなのであろうか．我々が当たり前としてきた考え方はひょっとして間違った思い込みではないのか．もしそうなら，その思い込みは一度見直す必要があるのではないか．そのような観点から，豊かさと幸せについて考えてみる．

はじめに

　「豊かさとは？」「幸せとは？」という問題は，これまで新聞・雑誌などのマスメディア，また，洋の東西を問わず多くの学者や思想家，随筆家らによって様々に取り上げられ，論じられてきた．日本でも世界でも，これまで物質的豊かさが実現すれば人間は幸せになれると考えられてきた．しかし，最近よく取り上げられるGNH（Gross National Happiness：国民総幸福度または幸福量）という考え方は，物の豊かさをひたすら追い求めてきた世界を驚かせるに至った．GNHはブータンの前国王が1972年に提唱したものであるが，これまでの常識を根底から覆すものとなった．ブータンは世界では貧しい国に分類される．ところが国民の多くは幸せであるという調査結果が出ている．2005年のブータン国内の調査では国民の97%が幸せだと答えたという．

　今でも，GNP（Gross National Product：国民総生産）ないしGDP（Gross Domestic Product：国内総生産）が低い国は貧しい国であり，その国民は不

幸せだという見方が当たり前になっている．GDPが上昇すれば貧困がなくなり，貧困がなくなればみな幸福になるという．しかし，それは自明ではないということがこれまで徐々に明らかにされてきた．思い込みを改めることは実に困難であるが，このことについて以下でしばらく考えてみよう．

（1）日本人の幸福度

内閣府の「国民生活選好度調査」（2011年度）では，個人の幸福感は十段階評価で 6.41 という結果が出ている[3]．2009 年度，2010 年度が各々 6.47，6.46 でほぼ横ばいである．また，幸福感を判断する際に重視した事項（複数回答）では，「家計の状況」（62.2％）が1位に来るが，続いてほぼ同数で「健康状況」（62.1％）「家族関係」（61.3％）が来る．あとは「精神的なゆとり」（51.4％），「就業状況」（35.5％），「友人関係」（35.4％），「自由な時間」（34.3％）である．この結果から見て，経済状況も幸福感にとって重要な要素であることには間違いないが，それと同時に経済状況だけではとても幸福感は測りきれないということでもある．つまり，日本人は心身の健康や人間同士の繋がり，ゆとりなども幸福度に大きな影響を及ぼすと考えているのである．

国連の「世界幸福度報告書2013」（WORLD HAPPINESS REPORT 2013）[4]では，日本は156カ国中43位に位置する．GDP3位の先進国でありながら日本人の幸福度は比較的低いと言ってもよい．つまりGDPと幸福度は比例していないことになる．十段階評価では，幸福度は 6.064 である．内閣府の調査と国連の報告書とを単純に比較できないが，国連の評価基準として，富裕度，健康度，人生の選択における自由度，困ったときに頼れる人の有無，汚職に関するクリーン度や同じ国に住む人々の寛大さなどの要素が考慮されており，日本の調査基準と重なる点も多い．したがって，内閣府と国連の調査結果とは全く無関係ではない．実際，GNHの国際社会からの注目を受けて，日本でも2011年に内閣府が幸福度を測る132の指標の試案を発表している[5]．

上の国連報告書では，経済大国上位3カ国中1位のアメリカは幸福度では17位，2位の中国は93位である．これを見ても，GDPが高ければ幸福度も高くなるとは言えないことがわかる．事実，内閣府の2008年度「国民生活白書」第1章第3節の表によっても[6]，特に1987年以降，1人当たり実質GDPが年々

上昇するにつれて生活満足度は下降しており，むしろ GDP と幸福度とは相反しているかのようである．

　大木晶（歴史学者）は言う——たとえば，みなさんが車で走っていて事故を起こした．まず保険金がおります．怪我をしたら病院に行く．弁護士を頼んで裁判をする．車がないと不便なので車を買う．こうして使ったお金は GDP に加算されるわけですね．でもこんなものをどんなに積み上げたって，本当の豊かさとはまったく関係のない話で，マイナスの状態にお金をつぎ込んでいる．こんなものにかかったお金を GDP に加算して，頭割りにしてもほとんど意味がありません．テレビに出ている経済学者の中には御用学者も多く，かれらはそういうことを言わない——と．

　GDP 世界第3位の日本はまた，先進国中で自殺者が非常に多いと言われている．ところが内閣府の「自殺の統計」によれば，これまでは年間3万人を超えていたが，2012年には3万人を切ったという．それでも先進国とりわけヨーロッパの国々と比べて日本の自殺率は依然として2〜3倍前後である．ストレス社会と言われるアメリカですら，自殺率は日本の半分程度である．さらに言えば，この3万人という数字自体あまり正確ではないとも言われている．実際には10万人だという説もある．日本では病院以外の場所で医師に看取られずに亡くなった人は変死扱いとなり，それは自殺に含まれていない．しかし WHO（世界保健機関）は変死者の約半数は自殺だとしており，多くの国では変死者の半数を自殺者統計に加えている．日本でもそれを適用すれば自殺率は世界でもトップクラスに入ってしまう．

　こうした状況にもかかわらず，日本では依然として経済成長を中心とした政策が推進され，国民もそれを支持しているように思われる．

（2）GNH とは

　2011年11月にブータンのジグミ・ケサル・ナムギャル・ワンチュク第5代国王が来日したことは我々の記憶に新しい．その前国王であったジグミ・シンゲ・ワンチュク第4代国王は就任した年の1972年に GNH を提唱した．1976年にはスリランカでの第5回非同盟諸国会議後の記者会見で，GNH は GDP よりも重要であると語った．当時，国王は21歳で就任4年目であった．ちなみ

に，ブータンは仏教国であり，チベット仏教ニンマ派の伝統を受け継いでいる．国王は，チベットのダライ・ラマと同様，活仏とされるから，ある意味で政教一致と言えるかもしれない．

　南アジアを専門とする福永正明は言う——第4代国王の政治姿勢は，国民総生産（GDP）に対置される開発概念GNHが代表する．これは，経済成長を過度に評価した物質的な充足ではなく，伝統文化・自然やソフト面にも配慮し国民の精神的満足と幸福に寄与する開発哲学である．現代社会で人類が抱える様々な問題点の解決策を示すようであり，世界からの関心は高い——と．さらに福永は言う——（このGNHは）人々が貧しくとも心豊かであれば，それなりの幸福感のある社会が実現できる．……物質主義だけでなく，仏教による精神主義とのバランスを大切にし，国民の幸福のための開発を国家が唱え，開発の最終目的が幸福であることを示している．ブータンの開発は，GNHの哲学に基づき，国民の幸福と満足度の向上を目指している．そこには経済統計上の数値だけでは，人々の幸せは実現できないとの確信がある．——と．

　松下和夫（地球環境学）は，2010年度第4次京都大学ブータン調査の際のGNHコミッションに対するヒアリングに基づいて言う——GNHは哲学であり，経済理論であり，実際的な政策上の目的である．伝統文化と近代科学を融合する哲学としてのGNHは，開発の優先順位の転換につながっている．経済理論としてのGNHは，GDP批判を展開し，人々の精神的・物理的・社会的厚生の向上を量的・質的に重視している．政策上の目的としてのGNHは，持続可能な発展を達成するための詳細な優先順位と手段を明示したものとなっている——と．また，ブータン国家環境戦略における持続可能な発展とは「独自の文化的統合と歴史的遺産，そして生活の質を将来の世代が失わないように今日の発展と環境を維持する政策的意思と国家的能力」としている．

　GNHには4つの柱がある．1）持続可能な社会経済開発，2）環境保護，3）伝統文化の振興，4）優れた統治力で，これら4つの柱を基にそれを9つの指標に展開して数値化を図るというものである．9つの指標とは，①心理的幸福，②時間の使い方とバランス，③文化の多様性，④地域の活力，⑤環境の多様性，⑥良い統治，⑦健康，⑧教育，⑨生活水準である．さらにこの9つの指標に続いて，世界の専門家の支援も得ながら72の指標からなるGNH指標が

確立されている．ブータンでは，2年毎にこれらの指標に基づく調査が実施され，その結果は公共政策や資源配分のあり方を改善することに生かされている．[14]日本でもこのようなブータンが目指す方向性に国民がもっと関心をもつべきであろう．

しかし，他方でブータンは理想郷でも桃源郷でもない．近年都会ではテレビやインターネットの普及，異文化の流入やそれとの交流による価値観の多様化などによって多くの問題が発生しており，貧困格差の拡大，高学歴エリートによる行政独占など解決すべき課題も多々ある．そのことはしっかりとおさえておく必要はあるが，厳しい自然環境や地政学的状況下でGNHを拠り所として国の発展を模索するブータンの今後は世界が注目しているところでもあり，その持続可能な発展のあり方，その考えの方向性や哲学は，日本や世界にも重要な示唆を与えるものと言ってよい．

ここまで見ただけでも，GDPを根拠として「豊かさ」を求める思考様式をそろそろ変換してもいいのではないかと言えよう．アインシュタインは，「ある問題を引き起こしたのと同じマインドセットのままで，その問題を解決できない．」と言った．その問題を解決するためには，マインドセットそのものを取り換える必要があると．マインドセットとは考え方の癖，思い込みと言ってよい．[15]そろそろ「物の豊かさ＝幸せ」というマインドセットから抜け出して，それに替わるものを求める必要があろう．

(3) 豊かさと幸せ

「(1) 日本人の幸福度」で述べたように，経済大国である日本の国民幸福度はそれほど高くない．それにもかかわらず，今もなお，GDPの高さが豊かさを示しそれが幸せにつながるという見方が支配している．他方で，その見方は間違った思い込みではないか，豊かさや幸せは物の豊かさとは別の所にあるのではないか，と考える人々が次第に増えてきているのも事実である．そこで，これまでの議論も念頭に置きながら，以下では豊かさや幸せについてさらに深く考えてみよう．

カレル・ヴァン・ウォルフレン著『人間を幸福にしない日本というシステム』[16]

は，日本に住む外国人が日本人に関して抱く疑問を挙げている．「なぜ，日本には学校嫌いの子供がこれほど多いのか？　なぜ，日本には憂鬱で退屈そうでうつろな表情を浮かべた大学生がこれほど多いのか？　なぜ，日本の女性は世界でもっとも晩婚なのか？　また結婚しても子供を産まないと決めている若い女性がこんなに多いのか？　なぜ，性的な空想を描きロープや凶器を使って女性に暴力を振るう場面がたくさんでてくるマンガがこれほど多いのか？　なぜ，サラリーマンは相変わらず満員電車で長時間かけて通勤することを受け入れ続けているのか？　なぜ外国人が腹を立てるようなことを日本人は無抵抗に受け入れるのか？　そして，なぜ，日本人はこのような疑問をもたないのか？　あるいはもっても仕方ないこととしてあきらめているのか？」

　この一連の疑問は実は日本人の抱え込んだ不幸を表しているとウォルフレンは考え，その不幸の根本原因として，戦後の日本が成し遂げた２つの「偉業」を挙げる．１つは，世界のどこよりも効率的に工業製品を生産するシステムを作り上げたこと，もう１つは，産業の発展をあくまで最優先し，だれもそれに抗議できない社会をつくりあげたことであるという．このような日本社会を「巨大な生産マシーン」と名づけている．

　さらに，ウォルフレンによれば，日本人の特徴としてこれまで挙げられてきた「勤勉さ」，「集団志向」，「謙遜」，「従順」，「我慢強さ」はみな「生産マシーン」としてのシステムを正当化するためのごまかしの議論にすぎない．そして，実際には，「日本人らしさ」の多くは，「生産マシーン」（日本社会）が教育やマスコミを活用して，自らのために奉仕する従順なサラリーマンをつくってきた結果である．日本ほど企業や経済システムが家庭生活や個人に影響を及ぼしている国は他に見当たらないだろう．上の「なぜ」のうち，暴力的なエログロ漫画の大人気は中流階級の男性が情緒的な成熟を妨げられている結果であり，女性の晩婚化や少子化も女性たちの無言の抗議である．サラリーマンは仕事と「結婚」させられ，目を覚ましている時間のほとんどすべてを会社に吸い取られ，妻たちは夫の愛情不足の代償として多くは息子に過剰な愛情を注ぐのだというのである．

　ところで，欧米人の「個人主義」に対して日本人の特徴を「集団主義」として論じたのはルース・ベネディクト（文化人類学）であった．彼女は『菊と刀』[17]

で日本文化の型としての集団主義を主張し，それは長く日本人の間でも信じられてきたが，近年それを否定する学者が現れている．高野陽太郎（認知科学）や山岸俊男（社会心理学）[18]などがそれである．しかし，集団主義であるという日本人の思い込みはそう簡単に拭い去れるものではない．ウォルフレンの分析と併せ考えれば，企業社会はその思い込みをうまく利用して日本人を支配しているといえなくもない．集団主義の思い込みは，「個」を主張するより「集団」を常に優先すべきであるという思い込みとなる．共通する「個」の主張が増えれば増えるほどそれが集団の意思となるはずなのに，である．

いずれにしても重要なことは，日本が先進国となったといってもその豊かさは必ずしも日本人を幸せにしていない．むしろ，豊かさゆえに不幸になっているとさえ言える状況があるということである．

暉峻淑子（てるおかいつこ）著『豊かさとは何か』[19]は25年前，バブル経済が終わるころに出版されたものであるが，そこに書かれていることはまるで今の社会を見つめているかのようである．暉峻は言う——豊かさに憧れた日本は，豊かさへの道を踏みまちがえたのだ．富は人間を幸せにせず，かえって国民の生活を抑圧している．……ありあまるカネは地価を天文学的に暴騰させて，つつましい勤労者たちから住居を奪った．子どもたちは効率社会の大人たちから管理されて主体性を失い，受験技術費は家計を圧迫している．富は分配されず，福祉の保護を願い出るものは辱められる．——と．このような社会状況下で，あるアンケート結果が示される．まず，「あなたの欲しいもの，必要なことは？」の問いに対する答えは，自由な時間（この答えが圧倒的に多い），有給休暇，将来の生活に対する不安を取り除くこと，まじめに働いた人なら老後の生活の心配をしなくてすむような制度，勤務時間に見合う収入などである．「日本の豊かさの象徴は？」に対しては，40グラムそこそこで5万円もする化粧クリーム，成人式の振袖，海外旅行の女子大生の華やかさ，粗大ゴミ捨て場，子どもの受験・進学にかける親の熱意と金と暇，商品の過剰包装などが答えにあがる．逆に「日本の貧しさを象徴するものは？」に対しては，画一化されて個性のない教育，国民年金の少なさ，税金が高いこと，つめこみ教育，薬づけの食肉・加工食品，ラッシュアワーにもまれるお父さん，単身赴任のお父さん，カラオケバーでさ

さやかにストレスを解消するお父さんなどである．

　今日でも，時間外労働の比率は高く，しかも残業手当が十分でない企業も少なからず存在する．それはうつ病や過労死などを引き起こしている．過労死は国際語"karoshi"ともなっている．労働環境と並んであるのが住環境の劣悪さである．暉峻は，経済大国日本の住宅のお粗末さは世界の蔑視を浴びているとして，ウサギ小屋というより鳥カゴだ，日本の密集住宅には日照も通風もない，などの海外の声を紹介している．このような労働環境や住環境の劣悪さが豊かであるはずの日本になぜ存在するかは一度じっくり考えてみなければならない．労働環境の問題については，森岡孝二が4つの理由を挙げているが，その1つはグローバル化による世界規模の経済競争激化による結果であるという[20]．また，住環境問題については，大企業を優先し国民の住宅を「個人の自己責任」としてほとんど住宅に関する政策らしい政策をもたなかった日本政府のやり方が招いたものだと言えるだろうと[21]．

　精神科医で小説家でもある加賀乙彦は『不幸な国の幸福論』[22]のなかで，バブル景気の真っただなか欧米のジャーナリストたちが日本について「リッチな国の不幸な国民」と呼んでいたと述べている．そして加賀は言う——高度成長時代が終わったころには国民の多くが薄々気づいていたのだと思います．便利で刺激的でモノであふれたこの国の豊かさが，ごく表面的なものにすぎないということに．経済成長を最優先にしてきたことで失ってしまったもの，心と体に降り積もっていくストレスの大きさに——と．しかし，その反省に立ってこれまでの方向性を変えていこうとしなかったとも加賀は述べている．

　2009年までの自公政権が絶対多数の強引な政権運営を行ったために政権交代が起こったものの，民主党政権はわずか3年で瓦解し自公政権に戻ってしまった．しかし，民主党政権も自公政権も残念ながらどのような国造りをしていくかという点でしっかりとした哲学があるようには思えない．その時々の問題点，課題はいつも話題にはのぼるが，未解決のままであることが多い．現政権（安倍内閣）もまたその基調にあるのは経済成長であり，福祉や貧困対策など国民が望んでいる様々な問題解決への具体的な取り組みはほとんどなされていない．

第4章 豊かさと幸せ

　加賀はまた，小泉首相時代の郵政選挙等を例にとり戦前戦中戦後を通して日本人の多くが時代の空気に流されてきたことを憂える．日本人のその流されやすさの最大の要因は「考えない」が習慣化していることだという．2009年の衆院選の前に世に出た調査結果によると，20歳以上の学生の6割近くが「マニフェストを読むつもりはない」と答えている．理由は，「読んでもわからない」（26％），「どこで入手できるかわからない」（22％），「読むのが面倒」（20％）などが続く．加賀は言う——政治について人任せできたという点においては，現代日本人も江戸時代の庶民とそう変わらないのかもしれません．……人間というのは，「どうせ無理」「長いものに巻かれろ」といった気持ちが強まると，それについて考えること自体をやめてしまう傾向があるものです．江戸庶民もお上のすることには口をはさめないのだから考えてもしょうがない．考えれば考えるほど不満が募りつらくなるだけと，自分の半径数十メートル内のことだけを考えて生きるようになったのでしょう——と．

　また，加賀はウォルフレンの指摘を要約して言う——他の先進国では，貧困のために無力化していない中流階級が政治を変えてきた．日本にも経済的な面だけで考えれば，戦前から中流階級が存在し，戦後の経済成長でほとんどの国民が自分は中流階級に属すると考えるまでになった．しかし，政治に影響力を持つ中流階級は，ほぼ完全に欠落している——と．さらに，ウォルフレンの言う「市民」が日本にはいないのではないかとして，次のようなウォルフレンの言葉を引用している．「市民とは，自分のまわりの世界がどう組織されるかは自分の行動にかかっていると，おりにふれてみずからに言いきかせる人間である．……市民は，ときに不正にたいして憤り，なんとかしなくてはいけないと思いたって，社会にかかわっていく．受け身の姿勢では，市民としての立場を失うことになる」と．

　民主主義はウォルフレンの言う「市民」が不在では成り立たない．市民こそが民主主義社会を実現してきたからである．加賀氏は日本には市民がいないのではないかと言うが，たしかに民主主義社会を実現するためには，政治家にならなくとも，絶えず社会に関わろうとして自ら考え選挙に行き選挙後も政治家を監視するという姿勢の市民が存在しなければならない．そのような市民もいるが，多くはお任せではないだろうか．しかし，細かい点はおいても，少なく

ともどのような方向を目指していくのかは我々自身が考え決めなければならない．たとえば競争や効率を強いるあくなき経済成長なのか，成長はゼロでも安心と落ち着きのある社会を目指すのかは，1人ひとりが一度は立ち止まって考えるべききわめて重要な問題である．

　辻信一編著『GNH もうひとつの〈豊かさへ〉10人の提案』[24]には，豊かさについて興味深い内容の議論や提案が含まれている．編著者で1人目の提案者である辻信一は「スローライフ」という言葉を使うが，「スロー」という語に日本語でいちばん近い語は「つながり」であるという．つながり，すなわち人間と自然，人間と人間との関係性ができるためには時間がかかるからスローであるというのだが，スピードを求めあくなき経済成長のみを追求することによってその関係性が壊れていると．しかし，それらに抵抗する動き（カウンター・カルチャー）は60年代からあった．ヒッピーという存在がそれであり，その後もそのような抵抗文化の潮流は消えるどころか，20世紀の終わりにはアメリカの人口の3分の1に達したという．彼らは経済成長が約束する豊かさではなく本物の豊かさを提示する人々であり，"Cultural Creatives"（新しい価値観を持つ文化を創造する人々）と呼ばれる[25]．

　大木晶（2人目の提案者）は，現代は関係性喪失の時代だという．自由競争を標榜する新自由主義（市場原理主義）の下では競争に負けたものは「自己責任」を押しつけられている．日本では小泉政権以降一時的に自殺が増えたのである．そして，大木は，1958年以後のデータから[26]，日本国民1人当たり実質GDPは年々上昇するも，人々の生活満足度はほとんど変化していないことを示す．

　坂田裕輔（環境経済学，3人目の提案者）は，ある調査結果から[27]，所得・家庭生活・社会的地位以外に「政治参加」が幸福度に大きく左右するという．自分の思っていることが政策に反映され，自分が考えたことで社会が変わるという実感がもてる，あるいはその可能性があるということが幸せにつながるというのである．日本ではその度合いが極めて低いと言える．また，現在の人間の暮らしを支えるのにどれくらいの面積が必要かということを計る指標として，エコロジカルフットプリント（生態学的足跡）[28]を紹介している．今のフットプ

リントは2.4, つまり地球2.4個分ないと人間の暮らしを支えられない. 地球は1個だから, あとの1.4個分は地球が蓄積してきた資源である. これを食いつぶしているのである. また人類がみな先進国の生活をすることになると地球6～7個分必要だという. このままいくと持続可能性など夢のまた夢ということになろう.

ここにすべての提案を紹介する暇はないが, すべての主張に共通するのは次のようなことである. 経済成長のあくなき追求が強いる効率, 競争, 抑圧で人々が疲弊している社会をもっと別な方向へもっていくべきであること, つまり, 無理な成長を求めず, スローライフ, 協力, つながりを大切にする方向を目指そうという提案である. そこにこそ豊かさと幸せがあるというのである.

これまで見てきたように, 多くの識者が様々に警告してきたにもかかわらず, あくなき経済成長政策が変わらないのはなぜか. ダグラス・ラミス (10人目の提案者) は2つの理由を挙げている. 1つは, 自然が破壊されても科学の進歩によってその代わりのものを誰かが発明するだろうと考えていること. それは全くの幻想であって, 自然環境がなければ人間もいなくなるはずなのに, である. もう1つは, 経済成長をあきらめることは幸せをあきらめることであり, 幸福や豊かさをすべてあきらめて道徳的・禁欲的生活を強いられるであろうと考えていること. そしてラミスは言う——私が思うのは, 市場経済, 産業資本主義, 消費社会の中で, 私たちの「幸福」あるいは「豊かさ」の感覚が歪められているのではないか. 経済成長がなかったらあきらめなければならなくなると言われている, その「幸福」や「豊かさ」をこそ考え直したほうがいいのではないか——と.

おわりに

これまで物の豊かさが幸せにつながらないことを繰り返し述べてきたが, 単純に物の豊かさを否定しているわけではない. ある程度はそれも必要であることは否定しない. この点について言えば, むしろ一部の国や国民が富を独占し, 格差が広がっていることが問題である. したがって, 格差是正のためにも先進国はこれまでの方向性を変えるべきなのである. いずれにしても, 今後この豊かさを享受する者が増えていけばドネラ・メドウズが言うように[29]自然環境は崩

壊するであろう．そこで，我々は次の二点を確認しておこう．まず，物の豊かさを無限に追求し続けることは不可能であること，そして，たとえ無限に続けることができたとしてもそれが幸福度には反映しないこと，である．そうであるならば，上に見た10人の提案は我々1人ひとりが本気で考えていくべきことではないだろうか．

　最後に，人類の知的遺産として老子の言と仏教の説くところを紹介して終わろう．その二者に共通するのは「足るを知る」である．老子は「足ることを知ることの豊かさはいかなる時も常に満ち足りている」と言う．また仏教でも「少欲知足」を言う．それは単に禁欲を押しつけるのではなく，人間というものは欲におぼれやすいから「足るを知る」ことを実践せよと説いている．禁欲と強欲の両極端を離れる「中道」を説くのである．人間の英知を忘れ目先の欲望に振り回される，それが人間らしさだという居直りにそろそろ愚かしさを感じてもいいのではないだろうか．

注

(1) 『毎日新聞』では2013年の春に夕刊紙面「特集ワイド：震災2年豊かさとは」に各界の識者の意見が掲載された．最近も同新聞朝刊では「オピニオン：記者の目」に「『成長戦略』もうやめよう」と題した記者の意見（2014/8/19）が掲載されている．

(2) 日本の外務省ホームページ参照．http://www.mofa.go.jp/mofaj/press/pr/wakaru/topics/vol79/（2014年12月1日確認）

(3) http://www5.cao.go.jp/seikatsu/senkoudo/h23/23senkou_02.pdf（2014年12月1日確認）

(4) http://unsdsn.org/wp-content/uploads/2014/02/WorldHappinessReport2013_online.pdf（2014年12月1日確認）
　　調査は，2010年から2012年にかけて実施され，コロンビア大学地球研究所が2013年9月に発表．世界156カ国に住む人々の幸福度を国別のランキングにまとめたもの．1位から5位は順にデンマーク，ノルウェー，スイス，オランダ，スウェーデンである．

(5) 松下和夫「ブータンのGNHと持続可能性への課題」：日本GNH学会編（2013）参照．

(6) http://www5.cao.go.jp/seikatsu/whitepaper/h20/10_pdf/03_youshi/pdf/08sh_yo001_3.pdf（2014年12月1日確認）

(7) 辻信一編著（2008）参照．

(8) 自殺率は10万人当たりの自殺者数を表す．WHOの統計に基づき内閣府が作成し

た表によると，2009 年の日本の自殺率は世界第 8 位（国によって調査年が変わるので正確さを欠くが大凡はわかる）で，1 位リトアニア，2 位韓国，3 位ロシアと続く．cf. http://www8.cao.go.jp/jisatsutaisaku/whitepaper/w-2012/pdf/honbun/pdf/p33-35.pdf（2014 年 12 月 2 日確認）
（9） 現安倍政権は 2012 年 12 月 26 日に始まるが，「女性が輝く」や「地方創生」など受けのいい言葉を発しながらも経済成長中心であることに変わりない．2 年近くを経た今も支持率は 50％ 近くを維持している．
（10） 同じ年に，アメリカの環境学者ドネラ・メドウズが，経済成長をゼロにしないと 100 年以内に自然環境が崩壊すると警告している．40 年以上経った今，彼女の予測通りに進んでいると言える．メドウズ（1972）参照．
（11） 福永正明「ブータンの GNH（国民総幸福度）から学ぶ意義」：日本 GNH 学会編（2013）参照．
（12） 松下和夫「ブータンの GNH と持続可能性への課題」：日本 GNH 学会編（2013）参照．
（13） ブータン王国名誉総領事館（東京都）のホームページ参照．http://bhutan-consulate.org/bhutan/nationalhappiness.html（2014 年 12 月 2 日確認）
（14） 松下和夫「ブータンの GNH と持続可能性への課題」：日本 GNH 学会編（2013）参照．
（15） 辻（2008）参照．
（16） ウォルフレン（2012）参照（1994 年に毎日新聞社から出版．原題は，Karel van Wolferen, *The False Realities of a Politicized Society*．この内容は，辻（2008）に紹介されている．なお，ウォルフレン氏はオランダ出身のジャーナリスト・政治学者である．
（17） ベネディクト（2005）参照．(Ruth Benedict, *The Chrysanthemum and the Sword : Patterns of Japanese Culture*, Houghton Mifflin, 1946.)
（18） 高野（2008），山岸（2010）参照．
（19） 暉峻（1989）参照．
（20） あと 3 つは，情報通信技術の急激な変化によるもの，拡大する消費欲求を満たすため，非正規労働者増加による正規労働者の長時間労働化だという．詳しくは，森岡（2005）参照．
（21） 辻（2008）参照．
（22） 加賀（2009）参照．
（23） ウォルフレン（2012）参照．
（24） 辻編著（2008）参照．
（25） Ray and Anderson（2000）参照．
（26） Penn World Tables and World Database of Happiness. cf. http://worlddatabaseofhappiness.eur.nl/（2014 年 12 月 2 日確認）
（27） Frey and Stutzer（2001）参照．
（28） WWF ジャパン http：//www.wwf.or.jp/activities/2010/08/876625.html（2014 年 12 月 2 日確認）．

(29) 注 6) 参照.
(30) 『老子』下篇（第四十六章）「……故知足之足. 常足矣.」この直前には，「禍莫大於不知足. 咎莫大於欲得」（＝わざわい飽くなき欲望が最大で，罪は物欲ほど大きなものはない）とある. また，上篇三十三章には「知足者富.」（＝足るを知る者は富む）とある. cf. 福永光司『老子』（新訂中国古典選 6）朝日新聞社 1968. cf. 上篇三十三章には，「知足者富.」＝「足るを知る者は富む.」とある.

📖 参 考 文 献

ウォルフレン，カレル・ヴァン（2012）『いまだ人間を幸福にしない日本というシステム』井上実訳，角川書店〔角川ソフィア文庫〕.
加賀乙彦（2009）『不幸な国の幸福論』集英社〔集英社新書〕.
高野陽太郎（2008）『「集団主義」という錯覚——日本人論の思い違いとその由来——』新曜社.
辻信一（2008）『幸せって，なんだっけ「豊かさ」という幻想を超えて』SB クリエイティブ〔ソフトバンク新書〕.
辻信一編著（2008）『GNH もうひとつの〈豊かさへ〉10 人の提案』大月書店.
暉峻淑子（1989）『豊かさとは何か』岩波書店〔岩波新書〕.
日本 GNH 学会編（2013）『GNH（国民総幸福度）研究① ブータンの GNH に学ぶ』芙蓉書房出版.
ベネディクト，ルース（2005）『菊と刀』長谷川松治訳，講談社〔講談社学術文庫〕.
メドウズ，ドネラ（1972）『成長の限界——ローマクラブ「人類の危機」レポート——』大来佐武郎監訳，ダイヤモンド社.
森岡孝二（2005）『働きすぎの時代』岩波書店〔岩波新書〕.
山岸俊男（2010）『心でっかちな日本人——集団主義文化という幻想——』筑摩書房〔ちくま文庫〕.
Frey, Bruno and Stutzer, Alois (2001) *Happiness of Economics*, Princeton University Press（佐和隆光監訳『幸福の政治経済学』ダイヤモンド社, 2005 年）.
Ray, Paul and Anderson, Sherry (2000) *The Cultural Creatives: How 50 Million People Are Changing the World*, Harmony.

📖 推 薦 図 書

ダライ・ラマ（2000）『幸福論』，塩原通緒訳，角川春樹事務所.
辻信一（2006）『「ゆっくり」でいいんだよ』筑摩書房〔ちくまプリマー新書〕.
堤未果（2013）『(株) 貧困大国アメリカ』岩波書店〔岩波文庫〕.

（秋本　勝）

第5章　生命の始まりをめぐる諸問題

人の生命は，受精，着床，妊娠，出産というプロセスを経て，個体としてこの世に生まれ出る．それぞれの段階で，様々な生命科学とその技術応用により，生命の終結，選別，改変，作製といった操作的介入が可能となってきた．生命を「授かる」ことから「作り出す／作り変える」ことへ，さらには「取り引きする」ことへと変容しつつある現代の生殖と発生をめぐる諸問題について検討する．

はじめに

人の生命の始まりへの人為的介入は，堕胎や間引き（新生児殺し）から人工妊娠中絶や重症新生児の治療停止に至る「終結」という形態と，不妊への対処法としての人工授精，体外受精，顕微授精など生殖補助医療という「子作り」の技術がある．さらに，生命科学（分子生物学，遺伝学，発生学，再生医学など）およびその技術応用の発展により，受精卵・胚での着床前診断や胎児の段階での出生前診断といった「選別」，「望ましい質」への「改変」，そして自然界には存在しない生命個体の「作製」といった生命操作的介入も可能となってきた．こうした介入の現状を確認し，その倫理的・社会的な問題点を考えてみよう．

（1）生殖補助医療

a　技術の助けを借りて子どもを作ること

生殖補助医療は一般に不妊治療と言われるが，「不妊」はそもそも「治療すべき疾患」なのだろうか．この医療行為に医療保険の適用あるいは税金からの補助をすべきかどうか，さらには地方の過疎化対策や国家の少子化対策といった論点とも関連づけてしばしば問題とされる．不妊カップルは従来10組に1組くらいとされてきたが，近年，結婚年齢の高齢化などによりその割合は上昇しつつあると指摘されている．不妊クリニックを訪れたカップルは，タイミング療法やホルモン療法（排卵誘発剤等）を試み，それがうまくいかない場合は，

生殖補助医療技術すなわち人工授精，体外受精，顕微授精へと進むことになる．

ア）人工授精…無精子症など不妊の原因が男性にある場合，精子を選別・洗浄・濃縮してから注射器により女性の子宮腔内に注入して行われるこの技術は，畜産や競走馬など動物の「質」向上を目的として用いられるものと基本的に同じである．カップル男性の精子を使う配偶者間人工授精と第三者の提供精子を使う非配偶者間人工授精に分類される．

イ）体外受精・胚移植…これは，卵管障害など不妊の原因が女性にある場合，排卵誘発剤によって採取率を高め，複数の卵子を排卵直前に子宮から取り出し，ガラス器の中で受精させて培養し，受精卵が4～8細胞に分割したときに女性の子宮に移植するという手法である．1978年英国でのルイーズ・ブラウン誕生の知らせは世界中に衝撃を与えたが，日本では1983年に東北大学で初めて行われて以来，現在ではこの手法により年間約3万人の出生がある．ただ，成功率を上げるために起こる多胎妊娠に伴う問題（減胎手術，胚移植の数制限等）や排卵誘発剤など女性身体へのリスクなど様々な問題がある．加えて，ガラス器の中で観察し操作が可能となったことにより，ES（胚性幹）細胞作製や胚の遺伝子操作（デザイナー・ベビー）など生殖とは異なる次元での生命への介入可能性を拓いたという点も見逃すことはできない．

ウ）顕微授精…この手法は，精子無力症など不妊の原因が男性にあり，かつ体外受精でも受精しにくい場合に実施される．特殊な顕微鏡下で，体外受精・胚移植法と同様に採取した卵子の卵細胞質内に精子細胞を注入し，受精・卵割が確認された胚を女性の子宮に移植するもので，初めて妊娠が報告された1992年以降，この技術により受精・妊娠成功率は飛躍的に向上した．しかし，生物学的な自然選択を免除された精子を用いることへの疑念（動物実験において後世代の不妊可能性が指摘されている）も一部に見られるものの，結果重視のこの分野では拡大の一途をたどっている．

b　第三者の関与を伴うケース

ア）精子・卵子提供…非配偶者間人工授精に関連して，「だれの精子を使うのか」「その精子をどのように調達してくるのか」「精子提供者（遺伝的父）のことを生まれてきた子にどのように伝える（あるいは伝えない）のか」といった課題が提起されており，社会的なルールの策定が必要となる．精子提供者の

大多数は若い医師や医学生とされるが，ビジネスとして行われる場合は知的・身体的な「優秀者」が金銭的報酬を得て提供することもある．卵子提供の場合は近親者やドナー（報酬／無報酬）によるものであることが多い．精子・卵子ともに遺伝的な親である提供者のことが子に知らされるべきかどうかということが，「子の出自を知る権利」「子のアイデンティティ」の問題として議論されている．

イ）代理出産…子宮等の障害により妊娠できない女性の卵子とそのパートナーの精子により体外で作製された受精卵を代理母の女性の子宮に移植し（まれに代理母の卵子を用いる人工授精型もある），妊娠・出産した後に依頼カップルがその子を受け取るという手法である．1980年代から一部の国で実施されているが，女性の「手段化・道具化」，斡旋業者による商業的契約の場合の「子の売買」，代理母による子の引き渡し拒否，妊娠中ないし出生直後に子の「障害」が判明したことによる依頼側の受け取り拒否，生まれてきた子の法的地位といった問題が指摘されている．容認論の側からは，「生殖の自由・権利としてこの手法も当然認められるべきだ」「代理母になる女性は，苦しむ人を助けたいという慈悲心から自発的に契約を結ぶのであって，それに対する搾取や手段化・道具化といった非難は的外れだ」「この方法によってしか遺伝的つながりのある子を得られないカップルの幸福追求権として認められるべきだ」，さらには「親に望まれて養育を受けることこそ子どもの最大の福祉ではないか」という理由などが挙げられる．

c　様々な問題

ア）親の欲望・権利と子の権利・福祉の葛藤…一方で，親になろうとする者は，自然妊娠によって子が得られないとき，受精や着床に人工的技術の助力を求めることに始まり，配偶子・受精卵あるいは子宮の提供を受けるなど第三者を介在させること，さらには子の生物学的ないし人間的「質」を選択することも可能となる．これに対し，そうした手法により生まれてくる子は，自らの出生にいかなる条件を付与されてもそれを受け入れる以外の選択肢は存在しない．技術の手を借りて子を得るようになると，「作る」ことに「手を加える」余地が拡大していき，「子が欲しい」という〈存在への欲望〉に駆動されて実施される生殖補助医療が，しばしば「こんな子が欲しい／こんな子は欲しくない」

という〈質への欲望〉へと転化する事態が起こる．そこには，「親になる者の自由な選択権と幸福追求権」と「子の権利・福祉」との深刻な葛藤が生じることになる．

　イ）ビジネス…精子・卵子が提供される場合，その遺伝的形質および発現形態が関心の対象となる．例えば，精子提供者は医学生や若い医師から，特定の生物学的特徴（皮膚，髪，眼など），ノーベル賞受賞者，弁護士，大学教授といった「高い知能の持ち主」やオリンピック・メダリストなど「高い運動能力の担い手」へと拡大し，それに付随して無報酬の「善意」によるのではなく，提供者への報酬や仲介マージンを伴うビジネスという形を取ることもある．さらに「望ましい質」の精子や卵子に高い商品価値が付与される市場において，それを購入する消費者として自由な選択権があって当然だという意識が強まる．依頼する側の欲望とそれに応えるサービスが拡大していく中で，「子を授かる」という感覚が摩滅していくのは避けられない．

　代理出産では，当該女性の「労働」への対価としての報酬を支払うのか，あるいは交通費や休業補償といった「経費」が支払われるのか，斡旋業者による仲介を認めるのかどうかが問題となる．多大な身体的・精神的負担（妊娠・出産における死亡リスクを含めて）を第三者に要求する以上，金銭的対価の提供は必須だという主張と，「女性の手段化・道具化」「子の商品化」への懸念からそもそもこの手法そのものを認めるべきではない，あるいは認めるとしてもボランティア女性による無報酬の場合に限るべきだ，という見解が対立する．近年，インドやタイなど安価で卵子提供や代理出産を実施するビジネスが盛んになり，主に先進諸国から不妊カップルだけでなく同性愛カップルやシングル男女も渡航利用しており，「生殖ツーリズム」と呼ばれる．

（2）出生前診断と人工妊娠中絶
a　胎児の命を奪う——人工妊娠中絶

　日本では明治期以降の富国強兵のための人口政策（堕胎の禁止）から，第二次大戦後は一転して人口抑制のために中絶を合法化した．刑法の堕胎罪（1907年）では，発育の程度を問わず胎児を母体内で殺しまたは早産させて胎児の生命を奪う行為（堕胎）に対して，当該女性および医療者（医師・助産師・薬剤

第5章 生命の始まりをめぐる諸問題　57

師等）に刑事罰を課している．

　「優生学上の理由」すなわち遺伝的な疾患・障害の子孫への継承を防止することを主たる目的として制定された優生保護法（1948年）により，1940年代後半から50年代にかけて年間100万件前後の中絶手術が施行されたが，その後は減少の一途をたどる（厚生労働省「母体保護統計報告」によると2012年度の中絶件数は19万6639件）．優生学への批判や「性と生殖の権利・自由」の主張が強まる中で，骨格はそのままで「優生」関連条項の削除というかたちで優生保護法は1996年に母体保護法に改訂された．「妊娠の継続又は分娩が身体的又は経済的理由により母体の健康を著しく害するおそれのあるもの」，「暴行若しくは脅迫によって又は抵抗若しくは拒絶することができない間に姦淫されて妊娠したもの」という理由により妊娠22週未満で中絶が認められている．

　日本では，1960年代頃から宗教右派の「胎児生命尊重論」や政治的保守派の「男尊女卑的な女性の自立・解放阻止」の立場による規制強化の主張と，女性解放論に立脚する「選択尊重」の立場との対立構図が見られるものの，社会的な争点として注目されたことはなかった．むしろ，出生前診断による「障害胎児」の選択的中絶に関する議論が，1970年代以降「胎児条項」の導入の是非や優生思想との関連で人々の関心を集めてきた．

　中絶に強く反対するカトリック派の影響が一部あるものの（アイルランドやスペインでは規制が強い），1960年代以降に中絶合法化が進んだ欧州諸国では原則として「個人の選択」として容認するという了解が定着している．これに対し，米国では1973年の連邦最高裁判決において，女性が妊娠中絶を行うかどうかを決定する権利は「プライバシーの権利」として承認されたものの，現在も世論の対立が激しく，大統領・州知事などの選挙で争点として掲げられることも少なくない．中絶の禁止（ないし規制強化）を唱える保守的な「プロライフ派」と容認を主張するリベラルな「プロチョイス派」との対立は，軍事政策や租税・社会保障政策，同性婚などとともに，米国社会における政治的・イデオロギー的争点となっている．

　b　胎児の生命の質を調べる——出生前診断

　妊娠中に胎児の障害ないし疾患の可能性について，羊水，絨毛，臍帯血を用いて胎児の染色体やDNA・遺伝子を調べたり，妊婦腹部の超音波検査や母体

血検査（血清中のタンパク質のマーカー検査，母体血中の胎児 DNA 検査）が行われている．何らかの「異常」が見つかったときには人工妊娠中絶（選択的中絶）が行われることが多いとされる．各検査の精度やリスク（流産率），当該障害ないし疾患の治療・リハビリの可能性や社会的支援の実情など，事前に十分な情報を得た上で実施することが求められる．

　日本では 2013 年 4 月から臨床研究として開始されている非侵襲的胎児 DNA 検査（母体血中の胎児 DNA を調べ，ダウン症などを検査する）に注目が集まっている．開始後 1 年間で 7740 人が検査を受け，そのうち陽性（染色体異常の可能性を示す）判定が 142 人であること，陽性判定とされた人のうち 113 人が確定診断のために羊水検査を受け，「異常」と診断され選択的中絶を実施したのが 110 人と報告されている．

　ナチスの時代に「生きるに値しない生命」として障害新生児の組織的抹殺を行ったという過去を踏まえ，ドイツでは慎重論が根強い．1995 年の刑法改正により「胎児適応」（胎児の異常を理由とする中絶）を削除し，「医学的適応」（妊婦の身体的精神的健康を著しく害する危険性を回避する目的での中絶）の拡大解釈により可能とするという対応を取っている．その理由として，胎児適応が法律の条文に存在することにより，胎児の疾病や障害が「生きるに値しない」ものと判断されたり，障害者に十分な保護が与えられていないという誤解を招く可能性が挙げられる．なお，ドイツではどのような事情であれ中絶を行う際には「妊娠によって引き起こされた葛藤状態に対するカウンセリング」が必須とされている．

　この問題をめぐっては，「科学技術の進歩の恩恵」「社会的コストの低減」「当事者の選択の自由」「幸福追求権」といった理由を掲げてこれを認めるべきとする推進・容認論がある一方，これらの手法は「正常か異常か」という尺度により生命を選別する行為であり，障害をもって生まれてくる子を「劣悪な生，負担になる生」として切り捨てる優生思想に基づくものであり，「障害者は存在しない方がよい」という価値観を前提にしている，という反対論もある．また，これらの手法が「生命の質」に基づく選別であり，個人の自発的選択に基づく新しいタイプの優生学的実践であり，そうしたことが「生殖の自由・権利」として容認されることは避けねばならないものの，当事者のおかれた事情や生

まれてくる子の疾患の重篤さなどを考量した上で，その選択権を認めつつ，社会として一定のルールを策定すべきであるとする慎重論も見られる．

（3）着床前診断と胚選別
a　胚を調べて選ぶ——着床前診断と胚選別

これは，体外受精や顕微授精などの生殖補助医療技術によって得られた4〜8細胞期の胚から1〜2個の細胞を生検によって採取し，遺伝学的（DNA・遺伝子・染色体・タンパク質）診断を行い，胚を選別し子宮内へ移植する方法である．染色体異常や遺伝性疾患（筋ジストロフィー，若年性アルツハイマー疾患など）の回避が主たる目的だが，不妊治療（習慣流産の回避）として行われることも多く，少数だが「特定の望ましい質」を選択することもある．具体的には，非医療目的（恣意的理由）による男女産み分け，治療目的の「ドナー・ベビー」，知的・身体的に「優秀な子」を選んで産む，といったケースである．

日本では，日本産科婦人科学会の見解による任意規制という対応で，習慣流産で夫婦いずれかの染色体異常が原因の場合とデュシャンヌ型筋ジストロフィーなど重篤な遺伝性疾患に限り適用され，学会の委員会による個別審査により2004年以降2014年2月までに計308件を承認されている．一部の産婦人科医は，「患者の利益となるのに学会が規制するのは不当だ」として，独自に実施してきた．

諸外国でも対応は別れており，法律で禁止（ドイツ，スイス，オーストリアなど），法律で条件付容認（重篤な遺伝性疾患の場合のみ：フランス，スペイン，スウェーデンなど），法律による規制なし（行政等の規制により事実上容認：英国，米国，オランダなど）という状況である．

b　胚を用いて治療する——ドナー・ベビー

幹細胞移植の適用となる難治性疾患（白血病，再生不良貧血など）に罹っている兄姉の治療目的で，着床前診断により組織（HLA）適合性の高い胚を選んで子宮に移植し，次子（臍帯血移植と骨髄移植用ドナーとして）を出産するという手法がある．「救いの弟妹（saviour sibling）」と呼ばれるこの手法は，2000年頃から英国と米国などで用いられるようになり，規制のない米国では毎年数百件実施されているという．

この問題をめぐっても意見の対立が見られる．一方で，医療によって人の命を救うことができるのなら，それを使うのは当事者の当然の権利だ．すでに着床前診断と胚選別については，遺伝性疾患や習慣流産の回避という理由でいくつかの国で容認されている現状で，この手法だけを特に禁止する合理的理由は見当たらない．疾患回避および救命可能性という当事者カップルにとっても社会にとっても重大な利益，当事者カップルの生殖の自由および幸福追求権の尊重といった根拠により，十分に正当化できるとする容認論がある．他方，批判論によれば，治療目的という理由で子を「スペア部品として製造すること」「手段化・道具化すること」は許されない．さらに，何らかの機会に自らの出生の事情を知ることになったとき，その子は「自分は兄／姉の病気を治すために生まれてきたのか」という理解から，「自分の命が役に立つことができてとても誇りに思う」という肯定的な自己認知をもつのか，あるいは「治療目的に適っていなければ今の自分はこの世に存在していないのか」という深刻なアイデンティティの危機に陥るのか，だれにも予測はつかないし，仮に治療が奏効せず兄／姉の命が失われたとき，「自分は役に立たなかった」という自己への否定的感情が強まる可能性を含め，そもそもその子の福祉に親も社会も責任を負うことができるのか疑問だ，とされる．

（4）生命操作への展開
a デザイナー・ベビーと新優生学

初期胚の段階で遺伝子に手を加えて，「望ましい特性」を備えた子を得ようという企ては生命の設計（デザイン）であり，それによって生まれてくる子は「デザイナー・ベビー」と呼ばれる．「望ましい特性」として求められるのは，身体レベルとしては「高い運動能力」や「見た目のよい外見」，知的レベルとしては「高い記憶力や知能」，道徳レベルでは「人並み以上の社交性・協調性」であり，そうした介入は治療とは異なる増強（エンハンスメント）である．その時代・地域・集団の支配的価値体系の中で，親になろうとする者たちがそれぞれの基準にしたがって，社会的な有利さや成功可能性を狙って，生まれる前の子への操作的介入をすることは認められるのだろうか．

一方で，幼い頃から習い事や学習塾に通わせたりすることと何ら異なること

ではないし，リスクが確認されない限り子に対していかなる害悪も与えておらず，むしろ競争社会の中で最初から有利な条件を与えられることで，子にとってはより高い成功可能性が保証される，といった推進論がある．他方では，サービス利用には高額の費用が必要であることから一部の富裕層にしかアクセスできず，経済格差に加えて生物学的格差の拡大をもたらしかねない，生まれる前から親の意図を自らの身体に刻印されることで「開かれた未来への権利」を奪われている，といった反対論がある．

「異常胚の廃棄」という消去的介入から，「異常胚を正常胚にする」という修正的介入を経て，「正常胚を優秀胚にする」という増強的介入の技術が確立するに至って，体外受精に始まる生命操作はその到達点に達すると言える．もちろん，特定の遺伝子型がそれだけで何らかの身体的・知的特性を決定するものではなく，操作する者の意図した結果がただちに実現するとは限らない．しかしそのことも含めて，「当事者の自己決定―自己責任」の原則を貫き，子の設計を「生殖の自由・権利」，あるいは消費者が市場において自由に調達できるサービスとして積極的に容認する立場は，しばしば「新優生学」と呼ばれる．

歴史上様々な形で登場してきた旧来の古典的優生学は，国家による集団政策としてその「遺伝的質の改善」を図るために，「遺伝的劣悪者」に対して結婚制限や避妊・中絶・断種の処置や移民制限などの施策を講じたり，「遺伝的優秀者」の子作りを奨励するというものである．たしかに個々の当事者による自発的な選択として行われる新しいタイプの優生学とは，この点で大きな違いがあるが，両者ともに，「優良か劣悪か」という価値尺度に基づいて人間の生の質への介入を意図としている点では共通している．優生学は，テクノロジーの成果を取り入れつつ自己変容し続ける思想・実践運動として捉える必要がある．

b　キメラ，ハイブリッド

例えばヒト以外の動物の精子や卵子とヒトのそれを結合させたり，ヒト受精卵に動物の細胞を導入または逆に動物受精卵にヒト細胞を導入してできあがった胚を子宮に戻せば，自然界には存在しえない生命個体が誕生する可能性がある．キメラは，ギリシア神話においてライオンの頭，山羊の胴体，ドラゴンの尾を具有した火を吐く怪獣を指すものであったが，「遺伝的に異なる（同じ種または異なる種の）2つ以上の細胞型に由来する細胞から成る有機体」と定義

される．他方，ハイブリッドはもともと「雑種」を意味するが，「2つの異なる遺伝子型をもった配偶子の交配によって生じる有機体」と定義される．生命科学研究や生殖補助医療の現場では，ヒトの精子を牛やハムスターの卵子に授精させて胚を作製するといったことが行われているが，通常は発生初期段階で破壊されるので，個体生命に至ることはない．

特定の細胞・組織・臓器に分化するように細工をしたヒトES細胞をマウス胚に移植してキメラ・マウス個体を作り，移植用細胞・組織の開発につなげられないかといった研究や，ヒトの遺伝子や染色体を動物胚に移植して遺伝子導入動物を生み出して，その遺伝子や染色体の発現等を研究するといったことが行われている．例えば治療薬を含んだミルクを出すヤギを大量飼育する動物工場の構想や，膵臓ができないように遺伝子操作したブタの胎児にヒトiPS（人工多能性幹）細胞を移植してヒトDNAをもった膵臓を作らせ，その膵臓をヒトに移植する研究も見られる．

c クローン

1996年に誕生したクローン羊ドリーの衝撃からしばらくして，2002年以降にイタリアのアンティノリ医師や新興宗教団体ラエリアン・ムーブメントが，相次いでクローン人間を生み出したと発表したが，その真偽は不明である．実際の医学研究で試みられているのは，個体への生長を前提としない発生初期段階での再生医療に関連するものであり，クローン個体作製目的の生殖クローニングとは異なる治療的クローニングと呼ばれる技術の開発である．両者ともに，体細胞から採取された核を除核未受精卵に移植して電気刺激により融合させ，分割を始めた胚（＝クローン胚）を作製するという体細胞核移植クローン技術が中心となる．

クローン人間を作る目的としては，カップルの何れかが重い優性遺伝病保因者である場合，第三者の介在する不妊治療を望まない不妊カップル，そして同性愛カップルやシングルの男女といった人たちの「わが子」を得る手段として，事故や病気で死んだ子の「身代わり」として，自らの移植用臓器のドナーとして，家系や事業の後継者になる自分の「分身」として，芸術やスポーツの「優秀者」複製などが挙げられる．容認論を支えているのは「生殖の自由・権利」であり，クローン人間といっても何か怪物のようなものを作るというのではな

く，生まれてくる子は通常の場合と何ら変わらないのだから，当事者の選択に委ねるべきだ，ということである．

おわりに

どのようなプロセスを経て発生・誕生した生命も，それ自身の内発的な力（欲動）で成長しようとするが，「望まれる／条件つきで受容される／拒否される」という，それを作り生み出す者たちが付与する意味によって異なる経過をたどる．そしていったんこの世に生まれ出た生命個体は，そうした意味（＝意図）を超え出て，自らの固有性を獲得する可能性をもっているのである．

【付記】本稿は下記の霜田既発表論文を加筆修正して再構成したものである．
「生命の設計と新優生学」，『医学哲学 医学倫理』第21号，2003年．
「「救いの弟妹」か「スペア部品」か——「ドナー・ベビー」の倫理学的考察——」，『医療・生命と倫理・社会』第8号，2009年．
「生命操作の論理と倫理」，清水哲郎編『岩波講座 哲学08 生命／環境の哲学』岩波書店，2009年．
「生命の誕生」，「生命の発生」，清水哲郎ほか著『生命と環境の倫理』放送大学教育振興会，2010年．
「再生医療」，伏木信次ほか編『生命倫理と医療倫理 改訂3版』金芳堂，2014年．

参考文献・推薦図書

サンデル，マイケル J.（2010）『完全な人間を目指さなくてもよい理由——遺伝子操作とエンハンスメントの倫理——』林芳紀ほか訳，ナカニシヤ出版．
坂井律子（2013）『いのちを選ぶ社会——出生前診断のいま——』NHK出版．
菅沼信彦ほか編（2012）『シリーズ生命倫理6 生殖医療』丸善出版．
柘植あづみ（2012）『生殖技術——不妊治療と再生医療は社会に何をもたらすか——』みすず書房．
利光惠子（2012）『受精卵診断と出生前診断——その導入をめぐる争いの現代史——』生活書院．

（霜田　求）

第 6 章　現代社会と自閉症スペクトラム

　　精神医学は脳神経科学と従来の精神病理学の統合によりドラスティックな変化を遂げつつある．このような事態は病因論や症候論，治療論など様々な領域に影響を及ぼしているが，一番興味深いのは神経発達と精神発達の間で共有される「発達論的視点」が生じたことであろう．ここでいう発達とは子どもに限られた事象ではなくライフステージ全体を通じた概念であり，人はいつでも自らを育てられるという明るいメッセージを含んでいる．

はじめに

　精神医学が扱う人の精神現象は，個人の属する時代や社会，文化体系に影響を受けながら常に変化していく．現代における価値観の多様化や権威構造の複雑化，またネットにより加速される情報の流動化などに反応して，個人のメンタルヘルスはかつてないほど急速な変貌を遂げている．例えば20年前の典型的なうつ病や統合失調症の病像と現在のそれは驚くほど大きく異なる．このような事態に対して精神科診断学は典型的疾患の亜型分類を増やすなどして対応してきたが，診断体系は徐々に複雑さと混迷の度合いを増し，もはや精神医学が固持し続けてきたカテゴリー分類というアプローチは限界を迎えつつあった．時期を同じくして，脳画像解析や遺伝子・バイオマーカー研究などの生物学的研究が飛躍的に進み，環境と呼応する脳神経の可塑性や可鍛性が明らかとなった．これらの研究知見を踏まえて脳神経科学は従来の静的物質還元論から動的「発達」論へと大きくシフトすることとなった．このような神経発達概念は精神科診断学にも少なからず影響を及ぼし，診断体系の中に発達論的視点が導入されるきっかけとなった．生物学的研究のエビデンスに基づきながら，精神医学は今まさに従来の静的カテゴリーモデルから動的ディメンジョナルモデルへ舵取りをしつつあると言える．

(1) 診断基準 DSM の改訂が示唆するもの

2013年5月にDSM（Diagnostic and Statistical Manual of Mental Disorders, American Psychiatric Association）が19年ぶりに改訂され，DSM-IVからDSM-5となった．DSMはアメリカ精神医学会が作成した，現在世界で最も使われている精神科診断基準マニュアルである．従来と大きく異なる点は，発達的観点に基づいた疾患カテゴリーの再編と新たなディメンジョナル評価の導入である．19世紀末にドイツの精神病理学者クレペリンが早発性痴呆（のちの統合失調症）と躁うつ病を疾患単位として分類し二大疾病論を展開して以来，水平面で増殖と複雑化の一途をたどっていた横断的疾患カテゴリーは大幅に整理されてシンプルになり，そのかわりに診断に階層的な厚みが生まれた．DSM-5では精神疾患・パーソナリティ障害・発達障害など何れの領域においても，その重症度を判定するための多元的診断（ディメンション診断）が導入されている．多元的診断（ディメンション診断）とは，新たなエビデンスに基づいて各疾患単位のスペクトラム（連続体）を措定し，その重症度をディメンジョナルに評価しようというものである．例えば統合失調症とその亜型である様々な近縁疾患は「統合失調症スペクトラム障害」としてシンプルにまとめられ，同時に最軽度レベルの統合失調型パーソナリティ障害をも包摂する重層的な疾患単位として再編されている．従来のDSM診断は静的かつ横断的で病因論や縦断的経過をあまり考慮しないという特徴があった．国際疫学調査などには便利なツールであるが，個人の病態理解や治療評価などにおいては必ずしも使い勝手のよいものではなかった．今回DSM-5で登場したスペクトラム概念はこれらの遜色を払拭するものであり，現代の精神医学全体にとってパラダイム転換ともいえる出来事である．さらにスペクトラム概念の出現は「正常」と「異常」のあいだに多層的な連続体を想定する契機ともなり，現代社会における子どもや若者の「生きづらさ」といった日常的な次元の問題に対しても明確で科学的な説明ができる可能性をもたらした．

(2) アスペルガー障害という呼称の消失
a 広汎性発達障害から自閉症スペクトラム障害へ

今回のDSM改訂で一番大きな変化をとげたのが児童思春期精神医学の領域

である．DSM-IV では発症時期が小児期である疾患はその病態ではなく発症時期で一括りにして「通常幼児期，小児期あるいは思春期に発症する障害」というカテゴリーに含められていたが，DSM-5 では病態に基づいて「神経発達障害群」や「破壊的，衝動制御，素行の障害」にそれぞれ含まれることになった．前者には自閉症スペクトラム障害や ADHD が，後者には素行障害（従来の行為障害）などが配置された．神経発達障害群はいうまでもなく脳神経科学の新しいエビデンスに立脚するカテゴリーである．児童思春期は特に前頭葉でのシナプス剪定（弱いシナプス接続の除去と機能強化されたシナプスの保持）と髄鞘形成（神経軸索がニューロン間の伝達速度を上げる白い脂肪物質で包まれるプロセス）にとって重要な時期であり，このようなメカニズムにより育まれた神経の可塑性と可鍛性を通じて，周辺環境や様々の文脈に呼応しながらその人特有の認知や行動パターンが形成されていくことになる．児童思春期は他の時期と比べて精神科臨床像が変わりやすいのはこのような神経発達の最盛期であることと関連している．経時的な症状変化に対応する，より柔軟な病態理解を必要とする児童思春期精神医学に，脳神経科学が提示する神経発達論的視点はうまくフィットし，「神経発達障害群」というカテゴリーが生まれるに至った．

「神経発達障害群」は従来の下位分類やタイプ分けを大胆に排し，小児期から成人期までを発達論的に捉えるディメンジョナルな評価を導入した．これに伴い，疾患分類はよりシンプルに，病態評価はより重層的になった．その一番顕著な例が自閉症とその近縁疾患である．DSM-IV では自閉性障害（自閉症），アスペルガー障害，特定不能の広汎性発達障害などのサブカテゴリーを含む広範な診断カテゴリーであった「広汎性発達障害」は，DSM-5 では「自閉症スペクトラム障害」という1つのシンプルな診断名に統合された．この30年来，精神医学領域のみならず司法をはじめとした他領域においても多くの議論を呼んだ「アスペルガー障害」という呼称が消失し，自閉症スペクトラム障害のディメンジョン評価のなかの一水準におさまることになったのはエポックメーキングな出来事と言える．

b 自閉症概念の歴史

「アスペルガー」とはそもそも 1944 年にウイーンの小児科医であるアスペルガー（Hans Asperger）が発表した自験例「自閉的精神病質」から発展した概

念である．アスペルガーは対人的関係の乏しい執着的性格を持つ子どもたちの中に突出した能力のある者がいることを見出し，これは生来性の人格の偏りに由来すると考察した．同じ頃，アメリカの精神科医カナー（Leo Kanner）は「情緒的接触の自閉的障害」と題する論文の中で早期幼児自閉症概念を発表した．早期幼児期から見られる対人交流の乏しさ，コミュニケーション能力の障害，執着性，常同性などがその特徴である．その後，カナーの早期自閉症は一般にも馴染みのある呼称「自閉症」へと変わり，精神科臨床のみならず社会福祉施策の中にも頻繁に登場するようになった．それとは対照的にアスペルガーという呼称は徐々に忘れられつつあったが，1981年にイギリスのウィング（Lorna Wing）がアスペルガー症候群として自験例を発表したのを契機に，特に英語圏でアスペルガー症候群についての研究が盛んになった．DSM-IVでは「アスペルガー障害」という公式の診断カテゴリーとして採用され，児童精神医学の中で最も注目される概念の1つとなった．その背景には，知的能力は高いが対人交流が極めて困難な一群がひきこもりやネット依存，突発的な逸脱行為などのかたちで社会不適応に陥るという今日的事態を説明できるものとして期待されたことがある．その後，ウィングはアスペルガー症候群と自閉症を1つの連続体とする「自閉症スペクトラム」という概念を提唱し，このスペクトラム概念はその後のDSM診断体系全体の再編に大きく影響することとなった．各疾患単位でスペクトラムの根拠となる生物学的エビデンスが検証され，再編作業は慎重に行われた．従来の広汎性発達障害に含まれていたレット症候群にはっきりとした染色体異常が見つかり，自閉症スペクトラムとは別カテゴリーへ移されることになったのはその一例である．

c 自閉症スペクトラムの特徴

ウィングが提唱した自閉症スペクトラムの特徴を簡単にまとめると下記のようになる．

① 視線が合わない，友人関係を発展させにくいなど相互的社会関係における特徴
② 言葉や身振り手振りによるコミュニケーションが不得手であるという特徴
③ 想像力の範囲が狭く深いため，こだわりや変化への抵抗があるという特徴

DSM-5における自閉症スペクトラム障害では，コミュニケーションを言語・非言語に分ける診断が排され，診断基準は「社会的コミュニケーションおよび対人相互性の障害」と「限局された反復する行動や興味」の2つにまとめられた．後者の中に，感覚刺激の反応亢進などが含まれたのも今回改訂の特徴である．ウィングの①，②が1つに統合され，③が少し範囲を広げたかたちとなった．また，DSM-IVでは発症時期に関して「3歳以前に始まる」としていたが，改訂後は「発達早期に存在しなければいけないが，社会的要求が本人の能力を超えるまで顕在化しない場合がある」としている．実際，臨床場面で学校生活に支障はないが青年期に孤立し始めるケースが多く見られる．児童と成人の精神病理の連続性に注目し，自閉症スペクトラム障害が「神経発達障害群」という年齢制限を持たないカテゴリーに組み入れられたのは，とりわけ大きな変更点と言える．発達障害を縦断的かつディメンジョナルに評価することは，療育（治療と教育の両面から支援していくこと）や社会福祉の面からみて利点が多く，これまで以上に柔軟な対応を可能にする．以下に自閉症スペクトラム障害の症例を提示し，その治療や療育の実際について説明する．

(3) 症例提示

自閉症スペクトラム障害（以下，ASDと記す）の中核症状である対人相互性の障害は，家庭内や学校，職場での不適応を引き起こしやすい．それが引き金となり慢性的な虐待やいじめの被害を受け，そのトラウマの後遺症に悩むケースが非常に多い．ここでは以下2つの自験例を提示する．

① いわゆる「育てにくい子」で児童虐待にあっていたケース
② 「周囲から浮いてしまう子」で長期間いじめ被害にあっていたケース

なお，この論文中の症例は個人を特定できないように細部を変更して記載した．

症例①　Aくん　14歳　ASD, ADHD（注意欠如・多動性障害）併存　初診時7歳

Aくんが1歳時，父親のDVが原因で両親が離婚した．歩行に関する発達が遅く，4歳までよく転んでいた．パート勤務をする母親との2人暮らしであ

る．保育園時は友達ができず，1人遊びが多かった．また他の子どもに積み木を投げてしまう等トラブルが絶えなかった．小学校に入学すると授業中に静座出来ず，教室を飛び出して用務員室や校庭に遊びに行くことが頻繁であった．特に算数が苦手だが，博物図鑑が好きで授業中でも興味のある本は熱心に読んでいた．小学校に入学して間もない6月に初診となった．クラスの中のいわゆる「困った子」であり，指導に難渋したクラス担任が精神科受診を勧めたのが受診理由である．本人の主訴は「皆に嫌われている感じがして，むちゃくちゃ悩んでいる」と不適応に対する主観的苦悩が大きかったが，学校ではそのことは理解されずにいた．初診時，服には汚れと綻びが目立ち，頭髪は長く伸びて顔面をほとんど覆うほどであった．体重身長とも年齢に相応の成長を遂げておらず，母親にそのことを注意しても「お金がないので十分に食べさせられない」と繰り返すばかりで改善が見られず，ネグレクトと判断された．認知機能検査ではIQ98と正常知能だが下位検査評価点間のばらつきが大きかった．特に聴覚的情報処理の困難さ，文脈読み取りの困難さ，注意集中力の低さが目立った．発達の凸凹が大きい，聴覚より視覚情報処理の方が得意である等はASDの特徴の1つである．臨床像と合わせてASDおよびADHDと診断された．小学2年時に薬物処方に十分な体重となったのを機にADHDに対する薬物療法を開始した．前頭前野のノルアドレナリンとドーパミンの濃度を上昇させ，覚醒度と注意集中力をアップするための対症療法である．薬物療法の効果は比較的早く現れ，宿題や明日の準備ができるようになった．本人も効果を感じて自ら進んで服薬した．服装は相変わらず汚いが整髪はしている．教室から飛び出すことはなくなったが，授業中に漫画や図鑑を読んでいる．小3になると徐々にクラスメートと会話できるようになった．小4になると興味の持てる授業には集中できるようになる．特別支援クラスに編入し，勉強への意欲がアップした．またパソコンクラブに入り，そこで仲の良い友人が複数できた．特別支援クラスでの適応は良好で友人が増えた．IQは112まで伸び，数学をのぞく全ての授業に集中できるようになる．「学校が楽しい」と話すようになり，母親も積極的に担任とコミュニケーションをとるようになる．この頃から母子ともに身づくろいが整うようになった．小5になるとパソコンクラブの副部長となり，アニメ制作に熱中する一方で下級生の面倒をよく見るようになった．成績が上

がり先生に褒められることが増え，母子ともに自信がつき表情が明るくなった．小6になるとゲームに依存的となったが，母親がゲーム時間を適切にコントロールするなど積極的な養育態度が見られるようになった．聴覚過敏があるため騒音は苦手で読書や勉強に集中できなくなることがあった．中学1年からは数学のみ特別支援クラスを利用（特別支援教育でいう通級）した．吹奏楽部に入り友人も増えたが，時々忘薬するとはしゃぎ過ぎるなど周りから浮いてしまうことがある．中2になると数学への興味もアップし，現在，通級中止について検討中である．薬物処方は少量のみ継続中である．

症例考察　ASDの特徴である対人相互性の障害は，親からみると「かわいくない子」「育てにくい子」などと認識されやすく，虐待へとつながるケースも多い．本症例でも当初は母親の虐待（ネグレクト）が目立ったが，薬物治療によるADHD症状の改善により，母親の養育態度に変化が見られるようになった．それに呼応するように，ADHDのみならずASD症状にも改善が見られ，対人交流の能力が徐々に発達した．すると母親もきちんと食事を作る，身なりを整えさせる，学校と積極的にコミュニケーションをとる等ができるようになり，よい循環が生れた．最近では母親自身も定時制高校に通い始めるなど，母子ともに発達していったケースである．ASDではその子の発達特性凸凹を把握し，それに合わせた特別支援教育の導入など実際的な対処をなすことが重要である．子どもの発達特性を知り指導上のポイントを絞ることで，教員の認識も「困った子」から「育てがいのある子」へと変わることが多い．パソコンやネットゲームへの傾倒はAくんの視覚情報処理の優位性から来ているが，このような特性もこれからの学びや職業選択にとって大切な情報である．総括すると，家庭や学校で患児の発達特性についての情報を共有することで周辺環境との相互的変化がおきたケースである．薬物療法はこのような変化のきっかけを作るが，重要なのはやはり環境調整であり，生物学的レベルでは環境と呼応するかたちで脳神経の発達が促されたと考えられる．

症例②　Bさん　29歳　アルバイト　ASD　抑うつ障害　初診時22歳
　小さいころより不器用で人付き合いが苦手であった．小中高といじめ被害にあい続ける．4年制大学を卒業後，会社に就職するも，仕事がおぼえられない，同時に複数の事を処理することができない，上司とうまくいかない等のため不

適応状態が続いた．胃痛，集中力低下，記憶力低下などを訴え他院を受診．軽いうつ病と診断され抗うつ剤を処方されるも改善せず通院を中断した．会社は就職後2カ月で退職し，物忘れと集中力低下を訴え当院初診となった．認知機能検査ではIQ89と正常知能だが，動作性能力が言語性のそれと比べて20以上低く，また文脈読み取りの困難さ，空間認知能力と聴覚情報処理能力の低さが目立つなど発達の凸凹が見られた．言語的な応答から類推できる以上に能力的な問題が大きいため，他者からはBさんの「生きづらさ」が理解されにくく，対人交流で問題が生じていると考えられた．全体状況の把握は困難だが，系統だった変化の少ない作業は可能であることを本人に伝えた．病歴と検査結果からASDと不適応によるうつ状態と診断された．抗うつ剤を処方しながら精神療法，心理（疾病）教育を開始．Bさんは障害を受け止めることができたが教育熱心で完璧主義の母親はこれを受け入れられず「結局意志が弱いのでは」と態度を変えることがなかった．それどころか「なぜちゃんと勤務できないのか」「なぜ普通の人のようにできないのか」と叱責が続き，Bさんの家庭内ストレスは続いた．友人にしつこくメールし，返信が来ないと気になって眠れずいつまでも待ち続けるなどの執着性に本人も苦悩することが多かった．「そもそも自分に今まで本当の友人はあったのか」などの内省に苦しみ，希死念慮が増大した．母親の勧めで児童館のボランティアを始めるが，他の指導員と疎通がうまくいかない，子どもにいじめられるなどの問題のため1年ほどでやめることになった．23歳時，イベント会社で単純作業のバイトを始める．対人交流能力を必要とする場面も少ないため徐々に適応できたが，母親には正規雇用につけないことを責められ続けた．しかし経済的自立度が徐々に上がると母親とも精神的な距離がとれるようになった．SNS上に好きなタレントに興味を持つ者同士のコミュニティができ，そのうちの何人かとカラオケや外食，旅行などを楽しめるようになる．24歳時には任される仕事の種類も増え，自信が出てきた．25歳時には上司から後輩の教育もまかされるようになる．26歳時には母親の言葉に左右されて落ち込むこともなくなったが，小中高時代のいじめの夢とメール確認強迫は慢性的に続いた．28歳時には短期のボランティアを意欲的にこなした．今でもいじめの夢は時々見るがそれで一日中落ち込むことはなくなった．

症例考察 ASDの特徴である発達特性の凸凹が大きいが，視覚的情報処理能力が聴覚情報処理能力の低さを補てんしているケースで，SNSを使った友人作りもそのような特性を基盤にしている．学校でのいじめや母親からの過度な叱責がトラウマとなり悪夢や抑うつ状態が続いていたが，社会的自立ができるに従い徐々に自己評価が上がり，トラウマの後遺症も改善していった．現在では新人研修のためのマニュアルを上司に言われなくても作るなど，視覚情報処理能力を発揮した仕事に充実感をおぼえている．成人になっていても，自分の発達特性を活かした職業を選択し，着実にスキルを高めることで社会適応は向上することを示唆するケースである．自分の凸凹をよく理解し，無理をして「ふつう」に縛られないことがQOL（生活の質）向上のために必要なことがわかる．

おわりに

欧米に20年ほど遅れて日本でも2005年4月に発達障害者支援法が施行された．これを受けて2007年4月からは特別支援教育が実施されることになった．2012年12月に文部科学省が公表した全国実態調査の結果によると，学習面や行動面で困難を示す児童生徒が，小中学校の通常学級において実に6.5%の割合で存在することがわかった．これまで十分な対応がなされなかった知的障害のない発達障害（限局性学習障害や軽度のASD，ADHDなど）への対応は，今まで以上に重要な課題として認識されることとなった．現在では各々の発達特性に合わせカスタマイズされた教育を行う取り組みがなされ始めている．特に発達の遅れている教科に限って特別支援クラスを利用する「通級」などはその一例である．

就労支援の場面では，従来の身体・知的・精神障害者を対象とした障害者雇用促進法が改正され，2013年6月からはASDをはじめとする発達障害群が精神障害者の中に入ることが明記された．コミュニケーションや社会性に課題を抱える発達障害者の就労を支援するための雇用支援ワーカーや就労サポーターを擁する「発達障害者就労支援センター」が現在，各自治体で始動している．また外国では，ASDの特性に着目した社会福祉に頼らないユニークな試みがなされている．スペシャリスターネ（http://specialisterne.com/）はデンマー

クで2004年に設立されたIT関係の企業である．社員数十人はすべて自閉症スペクトラム障害で，コンピューターのソフトウェア検証やデータ入力，故障検出，プログラミングなどが主要業務である．細部への注意，反復・計算などに優れたASD特性が仕事に活かされ，会社は大きな業績を上げた．現在ではマイクロソフトなどを顧客にかかえる一流企業へと成長し，アメリカや欧州諸国にも進出し成功をおさめている．支援という視点から，ASDの人たちの特性を社会の力として積極的に活用するという考え方にシフトしていく可能性は日本においても十分にある．現代精神医学の中に登場したスペクトラム概念は，従来の横断的診断カテゴリーからは弾き出されてしまうが独特の発達特性の凸凹ゆえに「困っている」子どもや若者を多次元的に評価することにより，彼らにより明確な指針を与えることができるであろう．

最後に自閉症スペクトラムの生物学的基盤について少し触れておく．脳画像研究では脳の前頭葉44野という部分が小さいか機能不全であることが報告されている．この部分は社会性の障害と関係が深い．また，上側頭溝という部分の機能不全があり，これは静的なものの認知はよいが動的なものは苦手で，表情や視線，雰囲気の読み取りが困難なことに関連している．前者はASDの社会相互性の問題，後者はコミュニケーションの障害と関連している．分子生物学の領域では，オキシトシンという脳内ホルモンがASDにかかわる重要な要因ではないかと考えられるようになってきた．これは社会性や協調性に関係するホルモンであり，脳内オキシトシンの代謝あるいは受容体の機能不全がASDの病態を発現させている可能性があるのである．オキシトシンは女性に約4倍多いので，ASDは男性に約4倍多く診断されるという男女罹患率の差を説明するものとも考えられている．最近では人を対象とした実験で，鼻からオキシトシンを吸入した群はそうでない群と比べて相手をより信頼するというデータが得られている．オキシトシンによるASD治験が欧米をはじめ日本でも始まっているが，未だ十分な効果が得られているとは言い難い．一方でフランスのコーエン（David Cohen）らの研究は興味深い結果を示している．コーエンらはMotherese（大人が幼児言葉で子どもと会話すること）によりASDの子どもの脳内オキシトシンが高まり，また同時に母親および父親にも同様の現象が起こることを明らかにした．これに引き続き，親子の相互交流が改善するこ

とも確認されている．あえて薬物を使用しなくとも，行動面からの介入によって親子それぞれの脳内に変化が起こり，親子間のコミュニケーションが容易となるのである．コミュニケーションの改善はさらに親子の脳内変化を引き起こし，よい循環を形成するであろう．

今まで，精神障害の発現要因として，環境因と生物学的要因は別次元で考えられていたが，最近ではその両者が相互に作用することが強調されるようになってきた．エピジェネティクスという概念がその1つである．エピジェネティクスは遺伝的な情報も環境因子によって変わる可能性があるという考え方である．例えばダイオキシンやPCBなどの環境ホルモンが胎児の遺伝情報を左右し脳神経発達に影響を及ぼすと言われている．最近では誕生後の虐待や低栄養により脳神経のDNAがメチル化されて，のちに行動異常が出現することも報告されている．現在，様々な精神疾患や発達障害においてエピジェネティクスを発症因子として措定する研究がすすんでいる．一方このような脳神経の可塑性は病気の治療にも利用できるのではないかと考えられ，異常な遺伝子発現を正常な遺伝子発現に戻す基礎研究が現在すすめられている．もともとエピジェネティクスは癌や生活習慣病のリスク因子研究から生まれた概念であるが，一歩進んで防御因子としてとらえる考え方が生まれつつあるのである．精神医学でいうレジリエンスも，分子生物学的レベルではエピジェネティクスがかかわっている可能性が大きい．先ほど紹介したコーエンらの研究も，Motheresa という行動がエピジェネティクスを介して脳内オキシトシン代謝に変化を与えると説明し，今まで環境要因としか考えられていなかった養育態度やコミュニケーションの質が分子生物学的要因と密接な関係にあることを示している．症例提示したAくん親子のケースでも，エピジェネティクスの作動による脳神経発達が十分考えられる．

今までASDをはじめとする神経発達障害の研究では，リスク因子の研究が多かった．しかし多くのリスク因子はそれ自体の実質的な修正が困難である．したがって逆境に直面した際にレジリエンスあるいはポジティブな機能へとリンクする因子を考察する研究が今後より重要になってくる．リスクとレジリエンスを総合的に評価することにより，様々な発達経路に関する理解が深まる．このような視点は発達精神病理学という新しいフィールドを開拓し，従来の精

神病理学と分子生物学，行動遺伝学などを統合する契機となり，人間の発達の複雑さを理解するために新しい概念的アプローチを提供し始めている．発達精神病理学は全ての人が発達の途にあり，周辺環境に呼応しながら「行動」を起こすことで脳神経の可塑性に働きかけ，自らを育てなおせることを教えてくれる．かつて ASD 診断は静的な烙印にすぎない時代があった．しかし現在では，ASD の人たちが自分の発達特性凸凹を立体的に把握し，社会内でそれを役立てていけるという意識を持つこと，また特性ゆえの適応問題を客体化し自分を責めないことにより，自分のみならず周りの人をエンパワメントすることができる．このような考え方は正常域の人たちにも利するところが多い．「ふつう」に縛られず，いくつもの物差しを持つことが成熟した社会といえるのかもしれない．

〈用語集〉
権威構造：社会集団において人々の相互関係の中に現れる権威のあり方やその存続様式
亜型分類：典型からやや逸脱するものを亜型（サブタイプ）とし下位分類すること
神経の可塑性や可鍛性：後天的に神経構造に変化を現しめたり，所要の形にしうること
エビデンス：科学的根拠
ADHD：注意欠如・多動性障害
自験例：自分で診断・治療を経験した症例
常同性：無目的な行動を繰り返したり同一性にこだわること．
エピジェネティクス：ゲノム変異以外のメカニズムで遺伝子発現を制御し，細胞や生体に変化を生じさせる現象
レジリエンス：リスク状況に直面しても，正常な平衡状態を維持できる能力

◻ 参 考 文 献

内山登紀夫・江場加奈子（2004）「アスペルガー症候群――思春期における症状の変容――」『精神科治療学』第 19 巻第 9 号．1085-1092 頁．
久保田健夫ほか（2014）「神経疾患のエピゲノム――脳機能障害を理解する新しい指標――」『BRAIN and NERVE――神経研究の進歩――』第 66 巻第 5 号．591-597 頁．
栗田広ほか（2007）『〈アスペルガー症候群／児童精神医学〉論文集』星和書店．
高岡健（2007）『やさしい発達障害論』批評社．

柘植雅義（2013）『特別支援教育――多様なニーズへの挑戦――』中央公論新社〔中公新書〕.

日本精神神経学会・精神科病名検討連絡会（2014）「DSM-5　病名・用語翻訳ガイドライン（初版）」『精神神経学雑誌』第116巻第6号．429-457頁．

松本秀夫（2004）「アスペルガー障害の画像研究」『精神科治療学』第19巻第10号．1205-1210頁．

American Psychiatric Association.(2013)*Diagnostic and Statistical Manual of Mental Disorders fifth edition*（米国精神医学会『DSM-5　精神疾患の診断・統計マニュアル』高橋三郎・大野裕監訳，医学書院，2014年）．

Drabick, D. A. G. and Steinberg L. (2011) Developmental Psychopathology. *Encyclopedia Adolescnece*. 136-142. Elsevier.

Weisman O, Cohen D. et al. (2013) Oxytocin shapes parental motion during father-infant interaction. *Biol. Lett.* 9 (6): 20130828.

📖 推薦図書

加藤進昌（2009）『ササッとわかる「大人のアスペルガー症候群」との接し方』講談社．
杉山登志郎（2011）『発達障害のいま』講談社〔講談社現代新書〕．

（濱崎由紀子）

第7章　思春期の心の成長
――映画『千と千尋の神隠し』を通して――

　　日々を生きる私たちにとって日常は一瞬一瞬の連続であり，どこにも"切れ目"などない．しかし，本人にも気づかないような小さな出来事をきっかけに急に成長したり大人になったりすることもある．思春期はそんな可能性を秘めた時期である．多くの人を惹きつける物語の中には，なぜだかわからないが，私たちの心を強くしてくれたり，つまずく人に勇気を与えてくれるものがある．映画『千と千尋の神隠し』もその1つである．

はじめに――思春期とは――

　人間の発達段階のなかで，思春期・青年期と呼ばれる時期は，子供から大人への移行期であると捉えられている．生後1歳くらいまでの乳児期，それから就学前の4～5歳までの幼児期，そして児童期をむかえ，児童期の終わりごろから思春期がはじまる．思春期は青年期前期とも呼ばれ，おおむね小学校の高学年くらいから中学校の年代を指すが，思春期・青年期は時代や文化，社会的背景によって位置づけが変わっていくために，年齢的な区分は普遍的なものではないことを理解しておく必要がある．

　思春期・青年期はそれに続く成人期の前段階を形成していることには変わりはないが，生物学的・生理学的には，思春期とは生殖機能の成熟を中核として急激な身体的成長のみられる時期であり，第二次性徴と呼ばれる性的成熟を伴う発達的な変化を示すものである．このように思春期は生物学的な視点から規定される場合があるが，青年期は心理社会的な特徴を持つ発達段階として位置づけられることもある．ただ今回ここで「思春期」と言う場合，上のような学問的な理解だけでなく，そのような性的成熟を土台にして生じる様々な心理的変化や動揺をも含んだ意味合いで理解してもらいたい．

（1） 思春期の特徴——子供から大人へ——
a 身体の変化

　そもそも思春期は，生殖能力をはじめとして様々な身体機能が成熟する身体的な発達という要素を基本としている．つまり大人の身体を獲得していくことを意味している．男子であれば声変わりや精通，女子であれば乳房の発達や初経などはわかりやすい指標と言える．また，一年間の身長の伸び具合を見てみると，乳児期に次いで成長の著しいのが，女子ではだいたい10歳を過ぎた小学校高学年くらいから，男子では中学生くらいからの時期で，これは「思春期スパート」と呼ばれる．この思春期スパートには相当個人差があるが，一般に女子の方が男子よりも1〜2年早く訪れる．小学校を卒業するときに自分より小さかった男友達に中学生になって久しぶりに会うと，すっかり自分より大きくなっていて驚いたという経験をした女性は少なくないだろう．

　この急激な身体的成長を経験して，自分の身体は見た目にも明らかに変化をしていく．一方でそれを受けとめる器である心の成長はどうかというと，その変化のスピードに対応できないのが普通である．このような身体と心のアンバランスが，思春期のある種の不安定さと関係していると考えてよい．この時期身体の急激な変化は，ときに驚きや戸惑いを持って迎えられることがあるが，本人からすればこれが"向こうからやってくる"種類のものであるということが1つにある．目の前にある階段を上るという行為とは意味が異なっている．たしかに知識を持つことで準備できなくもないが，当人の意志とは関係なく，不可避なものとしてわが身に降りかかってくるのである．

　思春期を過ぎると，鏡の前に立つ回数がそれまでとは格段に変わってくる．髪型や服装をチェックしながら，自分の顔をながめたときに「なんで，こんな目立つところにニキビができるの！」と苛立つ．そして「こんなの自分じゃない」「こんな自分は嫌だ」と受け入れがたく憂うつな気分になる．もちろんこの身体は自己の一部なのであるが，変化しつつある自身の身体を鏡に映したとき，ある意味では他者の目を借りてその身体は対象化されることになる．一転してその対象化された身体は，自己のコントロールを超えた違和感として受けとめられることもあるのである．自分でも理解しがたい自己の異質性は，他人となかなか共有できるものではなく，他の誰でもない「自分」というものを成

熟させていくきっかけになるものでもある．

b 自己への気づき（自分への意識と他者への意識）

思春期を迎えるまでの子供時代に，自分の体型や髪型を気にしたり，ファッションに気を遣った人がどれほどいるであろうか．おそらくその頃は，「私」と「私の身体」は不可分なものとして融合されており，そのことに疑問を持つこともないだろう．

しかし，ひとたび鏡の前に立つと私は他者の目を持つことになる．伊藤(2006)は思春期の特徴として「『見る自分』と『見られる自分』とが対峙する」と言うが，身体へのまなざしに促された自己への気づきは，必然的に他者から向けられる視線に対する意識へと繋がっていく．つまり思春期における自己意識は，「自分から見た私」がどんなものであるかという問題にとどまらず，「他人から見た私」がどんなものであるかを意識せざるをえなくなるのである．「○○（あなた）って，××に似てるよね」という何気ない友達の一言に傷ついた経験のあるひとは少なくないだろう．

思春期の悩みはこのような特有の自己意識のあり方に関係していることが多い．外見的な見た目に限らず，自分から見た私と他人から見た私のギャップが気になって，「私は友達だと思ってるけど，あの子は私のことを友達だと思ってるのかな」とか，「そもそもあの子は私のことをどう思ってるの？ もしかして私嫌われてる？」などと確かめたくなる．また「本当の私は○○なのに，みんなは私のことを誤解しているのではないか」「みんなと比べて自分は変なのではないか」などと自分の存在がきちんと周りに受け入れられているかが大きな関心事になる．

c 親との関係性

思春期以前の子供にとって，多くの場合，親は自分を全面的に受け入れて守ってくれる存在であった（本当のところは思春期以降もこのことに変わりはないのであるが）．基本的に親の言うことを素朴に信じることができるし，理想的な大人像として映っている場合が多い．しかし他の誰でもない自分が成長してきた場合に，当然親とは違う自分という存在を意識せざるをえなくなる．そうすると家庭生活をともにするなかで親に対して不信感を抱いたり，親の価値観に疑問を抱いたりすることも増えてくる．以前は，親が理屈に合わないことを

言ったり，親から理不尽に怒られたりしても，「自分が間違っていた」とか，「自分が悪かった」と思うことも多いかもしれないが，徐々に「これは自分ではなく親の方がおかしいのではないか」と思う瞬間が生まれて，自分なりの「正しさ」にこだわりがでてくる．

自分が大人の世界に参入する段階であるからこそ，もっとも身近な大人である親に対しては純粋かつ潔癖な視線を向けなければならない．しかし完璧な人間などそういるはずもないので，そうすればおのずと親の矛盾や大人のずるさ，汚さに不満を募らせていくようになり反抗的な態度をとるのである．いままでは素直に聞けていた自分に対する小言も「ウザい」ものでしかなくなってくるので，それを避けようとして親とは距離を取ろうとする．いわゆる親離れはこのようにしてはじまるのであるが，これは思春期の重要な課題の1つである．

（2）思春期と異界

家族のなかでおだやかに守られている安心感はそう簡単に手放せるものではない．いつまでもその一体感を味わっていたいという引力と，近すぎるとうっとうしく感じるし別の新たな世界も体験したいという斥力が微妙なバランスで綱引きをする．まさに依存と自立の両価的な（アンビバレントな）感情のなかで揺れ動く．先にも述べたように，思春期とは心身両面において自己に大きな変化を迎える時である．変化には痛みを伴うとよく言われるが，変化するということはこれまでのあり方を喪うということであり，象徴的な意味で「死」を迎えるということでもある．

河合（2005）は，この大きな変化の特徴を持つ思春期を「さなぎの時期」と表現する．毛虫から蝶になる中間にさなぎの期間があるように，人間にも子供から大人になるには堅い殻に守られて自分の中に閉じこもるような時期が必要なのだと言う．外からはわかりづらいが，ただ内面では大きな変化が起こっている．その子供自身は自分の心のなかで起こっていることを言葉で表現することなど到底できない．この自己の内面のわけのわからなさはこの時期苛立ちとして跳ね返ってくることもある．蝶になるということは毛虫としては「死ぬ」ということであり，同様に思春期の子供も象徴的な意味で死の世界を体験することで新しく自分を作り直すのだと考えることもできる．

筆者は心理臨床に携わる臨床家であるが，とくに10代から20代半ばくらいの人たちとのカウンセリングのなかで，夢中になって話をするアニメや漫画のなかにいわゆる異界譚が多いことに気づかされる．われわれが生きている現実世界とは違う別の世界（冥界や死の世界）が存在していて，何らかの理由でその境い目が破れてしまい主人公が異界に生きる者たちと戦ったり，恋愛をしたりというストーリーがよく話題に出る．筆者に限らず，思春期の心性と異界にまつわる物語の関係を指摘する臨床家は多いが（山中 2002；西村 2004；岩宮 2009），いわゆる思春期青年期の人たちがそのような物語に惹かれるのは，自分のなかで起こっている言葉にならない内的体験と共鳴する部分が多いからではないだろうか．

小学校高学年〜中学生くらいになったときに，ひとけのない暗闇にふとお化けがいるのではないかと立ちすくんだり，たとえば何か良からぬことが起きるような気がして，グッと息を止めたまま横断歩道を渡りきるなど，自分で決めた妙な儀式のようなことをした覚えがあるという人はいないだろうか．もちろんお化けや妖怪は現実には存在しないし，魔法のような儀式を使っても自分や世界を救えるはずがないことを理屈ではわかっている．しかし同時に「こっくりさん」遊びに興味を持ったり，学校内などでの心霊体験などの噂話，「学校の怪談」などに心を奪われることもある．思春期は日常のなかにあるちょっと変な出来事や不思議な体験に開かれる時期であると言えるが，岩宮（2013）はこのような日常のなかのちょっとした破綻と言えるような，非日常に触れることのできる瞬間を「日常の切れ目」と表現している．

大人になるとなかなか触れることができないような「日常の切れ目」に開かれ，思春期の"トンネル"に足を踏み入れた子供の様子を見事に描いている物語が，宮崎駿監督の『千と千尋の神隠し』（2001年公開）である．

（3）『千と千尋の神隠し』に見る思春期の心

『千と千尋の神隠し』はあまりにも有名なアニメ映画であるのでくわしい説明は不要であろうが，簡単なあらすじは以下の通りである．

主人公の荻野千尋はごく普通の10歳の女の子である．両親とともに引越先へ向かう途中，千尋たちは見知らぬ森へと迷い込み，妙なトンネルを見つける．

千尋はそこで不気味な怖さを感じるのであるが，両親に手を引かれ入っていく．すると「トンネルの向こうは，不思議の町でした」（映画のキャッチコピー）．その町のあるお店に置かれていた料理を食べた両親は豚になってしまう．どうしていいのかわからずひとりでおびえる千尋は，ハクという少年に助けてもらう．そして迷い込んだこの場所は異形の者たちが住む世界であることを知る．両親を取り戻して，元の世界に帰ることを誓った千尋は，八百万の神が集まる湯屋で「湯婆婆」と出会い，みんなと働きはじめる．そこで"千尋"という名前を奪われた"千"は，風変わりで個性的な周りの者たちに助けられつつも，様々な試練を経験しながら成長していく．最終的には湯婆婆にも認められ，両親とともに元の世界に戻ることを許される．

a　"ファンタジーの力"

われわれ人間はある種の物語やファンタジーの魅力に取り憑かれ，神話の時代から今日までそういった物語を語り継いできた．このようなファンタジーの持つ力について宮崎駿はこのように語っている．

> 「ファンタジーの力」ですけれど，それはもう実際自分の体験がそうだったので．不安に満ちていた自信のない自己表現の下手な自分が，なにか自由になれたというのは，ある時は手塚（治虫）さんのマンガであったり，ある時は誰かから借りた本を読んでであったりしたわけです．それが今，「現実を直視しろ，直視しろ」ってやたらに言うけども，現実を直視したら自信をなくしてしまう人間が，とりあえずそこで自分が主人公になれる空間を持つっていうことがファンタジーの力だと思うんです．それはなにもアニメーションとかマンガじゃなくても，もっと前の神話や昔話であっても，とにかく，なんとかやってけるもんだ，うまくいくんだよって話を，人間たちはもってきたんだと思うんですよね．（『ユリイカ』「総特集宮崎駿「千と千尋の神隠し」（2001）より」）

心理臨床の現場で出会う思春期の人たちのなかには，勉強もろくにしない，かと言ってクラブ活動などもするわけではないいわゆる無気力に見える人がいて，家で何をしているかと尋ねるとアニメや漫画，インターネットをしているという返事が返ってくる．そして彼らの多くは，そういった態度について「単

なる甘えであって現実逃避をしているだけだ」という周囲から（最近は親からというより不特定の世間一般から）のそしりを受けている．しかし宮崎駿が言うように，ある種の「異界の力」を借りて自分に自信を取り戻すことができる場合がある．この物語で異界に迷い込んだ千尋もそのひとりである．大人の都合で引越を余儀なくされ，親友の理砂と離れ離れになったやるせなさを理解してくれない両親の様子にがっかりしてふてくされていたところに異界の入り口があらわれる．「日常の切れ目」は往々にして大人の感覚とは遠いところにある．

b 不気味な異界

この映画を千尋と同じ10歳前後のときに観たひとのなかに，漠然と"怖い話"だと感じたというひとは意外に多い．しかし大人が観た場合，これを怖い話だと感じることはまずないだろう．これは単に物語に登場するお化けのような妖怪のような異形の者たちが怖いというだけではない．発達的に見ても10歳という年齢は，いわゆる現実と空想の区別がついていないわけでもない．思春期の入り口にいる子供には，たとえこれが"作り話"であっても自分の内的体験とリンクすることで，現実に匹敵するような，もしくはそれ以上に"リアル"な体験になるからであろう．

お店で食をむさぼる両親から離れて「油屋」の前の橋にひとりで歩いて来たとき，白い装束を着た少年（ハク）に「ここへ来てはいけない，すぐ戻れ．じきに夜になる．その前に戻れ！」と告げられ事態は一変する．突然あたりが暗闇に包まれ，必死に戻ろうとするがひたひたと暗い影が千尋を追ってくる．そしてさっきまでなかったはずの暗く大きな川が千尋の行く手を阻む．

ここで観る者たちはこの話に引き込まれ，千尋もろとも異界に飲み込まれてしまう．子供たちは千尋と同じように「来てはいけない」場所にひとりで放り出されて，自分がどこに行って何をすればいいのかわからない強烈な不安と孤独を感じるのかもしれない．場合によっては，友達との遊びに夢中になりすぎて，あたりが暗くなってはじめて帰宅の時間を過ぎていたことに気づき家まで必死に走って帰る，といったことを思い出すかもしれない．ただ千尋は自分の家に帰ることができず，両親に会うこともできなかった．

たとえばそれまでは平気だったのに急にこの頃になってひとりで寝るのが怖

くなって母親といっしょに寝たいと言い出したりする．大人からすれば「いままでできていたのにどうしたの？」と言いたくなるが，子供はこの時期大人には感じることができないような微妙な雰囲気の違いに反応することが少なくない．このような感受性が鋭敏になるからこそ，「切れ目」に気づくことができるし，「神隠し」に遭うこともあるのかもしれない．そもそも異界というものは子供にとって不気味なものでなければならず，それが不気味なものとして感じられないのであれば異界などというものは存在しないのである．

c　豚になった両親

冒頭，引越先に向かう車中ですでに両親と千尋のものの感じ方の違いがはっきりしている．のんきな様子で父親は新しい学校を見つけて千尋に教えるのであるが，千尋は「前の方がいいもん」と言って学校に向かって「あっかんべー」をする．親友にもらった花束を握りしめて寂しい気持ちを理解してもらおうと母親に話しかけるが，返ってくる言葉は千尋をおもんぱかる言葉ではなく，「もう，しゃんとしてちょうだい」とふてくされる千尋をただたしなめるものである．いつも子供の心の機微を理解して気持ちに寄り添うような言葉を常にかけ続けてくれるような親などいるはずはないのであるが，特別冷たいわけでもないどこにでもいるようなごく普通の自分の親に対して，がっかりした気持ちと同時に不満を持つようになるものである．

迷った道の先にあったトンネルの前で千尋は風が吸い込まれていくことに気づく．ただならぬ不気味さを感じた千尋は「ここはいやだ．戻ろう，お父さん．」と訴えるが，父親はそんなことにはおかまいなしに「なんだ，怖がりだな，千尋は」と言ってどんどん先へ進んでいく．そして鼻をクンクンさせながらおいしそうな食べ物が置かれているお店に入る．お店の人はいないが「そのうち来たらお金を払えばいいんだから」と両親はお店の食べ物を勝手に食べ始める．千尋もいっしょに食べるよう勧められるが，親の非常識さといい加減さにあきれた様子で，「いらない，ねぇ，帰ろう．お店の人に怒られるよ」と子供なりに自分のまっとうな正しさを主張する．それでもなお「大丈夫．お父さんがついてるんだから，カードも財布も持ってるし」と千尋の言葉に耳を傾けない．ここにいたって千尋は，両親に対する不信や失望が入りまじった何とも言えない表情を浮かべ，はっきりと両親と自分の"正しさ"の違いを意識して，自ら

親の元を離れてひとりで歩いていく．

　「油屋」の前の橋でハクに「来てはいけない」と早く戻るよう言われ，不気味な暗い夜の道を走って両親のいるお店に戻ってくるのであるが，そこにいたのは千尋が知るいつもの両親ではなく，醜く食をむさぼる汚い豚であった．思春期の子供が親に幻滅するということはよくあることであるが，当の本人にとっては理想化されていた親イメージという内的対象を喪失する体験であり，衝撃的な出来事であると同時に自分の一部をもぎとられるような哀しくも痛苦の体験でもある．親にとってみれば自分は以前と変わらない態度で子供に接しているはずなのに，突然わが子に汚い豚でも見るような目で見られることになって困惑するのである．そして子供にとっても，あたりまえのように自分を守ってくれていた親が，これから先ずっと自分を守ってくれるとは限らないということを知ることは辛くきびしい．受け入れられるのが当然だった世界が様変わりしたように感じて，これから自分ひとりで生きていく力を獲得しなければならないことに身がすくむのも無理はない．

d　自分の名前と両親を取り戻す

　この世界で働かない者はこの場所を支配する湯婆婆に動物にされてしまう．その湯婆婆の元に向かった千尋は「働くこと」を許されるが，千尋という名前を奪われ「千」という名前を与えられる．ここで生き延びるために千尋は「千」として「油屋」で働かなければならない．「油屋」は八百万の神々が「汚れ」を洗い落としにくる場所である．そこでまさに千は「汚れ」と正面から向き合い，ひたすらそこへ自分の身体を投げ出すことになる．そして千はとりわけ臭くて汚い神である「オクサレサマ」を元の美しい姿に戻すことに成功して，湯婆婆に「よくやった」と抱きしめられる．湯婆婆に求められたこと以外にも，暴走する「カオナシ」をなだめたり，自分の本当の名前を忘れてしまった「ハク」の名前を思い出して救ってあげるなど，千はここで自分がやるべき仕事をまっとうする．

　元の世界に戻るため，そして両親を助けるためにもう1つ大切なことがあった．それは"自分の本当の名前を忘れない"こと．「名を奪われると帰り道がわからなくなる」ことをハクから知らされるが，ハクは自分の名を忘れてしまっている．湯婆婆は相手の名前を奪ってその者を支配するのであるが，周囲の者

を自分の支配下において呑み込んでいく湯婆婆のこのやり方はとても興味深い．また湯婆婆の息子である「坊」は，身体はとても大きいが，見た目は赤ん坊で「おんもに行くと悪い病気になる」と教えられ，ひとりで外に遊びに行くこともできない．「坊」は自分の要求が通らないときには，すぐに大声をあげて叫んだり，暴力的になって部屋の壁を蹴破ったりする．物語の最後にいたって千尋らと湯婆婆の元へと戻ってきたとき，それまではハイハイしかできなかった「坊」が自分ひとりで立ち，湯婆婆を驚かせている．このふたりの関係は，まるで過保護な環境のもとで成長できないでいる密着した親子関係のようである．湯婆婆が「坊」に対してしているように，周囲の軋轢や面倒なことから守っているのだということを盾にして，実際のところは親が子供を完全に管理，支配するような関係が作られていくということが思春期の親子関係にはよく見られる．意識的，無意識的に関わらず，子供が「自分は親の支配から逃れられないのではないか」というような恐怖感や怒りを抱いたときに，彼らは激しく感情的に爆発するのかもしれない．

　だからこそ千は自分の名前を忘れずに，本当の名前である「千尋」を取り戻す必要があった．千は湯婆婆の双子の姉である「銭婆」を訪れ，「私の本当の名前は千尋って言うんです」と告げる．その後，白龍の姿をしたハクとともに湯婆婆の元へ戻るのであるが，その道中で千尋はハクの本当の名前を思い出す．それと同時にハクは元の姿に戻り，千尋自身も自分が幼い頃，"琥珀川"でおぼれかけたことを思い出す．記憶がないような過去の自分と今ここで生きている自分が「切れ目」なくつながる．

　戻ってきた千尋に湯婆婆はたくさんの豚のなかから両親を見つけるよう最後の試練を与える．そこで千尋が出した答えが非常に象徴的である．「ここにはお父さんも，お母さんもいない」．これは「両親はもう豚ではない」ということを意味しているように思われる．千尋のなかにあった親イメージが変容したのだとも理解できる．理想化されていた親イメージが一度失われ，それが現実的なものへと再構築される．

e　現実の世界で生きる

　別れ際に「決して振り向いちゃ，いけない」とハクに忠告された千尋は，両親とともにトンネルに入る前にうしろを振り向きそうになるが思い止まる．い

ろいろな人に囲まれ，充実した時間を過ごした心地よい場所を去ってしまうのは名残惜しい．しかしどんなに心地よい経験をしても，私たち人間が生きるべき場所はこちらの世界ではなく現実の世界である．観ているわれわれも，自分がすっかり物語の世界に入り込んでしまっていたことに気がついて我に還る瞬間でもある．

　自分自身の力で名前と両親を取り戻すことができた千尋はちゃんと大人へと成長できたのであろうか．行き道と同じく帰りのトンネルの中でも千尋は母親の腕にしっかりとしがみつく．そして母親も「千尋，そんなにくっつかないでよ，歩きにくいわ」とあいかわらずである．元の世界と変わっていないようにも見える．異界で起こった出来事を何も知らない（すべて忘れた）両親は元の世界の小さな変化にも鈍感で，車にいたずらをされたのだと勘違いして文句を言う．ただ千尋だけはトンネルに入る前とは様子が変わっていることにはっきりと気づく．それは宮崎駿監督らしいいくつかの仕掛けから見てとることもできる．

　実は思春期の心の成長とはそんな小さな変化の集まりなのかもしれない．大人になったからと言って，突然世界が開けるわけでもなく，一気に悩み事が解決するわけでもなく，すべて自分ひとりの力で生きていけるわけでもない．これから先も親の態度にがっかりすることもあれば感謝することもある．そんなことを何度となく繰り返すことで，決して完璧ではないかもしれない親をひとりの等身大の人間としてゆっくりと受け入れ，必ずしも十全ではない自分を慈しむことにつながっていくのである．

おわりに

　今回の千尋の異界への旅は，ある種のイニシエーション（通過儀礼）であったとも言える．場合によっては，千尋自身が自分の心の深い部分をたどっていく内界への旅だとも言えるかもしれない．しかし現代の社会において，たとえば成人式のような制度はあったとしても，世界（ある段階）から世界（別の段階）へと移行するようなわかりやすいイニシエーションが存在するわけではない．親が子供を支配する方法も湯婆婆がしたような単純なものだけではなくなってきた．だからここで紹介した思春期の心のありようと「私は違う」と感

じる人もいるだろう．多数派が経験する典型例との違いを強調することで「特別な私」とか「オンリーワン」を確認する，そんなあり方こそがむしろ今の思春期の心のありようではないかと思うことがある．

　ただ以前の自分とのちょっとした違いに出会って，「もう大人になってしまったのかもしれない」とはたと気づく，そんな経験は今も昔も変わりはない．

🔲 **参 考 文 献**

伊藤美奈子（2006）「思春期・青年期の意味」，伊藤美奈子編『朝倉心理学講座16　思春期・青年期臨床心理学』朝倉書店，1-12頁．

岩宮恵子（2009）『フツーの子の思春期——心理療法の現場から——』岩波書店．

————（2013）『好きなのにはワケがある　宮崎アニメと思春期のこころ』筑摩書房〔ちくまプリマー新書〕．

河合隼雄（2005）「思春期のイニシエーション」『臨床心理学』第5巻第3号，340-344頁．

西館一郎編（2001）『ユリイカ』「総特集宮崎駿［千と千尋の神隠し］の世界」青土社．

西村則昭（2004）『アニメと思春期のこころ』創元社．

山中康裕（2002）『ハリーと千尋世代の子どもたち』朝日出版社．

📖 **推 薦 図 書**

岩宮恵子（2007）『思春期をめぐる冒険——心理療法と村上春樹の世界——』新潮社〔新潮文庫〕．

河合隼雄（2013）『〈子どもファンタジー〉コレクション』Ⅰ〜Ⅵ，岩波書店〔岩波現代文庫〕．

ここから探検隊（2013）『思春期サバイバル——10代の時って考えることが多くなる気がするわけ．——』はるか書房．

〔正 木 大 貴〕

3.

人と人のつながり

第8章　女性の政治的過少代表の克服をめざして
——クオータ制への道——

　　1946年4月に実施された第22回衆議院議員選挙は，日本の歴史上初めて女性が参政権を行使した選挙であった．それから約70年が経とうとしている．この間，日本社会は飛躍的に発展を遂げ，女性の生き方も大きく変化したが，政治領域への女性の参画は遅々として進んでいない．有権者に占める女性割合は男性より多いにもかかわらず，日本の国会（衆議院）における女性議員率は8.1％にすぎない．このように議会における女性の代表が極端に少ない現象を「女性の政治的過少代表」と呼ぶ．本章では，なぜ日本では女性の政治参画が進まないのか，どうすれば女性の政治的過少代表という現状を変えることができるのか，という問題について考察する．

はじめに——議会における女性の参画の推移と現状——

　世界の国々の開発の程度を比較する指数にHDI（Human Development Index：人間開発指数）がある．これは国民1人あたりの所得，教育レベル，平均寿命に基づいて算出されるものである．2013年日本は世界186カ国中17位であり（国連 2014），世界の先進国の一員ということが出来る．ところが，男性と女性の格差の大きさを示すGGI（Gender Gap Index：ジェンダー・ギャップ指数）では，日本は世界142カ国中104位（World Economic Forum 2014）と極めて低く，先進諸国の中では最下位である．日本より上位に多くのアジア，アフリカ諸国が入っている．この2つの指数の順位の間にこれほど大きな開きを生み出した理由の1つは，労働の場における男女の格差（平均給与の男女差

と管理職・専門職・技術職に占める男女別割合の差）である．さらに GGI の順位を下げることになったもっとも大きな理由は，政治領域における男女の格差（国会議員に占める女性議員率，閣僚に占める女性の割合，女性首相の任期年数）である．そこで最初に，国会と地方議会における女性議員の割合の現状を確認しておきたい．

a 国会における女性の参画

1946年4月10日，まだ敗戦の混乱が続く中，女性が参政権を獲得して初の衆議院総選挙が実施された．果たして女性は何人立候補するのか，投票率はどうであろうかと女性の参政権行使を危ぶむ声もあったが，79名の女性が立候補し（立候補者に占める女性比率 2.9％），39名の女性議員が誕生した（女性議員率 8.4％）．当時，アメリカ合衆国の女性国会議員が 10名しかいなかったことを考えると，これは世界的にも画期的な数であったといえる．女性議員大量当選の背景には，女性の民主化に熱意を持っていた GHQ の意向を受けて，女性参政権の啓蒙活動を熱心に行った行政の働きも大いに影響したと思われるが，初めて政治参加の権利を手にした女性達が，平和日本の建設に貢献したいという強い意思で行動したのも事実であった．もう1つの明確な理由は選挙制度であった．この時の選挙では，占領軍の方針もあって有権者が投票用紙に2名の候補者名を記載するという制限連記大選挙区制が採用された．これが女性候補者の当選に大きく貢献したといわれている．その証拠に，わずか1年後に戦前と同じ単記中選挙区制で実施された第23回衆議院議員選挙では，女性議員数 16名，女性議員率 3.2％ と大きく落ち込んだ．そしてその後，半世紀にわたって衆議院に占める女性議員数は 10名前後，比率も 1.2～2.6％ と地を這うような低率が続いた．

国政レベルでの女性の参画に変化の兆しが現れたのは 1980年代後半になってからのことである．1983年の参議院選挙から比例代表制が導入されたが，女性議員数の増加はわずかでしかなかった．しかし 1989年の第15回参議院議員通常選挙では，女性として初の党首となった土井たか子に率いられた社会党が多数の女性候補者を立てて「マドンナ・ブーム」と話題になった．その結果，立候補者 670名中の女性候補者は 146名（立候補者に占める女性比率 21.8％），そのうち 22名が当選して当選者の女性比率も一気に 17.5％ に上昇した．

一方，衆議院に変化がみられるようになるのは参議院より遅く1990年代後半に入ってからである．1996年第41回衆議院総選挙で女性議員が改選前の14名から23名に増加し，女性議員率も約2%増えて4.6%になった．4年後に実施された第42回衆議院選挙では，女性議員数は35名に増加し，女性議員の割合も初めて5%を越えて7.3%になった．さらに2005年9月の第44回衆議院総選挙では，これまで女性の擁立に積極的でなかった自民党が，小泉首相の戦略的な女性の起用により，比例区の政党名簿の上位に女性候補者を掲載した．その結果，女性当選者数43名，女性比率が9.0%となり，戦後60年間越えることが出来なかった1946年衆議院総選挙の女性議員数36名をやっと突破することができた．さらに4年後の総選挙で，今度は民主党が多数の女性候補を擁立して当選させ，女性議員数54名，当選者に占める女性比率も11.3%と初めて1割を超えた．しかしそれもつかの間，2012年に自民党が大勝した総選挙で女性議員数は38名（その後1名増えて39名）に減少し，女性議員比率も8.1に下降した．さらに2014年12月に実施された第47回衆議院総選挙では，女性議員が7名増えて45名になったが女性議員率は相変わらず10%以下にとどまっている（女性議員率9.5%）．「女性が輝く社会」をスローガンに掲げる安倍政権であるが，自民党の女性議員率は8.6%にすぎない．

このような衆議院の現状は，世界の議会（下院）の女性議員率の平均22.2%を大きく下回り，アジアの平均18.8%も下回っている．列国議会同盟が公表する国会における女性議員比率の順位も世界189カ国中125位（2015年1月現在）と先進諸国の中で最低位，アジア諸国で日本より順位が下の国はタイ，ミャンマーの2カ国だけというのが日本の現状である（世界列国会議 2015）．

b 地方議会における女性の参画

では地方議会の状況はどうであろうか．一般に地方議会は国会よりも女性が参画しやすいといわれている．その理由として考えられるのは，選挙区の広い国会議員選挙で議席を獲得することは地方議会よりいっそう困難であること，一般に地方議員は国会議員ほど専門性を要求されないため，職業上のキャリアに欠ける女性でも議員職の遂行が可能であること，また議員の仕事量や議会と家庭の距離を考慮すると，女性に期待されている家庭内役割を継続することが地方議会はより容易であることなどが挙げられている．これらに加えて地方議

会では，家事や育児，介護といった家族内の女性役割に密着した問題が争点になる．そのため男性よりも女性のほうが地域政治に関心をもつ傾向があり，女性の立候補意欲が高いと考えられている（衛藤 2011）．しかし現実には日本では国会よりも地方議会における女性の参画の方が低率となっている．

　1947年の第1回統一地方選挙以来，地方議会における女性議員率は，都道府県議会と市区議会で1％台，町村議会では0.5％前後と国会よりもさらに低率で推移してきた．しかし，1960年代末からの都市部を中心とした市民運動の高まりの影響を受けて，1971年の第7回統一地方選挙で296名の女性が当選し，初めて女性議員率が2％を越え，1999年には市区議会議員の女性議員率がようやく10％を越えた．都市部の議会で女性議員率が高い傾向を示す理由の1つに，選挙区制を採用する市区議会議員選挙では，議員定数の多い都市部ほど女性が当選しやすいことが考えられる．しかし中選挙区制の都道府県議会と定数が少ない町村議会の動きは鈍く，1990年代に入って僅かずつではあるが女性議員がようやく増加し始めた．その結果2003年第15回統一地方選挙では，都道府県議会議員に占める女性議員の割合は9.9％，市区議会議員13.5％，町村議会議員6.2％となった．しかし地方議員全体に占める女性議員の割合は今なお11.6％（2013年12月現在，総務省調べ）であり，衆議院議員の女性議員率を上回っているとはいえ，諸外国の地方議会と比べるとはるかに低い状況が続いている．[2]

（1）女性の政治的過少代表がなぜ問題なのか？

　ここで，女性の政治的過少代表はなぜ克服されるべきなのかという根本的な問題を考えておきたい．そもそも政治的意思決定に性別は関わりないものではないのか，という意見がある．また，政治的過少代表の克服とは，単純に女性議員50％を要求することなのだろうか．このような女性議員を増やすべきだという根本的問題に対しては立場によっていくつかの異なった答えがある．これを衛藤・三浦にしたがって整理してみよう（衛藤・三浦 2014：22-25）．

　第1は，正義論・平等論からの立論である．この立場では，男女は同等であり相違がないにもかかわらず，意思決定の場に極端に女性が少ないのは，社会構造や価値観，文化などが障壁となって機会の平等の実質的保障を妨げている

からだと考える．つまり，女性の立候補権の行使が事実上制約されている状況は端的に不正義であり，正義達成のために改善が必要な状態であるとの考えである．

第2は，男女間の性差を前提とした立場からの立論である．これは，主たる稼ぎ手は男性，そして家事，子育て，介護など家庭内の役割を担うのは女性，という性別役割分業の下では，男女の利害関心，ニーズ，ものの見方・感じ方には差異がある．したがって，それを反映するためには当事者である女性が政治に参画する必要がある，という考え方である．この議論は，妊娠・出産，育児・介護，性暴力など女性を当事者とする政策課題を考えるときにとりわけ説得力を持つといえる．

第3に，多様なアイデンティティを持つ人々が政治過程に参加することこそが民主主義であるという考え方がある．これは，第2の立場のように，女性議員の増加によって女性の利益につながる政策が実現されることを期待するのではなく，女性の政治代表は多様な人々の間の政治的平等につながるとの考えである．つまり，現代は多種多様な利益やアイデンティティが錯綜する社会であるとの前提に立って，多様な意思をできるかぎり公正かつ忠実に議会に反映する制度を求める考え方である．

以上のように，女性の政治的過少代表を問題とする考え方は様々だが，いずれの立場も，単に女性の権利拡張を要求するために女性議員を増やすべきだと主張しているのではなく，私たちの社会における政治の在り方そのものを問題にしているということが分かったと思う．利害関心が異なる様々な集団がその代表を通じて，共に集い，互いに耳を傾け，差異を横断して語り合うという営みによってこそ，民主主義における意思決定は，より正義に適うものになる（Young 2000：130）．

（2）男性議員と女性議員は同じか？──議員のジェンダー・ギャップ──

女性の政治的過少代表を解消すべきであるとの考え方のうち，特に前述の第2と第3の立場は，男性と女性の利害関心やニーズの差異を前提とする点で共通している．これに対して，「議員には男性も女性もない，能力のある人が政治家になるべきだ．」という反論がよくなされる．しかし現実には，男性議員

と女性議員の一般的な政治行動や政策志向には差異があることが知られている.

アメリカやイギリスの研究では，一般に女性議員は，男性議員と比べて，より自由主義的で包容力があり，倫理観が高く協調的であるといわれている（Louvenduski and Norris 1996：93-95）．米国の議員調査から，政策志向においても，女性議員は，女性に関わる政策課題，福祉，平和問題に男性よりも強い関心を持っていることが実証されている（Carroll 1994：157-174）．英国の国会議員調査からも，同一政党内の男性議員と比べて女性議員はフェミニスト的価値に対して支持的で，女性や社会的弱者の利害に敏感で社会政策を優先する傾向があることが指摘されている（Louvenduski and Norris 1995：209-225；Bochel and Bochel 2000：67-69）．

日本では残念ながらジェンダー視点からの議員研究はきわめて低調である．国会議員を対象とした数少ない量的調査研究に，政治家と政治研究会が実施した国会議員調査がある．これによると男性議員に比べ女性議員が女性関連政策や社会政策に強い関心を示している事実が明らかにされている[4]（政治家と政治研究会 2013：11-12）．また女性議員が多くなると政治がどう変わるのか，という「女性議員の有効性」についても日本での研究は端緒についたばかりである．これは，女性議員の存在が政策に影響力を及ぼすには，数がある程度に達しないと難しいといわれており（「クリティカル・マス（決定的女性議員比率）論」．おおむね15％から30％）（Studler and McAllister 2001），日本ではまだクリティカル・マスを超える議員数に達していないことも研究が行われない理由の1つであろう．ただここで注意しなければならない点は，多くの研究者が指摘しているように，女性であるからといってすべての女性議員の政策志向が同じとはいえないということである．これについては，大海が1999年に国会に提出された少子化社会対策基本法の審議過程を分析して，リプロダクティブ・ヘルツ／ライツ推進派の女性議員が多い中で，提案側の与党に所属しながら反対意見を開陳する女性議員や，立場を明確にしない女性議員がいたことを明らかにしている（大海 2007：220-227）．

地方議員を対象とした研究としては，男女地方議員を対象に全国規模で実施された竹安・春日の研究が唯一の実証的研究といえる[5]．平成の自治体再編直前の2002年に実施された調査だが，この結果を用いて議員のジェンダー・ギャッ

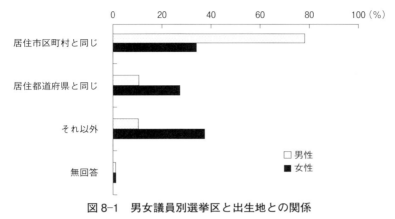

図 8-1 男女議員別選挙区と出生地との関係

出典）竹安（2004：13）

プについて具体的に説明しよう（竹安 2004）．

a 選挙区と出生地の関係

　政治参加を規定する要素の1つに個人が動員できる資源の有無がある．通常，資源は時間や資金（所得）を意味するが，それらに加えて組織的要因（組織所属）も重要であると指摘されている（山田 2007：267-269）．地方議会のように，地域社会の利益と密接に関係する政治レベルでは，地域社会に累積する多様な組織への所属性が政治参加の機会の量に影響を及ぼすことは容易に想定される．「立候補した選挙区と出生地」の関係は，立候補者が持っている地域社会内の組織や社会的ネットワーク量を測定する重要な標識となっている．すなわち，出生地と自分の選挙区が一致している立候補者は，地域自治組織（自治会や町内会，集落），親族関係，さらに同窓会などを選挙の資源として動員できる可能性が高い．これに対して，不一致の議員（いわゆる「よそ者」）は，資源として動員できる地域社会の組織・関係を（わずかしか）有していないと想定される．図 8-1 をみると，男性議員の約8割が，出生地が選挙区の市町村と「同じ」と回答している．これに対して「同じ」と回答した女性議員は 34％，男性議員の半分以下である．女性の場合，結婚によって自らの出生地を離れる機会が男性より多いことの反映であろう．日本の伝統的な「長男子相続」と「嫁入り婚」が政治参画にも影響を及ぼしている．

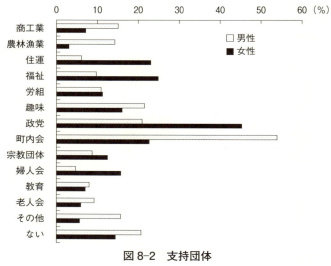

図 8-2　支持団体

出典）竹安（2004：81）

b　支持団体

　上記で，男性議員は女性議員より強い関係性を地域社会に持っていることが示唆された．これを裏付ける結果が，選挙で支持を受けた団体の差異になって現れている．図 8-2 に示すように，支持団体についての回答は，男性議員と女性議員の差異を明瞭に示している．男性議員でもっとも回答が多かった団体が「町内会・自治会」である．これに対して女性議員では半数近くが「政党」を支持団体としてあげている．これ以外に，女性議員にとって重要な団体は，「福祉（福祉・ボランティア活動などの団体）」，「住運（住民運動，消費者運動，環境活動などの団体）」がある．男女議員間の支持団体の差異を，単純に議員の代表制の差異に結び付けることは出来ないが，男性議員と女性議員の組織アイデンティティが異なっているということは明らかである．

c　議会で取り上げた問題

　議員の政策志向の差異をもっとも明瞭に示す行動として議会での質問がある．図 8-3 に議会で取り上げた問題（一般質問）についての回答を示した．これも男女議員で明瞭な差異が現れている．女性議員がもっとも多く取り上げた問題

第8章 女性の政治的過少代表の克服をめざして 97

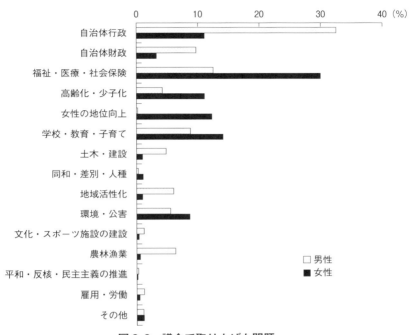

図8-3 議会で取り上げた問題

出典）竹安（2004：123）

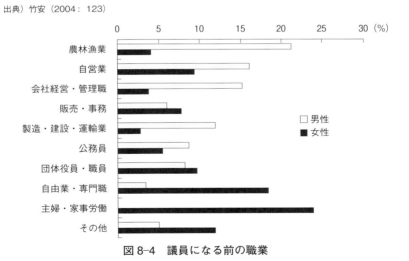

図8-4 議員になる前の職業

出典）竹安（2004：40）

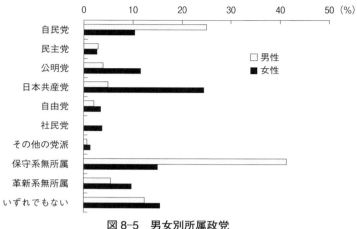

図 8-5 男女別所属政党

出典）竹安（2004：21）

は「福祉・医療・社会保障」，男性議員は「自治体行政」であった．「女性の地位向上」に関しては女性議員の 12％ が取り上げているが，男性議員は 0.2％ に過ぎない．女性議員は，女性や社会的弱者の利害に敏感で社会政策を優先する傾向があるという前述の米国・英国の研究を裏付ける結果となっている．

d 議員前職

女性議員の増加は，多様な意思を議会に反映することにつながるという根拠の1つに，議員になる以前の職業による男女議員の差異がある．図 8-4 に議員になる以前の職業を示した．男性議員は，農林漁業，自営業，会社経営・管理職の3種類の職業で 50％ を超えている．これに対して女性議員は，主婦・家事労働，自由業・専門職，その他の3つで 50％ を超えている．

e 所属政党（党派）

最後に男女議員の所属政党（党派）を示しておく．図 8-5 でまず指摘しておかなければならない点は，無所属議員の割合の多さである．ここでは無所属議員を，保守系無所属，革新系無所属，純粋無所属の3つに分類しているが，その3種類を合計すると，男性議員の約6割，女性議員も約4割が無所属と回答している．政党では男性議員では自民党がもっとも多く 25％，女性議員は共産党と公明党で約 35％ となっている．すなわち，女性議員も無所属の議員が

多いが，次いで多いのが政党性の強い共産党・公明党であり，この2つの政党で女性議員の約3分の1を占めている．これは次節で検討する女性議員がどうすれば増えるのか，という問題を考えるにあたってきわめて示唆的である．

（3）どうすれば女性議員が増えるのか——クオータ制の導入——

　女性参政権獲得から約70年．遅々として進まなかった女性の政治参画を，私たちはどうすれば大きく前進させることが出来るのだろうか．諸外国はどのようにして女性議員を増やすことが出来たのだろうか．実は答えはとても簡単である．これらの国の多くがクオータ制を導入しているからである．クオータ制とそれに連動した選挙制度（比例代表制），これが世界における女性の政治参画を飛躍的に前進させた鍵である．

　日本ではようやくクオータ制が議論の俎上にのぼるようになったが，まだまだ制度の認知度は低い．しかし，世界ではすでに120カ国以上でクオータ制が導入されている．選挙における女性のクオータ制の導入は世界では「通例」であって，その導入について議論さえ行われていない日本の状況が「例外」なのである（岩本 2007：178）.

　クオータ制（ジェンダー・クオータ：gender quotas）は割当制とも訳され，女性の過少代表の改善を目的とした暫定的な制度である．クオータ制には，立法によってクオータの実施を全政党に義務付ける法律型と，政党が自発的に実施する政党型とがある．さらに選挙制度（比例代表制，小選挙区制，小選挙区比例代表併用制）との関係で，候補者リスト型（選挙制度は比例代表制）と議席割当型（選挙制度は小選挙区制）に分けられる．2014年10月現在，法律型のクオータ制を導入している国は74カ国，このうち23カ国で議席割当制を実施している．また政党クオータは49カ国で実施されている（Quotas Project 2014）．

　世界の国々がクオータ制を導入した契機は様々であるが，導入にあたっての重要な論拠になったのが国連を中心にした国際的な合意である．まず1979年，国連で採択された女性差別撤廃条約（1981年発効）の第4条で，男女の事実上の平等を促進することを目的とする暫定的な特別措置（ジェンダー・クオータ制など）は，この条約で定義される差別に当たらないことが明記された．さ

らに 1985 年にナイロビで開催された世界女性会議で 1995 年までに意思決定の場における女性比率を 30% にするという目標が掲げられた（ナイロビ将来戦略勧告）．各国における目標の進捗状況は国連女性の地位委員会によって監視され，達成度が公表されている．このように，女性の政治的代表制の向上は世界の潮流だ，という国際的合意を論拠に各国政府の取り組みが推進されたのである．

　選挙制度も女性議員の選出に深く関係している．小選挙区制は女性にとって不利に働き，比例代表制は女性議員を増やすのに寄与することが知られている（Norris 2004：Chap. 8）．例えば，フィンランドは 1970 年代に非拘束名簿式（候補者名簿の中から特定の候補者を選ぶことが出来る）比例代表制を採用し，女性有権者が女性候補者にこぞって投票した結果，女性議員数が急速に増え始めた．このためフィンランドはクオータ制を導入することなく女性議員率の目標を達成することができた．列国議会同盟による国会の女性議員率上位 30 カ国の中でクオータ制を導入していないのは 6 カ国である（表 8-1 参照）．このうちデンマークは，1970 年代に政党クオータを導入したが，目標を達成したことから 1996 年にクオータ制が取り下げられた（クオータ制があくまでも暫定的処置であることの証である）．女性比率 30% の目標を達成している 30 カ国の中で，小選挙区制を採用し，かつクオータ制を導入していない国はキューバ（共産党が唯一の合法政党）だけである（キューバでは，事前に共産党の候補者選出委員会が選んだ候補に対する事実上の信任投票であるので，日本などと同列に論じることは出来ない．なおアンドラとセーシェルはいずれも人口 10 万人足らずの小国である）．

おわりに——日本の課題——

　クオータ制は，社会規範や社会構造の転換や選挙制度の大幅な改革を行うことなく女性の政治的代表制を迅速に高めることが出来る方法である．しかし日本ではこれまでクオータ制の導入について議論が深まってこなかった．安倍政権が女性の活用を重要課題に取り上げていることもあり，今後は女性議員比率の改善策として注目を浴びる可能性もある．しかしクオータ制は制度設計によって大きく実効性が異なってくる（例えば韓国の場合，クオータ制を導入し

表 8-1 女性の政治代表とクオータ制（女性議員率上位30カ国と日本）

順位	国名	女性議員比率（二院制の場合は下院）	クオータの有無・種類	選挙制度
1	ルワンダ	63.8%	憲法クオータ（議席割当）	比例代表
2	アンドラ	50.0%	無	比例代表
3	キューバ	48.9%	無	小選挙区制
4	セーシェル	43.8%	無	並立
5	スウェーデン	45.0%	政党クオータ	比例代表
6	セネガル	43.3%	選挙法クオータ	並立
7	フィンランド	42.5%	無	比例代表
8	ニカラグア	42.4%	政党クオータ	比例代表
9	エクアドル	41.6%	選挙法クオータ	比例代表
10	南アフリカ	40.8%	政党クオータ	比例代表
11	アイスランド	39.7%	政党クオータ	比例代表
11	スペイン	39.7%	選挙法クオータ	比例代表
13	ノルウェー	39.6%	政党クオータ	比例代表
14	ベルギー	39.3%	選挙法クオータ	比例代表
15	モザンビーク	39.2%	政党クオータ	比例代表
16	デンマーク	39.1%	無	比例代表
17	オランダ	38.7%	政党クオータ	比例代表
18	東チモール	38.5%	選挙法クオータ	比例代表
19	メキシコ	37.4%	選挙法クオータ	並立
20	アンゴラ	36.8%	選挙法クオータ	比例代表
21	アルゼンチン	36.6%	選挙法クオータ	比例代表
22	ドイツ	36.5%	選挙法クオータ	並立
23	タンザニア	36.0%	憲法クオータ（議席割当）	小選挙区制
24	スロベニア	35.6%	選挙法クオータ	比例代表
25	ウガンダ	35.0%	憲法クオータ（議席割当）	小選挙区制
26	セルビア	34.0%	選挙法クオータ	比例代表
27	コスタリカ	33.3%	選挙法クオータ	比例代表
27	グレナダ	33.3%	無	併用
27	マケドニア	33.3%	選挙法クオータ	比例代表
30	オーストリア	32.2%	政党クオータ	比例代表
31	アルジェリア	31.6%	選挙法クオータ	比例代表
162	日本	7.9%	無	並立

出典）列国議会同盟（2014），Quota Project.

ているが比例代表制の議席数が少ないため大きな効果が出ていない）．形式的な導入に終わらせないためにも，実質的平等を実現するための市民からの積極的な働きかけが不可欠である．

　特に無所属議員が半数以上を占めている地方議会の現状は，クオータ制導入に気の遠くなるほどの高いハードルがあることを想起させる．ここで私たちは今一度，民主主義の原則に立ち返って代表制についての議論を深める必要がある．

注
（1）「政治参画」とは，たとえば議員になって政治的意思決定の主体者になるなど，政策決定に直接影響を及ぼす行為を意味する．これに対して，「政治参加」は，投票や政治運動のような，政治的意思決定には直接関与しない政治的行為を表す．
（2）例えば，国会の女性議員率が 22.6% の英国の場合，スコットランドの 32 の地方議会の女性議員率は 25%，イングランドの 36 の地方議会では 40%，ウェールズの 22 の地方議会では 26%（2012 年）．米国の場合，下院の女性議員率は 19.6% であるが，州議会は 24.2%（2009 年）である．（内閣府男女共同参画局『諸外国における政策・方針決定過程への女性の参画に関する調査』）http://www.gender.go.jp/research/kenkyu/sekkyok（2014 年 9 月 12 日確認）
（3）この場合の「差異」とは，女性性に根差す「身体的アイデンティティ」に起因する差異と，社会の構造的要因によって構成されるジェンダー・人種・階級などの「社会的差異」の両方を意味している．
（4）2012 年 7～10 月実施．衆参両議院議会の計 722 名の議員を対象とした郵送による調査票調査．回答者数は 76 名（回収率 10.5%）と低かったため，結果は統計的に有意とは言えないが，国会議員を対象としたジェンダー・ギャップに関する初めての量的調査であるので参考データとしてみても極めて興味深い．
（5）2002 年 2～4 月に実施．全国の都道府県議会・市町村・東京 23 区の議員を対象とした調査票調査．調査票発送総数 6 万 2025 名，回答者数は 1 万 6844 名（回収率 27.2%）であった．この他，神奈川県に限定して実施された研究として国広・大山の地方議員調査がある（大山・国広 2012）．
（6）民主党では 2015 年統一地方選挙でクオータの導入の検討に入った．

参考文献
岩本美砂子（2007）「クオータ制が論じられない日本政治の不思議――女性の政治的代表は世界でどのように論じられているか――」，辻村みよ子監修，川人貞史編『政治参画とジェンダー』，東北大学出版会．
衛藤幹子（2011）「日本の政治主体のジェンダー分析――多元性から見た女性の政治参画――」，辻村みよ子編『壁を超える』，岩波書店．

衛藤幹子・三浦まり（2014）「なぜクオータがひつようなのか——比較研究の知見から——」，三浦まり・衛藤幹子編著『ジェンダー・クオータ——世界の女性議員はなぜ増えたのか——』，明石書店．
大海篤子（2005）『ジェンダーと政治参加』世織書房．
———（2007）「女性議員の有効性に関する一考察——女性議員研究の現状と展望から見えたもの——」，川人貞史・山元一・辻村みよ子編著『政治参画とジェンダー』，東北大学出版会．
大山七穂・国広陽子（2010）『地域社会における女性と政治』東海大学出版会．
進藤久美子（1997）『ジェンダー・ポリティックス——変革期アメリカの政治と女性——』新評論．
政治家と政治研究会（2013）『国会議員の政治意識と政策志向調査報告書』．
竹安栄子（2004）『地域政治のジェンダー構造——なぜ女性地方議員は少ないのか——』（科学研究費補助金研究成果報告書）．
御巫由美子（1999）『女性と政治』新評論．
山田真裕（2007）「日本人の政治参加におけるジェンダー・ギャップ」，川人貞史・山元一・辻村みよ子編著『政治参画とジェンダー』，東北大学出版会

Bochel, Catherine and Bochel, Hugh, M.（2000）*The Careers of Councillors : Gender, Party and Politics*, Ashgate.
Carroll, Susan J.（1994）*Women as Candidates in American Politics*, 2nd, Indiana University Press.
Nollis. Pippa and Lovenduski, Joni（1995）*Political Recruitment : Gender, Race and Class in the British Parliament*, Cambridge.
Nollis. Pippa and Lovenduski, Joni（eds）（1996）*Women in Politics*, Oxford.
Studlar, Donley T. and McAllister, Ian（2002）"Does a Critical Mass Exist? A Comparative Analysis of Women's Legislative Representation, 1949-1997", *European Journal Research* 41（2）．
Young, Iris M.（2000）*Inclusion and Democracy*, Oxford.
国連開発計画（2014）『人間開発報告書』，21-23 頁．http://www.undp.org/content/dam/tokyo/docs/Publications/HDR/2014/ONDP_TOK_HDR2014summary_20140724.pdf（2014 年 12 月 8 日確認）．
世界列国会議，「国会における女性」http://www.ipu.org/wmn-e/world.htm（2015 年 1 月 15 日確認）
Local Elections（2014）Results by Party and Gender, by Michael Potter and Margaret Kelly, 18 June 2014, p.3. http://www.gender.go.jp/research/kenkyu/sekkyoku/pdf/h20shogaikoku/sec6-3.pdf（2014 年 9 月 16 日確認）．
Quotas Project（2014）Global Database of Quotas for Women. http://www.quotaproject.org/（2014 年 10 月 1 日確認）．
World Economic Foram（2014）*The Global Gender Gap Report 2014.* http://reports.weforum.org/global-gender-gap-report-2014/economies/#economy=JPN（2014 年 12 月 8 日確認）

📖 **推薦図書**

御巫由美子（1999）『女性と政治』新評論．
初瀬龍平ほか編（2006）『現代社会論――当面する課題――』世界思想社．
三浦まり・衛藤幹子編著（2014）『ジェンダー・クオータ――世界の女性議員はなぜ増えたのか――』明石書店．

（竹安栄子）

第9章　離婚の経済分析
——離婚増加の背景と今後——

離婚は他人事と思っている人がいるかもしれない．しかし，今や日本は，婚姻届が3通提出される間に，離婚届が1通提出されるほどの高離婚国である．なぜ，離婚は増加したのだろうか？　ここでは，離婚が増加した理由を経済学的に考えていく．

◆

はじめに

戦後，1960年代半ばまで日本の離婚件数は安定して推移していた．しかし，1960年代後半から増加し始め，1990年以降は急速に増加している(1)．世界的に見ても，日本の離婚率の高さはヨーロッパの国々と並ぶ高水準に達している．近年では，統計上，年間新婚夫婦が3組成立するのに対して1組の夫婦が離婚するまでに増加しており，離婚は誰もが経験する可能性があることとなった．

なぜ離婚する人が増加しているのだろうか？　その要因については，女性の社会進出，恋愛結婚の増加，価値観の変化など様々な指摘がある．これらを端的にまとめると，「女性が経済的に自立できる状況になったことや縁故なども関係する見合い結婚が減少したことなどにより，結婚は愛情に基づいたものとなり，夫婦関係が不安定化した．さらに，価値観が変化して離婚に対する抵抗感が薄れたことにより，離婚を選択する人が増えた」ということになる．

本章の目的は，1960年代後半以降，なぜ離婚が増加したのかという問題を経済学的に解明することにある．経済学は，人間は行動する際は常に，メリット（ベネフィット）とデメリット（コスト）を比較して選択する，という前提を持つ．その前提に従うと，離婚とは，結婚する時には結婚することのメリットのほうがデメリットよりも大きかったが，結婚生活を営んでいる間に，メリットの低下か，あるいはデメリットの上昇が起り，デメリットのほうがメリットを上回るときに起きる．とすると，1960年代後半に入り，結婚中にメリットとデメリットが逆転する夫婦が増えたということになる．

以下では，1950年代以降の離婚行動について，1960年代半ばまでの離婚件

数が安定していた時期と，1960年代後半以降の離婚件数が増加している時期の2つにわけて経済学的に解明する．

(1) 離婚行動の経済分析

1960年代半ば以降，離婚率が上昇している年齢層は，夫妻ともに20歳代である（図9-1，図9-2）．特に，20～24歳は大きく上昇しており，25～29歳についても他の年齢層と比較して上昇が大きい．結婚後間もない20歳代の夫婦の離婚率が上昇しているということは，1960年代半ば以降に結婚した夫婦について離婚が増加しているといえる(2)．つまり，1960年代半ば以降に結婚した夫婦について，結婚中に結婚しているメリットとデメリットが逆転するケースが増えたということである．なぜ，そのようなケースが増えたのであろうか？以下では，1950年から1960年代半ばまで結婚した夫婦とそれ以降に結婚した夫婦の違いを経済学的に考えていく．

a 結婚行動の変化

なぜ1960年代半ば以降に結婚したカップルの中で離婚を選択するカップルが増加したのであろうか？　結論からいうと，経済学的には高度経済成長期に結婚したカップルとそれ以降に結婚したカップルとでは，結婚するメリットが異なるからである．高度経済成長期（1955～1973年）に結婚したカップルは「分業のメリット」が中心であるのに対して，高度経済成長期以降に結婚したカップルは精神的メリットが中心である．「分業のメリット」中心で結婚したカップルと比較すると，精神的メリット中心で結婚したカップルは離婚にいたる可能性は高い．

より詳しく解説していこう．坂爪（2006）では，高度経済成長期とそれ以降の結婚行動について以下のように説明している．高度経済成長期は，結婚のメリットの主たるものは，結婚して夫婦で分業体制を取ることにより経済的（生活の）安定が得られるということであった．「分業のメリット」を用いると結婚行動は以下のように説明される．女性は家事能力は高いが，稼得能力(賃金)は低く，一方男性は稼得能力は高いが，家事能力は低いケースでは，独身でそれぞれ仕事と家事を行う場合，お互い独身生活の効用（満足感）は低くなる．しかし，このような男女が結婚して，男性は仕事，女性は家事に専念するとい

第 9 章　離婚の経済分析　　107

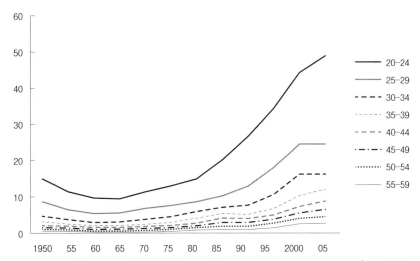

図 9-1　年齢別にみた有配偶離婚率の推移（有配偶男性人口千対，同年別居）――男性

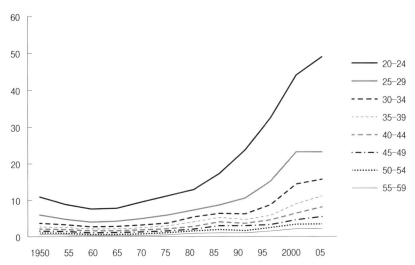

図 9-2　年齢的にみた有配偶離婚率の推移（有配偶女性人口千対，同年別居）――女性

出典）厚生労働省（2010）『平成 21 年度「離婚に関する統計」の概況』より作成．
注）19 歳以下は除いている．

う分業体制を取ると，生活の質は上昇し，独身時と比較して結婚生活の効用は大きくなる．例えば，独身時は，男性は家事能力の低さ，女性は収入の低さゆえにともに食生活は貧しくなる．この2人が結婚すると，男性が稼いできた十分な収入で購入したよい食材を使い，家事能力の高い女性が十分な時間をかけて調理することにより，食生活は大幅に改善されるであろう．高度経済成長期は，このケースが当てはまる時期であった．この時期，製造業など第2次産業中心であり，かつ女性の学歴も低かったため，女性の就業機会が少なく，かつ賃金水準が低かった．一方，男性にとっては独身生活が非常に不便な社会であった．このような社会では，結婚して男性は仕事，女性は家事にそれぞれ専念して分業体制を取ることによって，お互いに独身時より効用が上昇する．つまり，結婚することのメリット，「分業のメリット」が大きな時期であった．

しかし，高度経済成長期以降，サービス産業などの第3次産業の発展と女性の高学歴化により，女性の就業機会が増加し，賃金も上昇した．一方，外食サービスやコンビニエンスストアも普及し，家電製品の性能も高まり，独身時の男性の家事負担は非常に小さくなった．そのため，結婚して男性は仕事，女性は家事にという分業するメリットは小さくなった．そして，高度経済成長期以降，結婚のメリットは「分業のメリット」から，精神的メリット中心に移行した．

結婚の精神的メリットには，「精神的な安らぎが得られる」や「人生がより豊かになる」がある．後者について，「財の共有（公共財）」のメリットを用いてより詳しく説明していこう．「財の共有」を用いると結婚行動は以下のように説明される．夫婦2人の間ではほとんどの財が共有できる．このとき，次の2つのメリットが生まれる．まず，1つの財から2人分の効用（満足感）が生まれるということである．次に，2人で楽しむことにより，財からより大きな効用が得られるということである．例えば，1台のテレビから1人暮らしの場合は1人分の効用しか生まれないが，2人暮らしの場合は2人分の効用が生まれることになる．さらに，テレビを1人で見るより，2人で見るほうがより楽しくなることもあろう．このことは，他の多くの財にも当てはまる．それにより，結婚生活のほうが，独身生活より大きな効用が得られることになる．ただし，このことにも前提条件が存在する．それは，2人の性格や価値観，感性が合っているということである．この条件が成立しないときは，財を共有するこ

とのメリットは大きく低減することになる．なぜなら，2 人の性格や価値観，感性が合っていない場合，共有される財は減少し，共有される財から得られる効用も減少するからである．

　高度経済成長期をはさんで，人々の結婚行動は大きく変化した．前述したように成長期以前は「分業のメリット」を求めて人々は結婚していたが，それ以降は精神的メリット，「財の共有」を求めて結婚するようになった．このことは，経済企画庁「国民生活選好度調査」(1992 年) によく表れている．この調査より，高度経済成長期頃に結婚したと考えられる 50 歳代の男女の結婚相手の条件を見ると，女性は「性格が合う」(42.7%) より「収入の安定」(54.5%) を重視しており，男性は「家庭を第一に考える」(50.6%) ということを「性格が合う」(53.1%) の次に同程度に重視している．一方，20 歳代の男女の結婚相手の条件を見ると，男性・女性ともに「性格が合う」(男性 74.8%，女性 77.9%) を最も重視している．他にも，「共通の趣味を持っている」，「金銭感覚が似ている」などが 50 歳代の人々より重視されており，20 歳代と 50 歳代では重視する項目が異なっている．なぜなら，それぞれこの条件を満たしている相手と結婚することが，結婚のメリット，50 歳代の人々にとっては「分業のメリット」，20 歳代の人々にとっては「財の共有」のメリットが大きいからである．

b　離婚増加の背景

　この高度経済成長期を挟んだ結婚行動の変化が，離婚の増加をもたらしたといえる．つまり，「分業のメリット」を求めて結婚したカップルは離婚を選択する可能性は低く，一方「財の共有」のメリットを求めて結婚したカップルは離婚を選択する可能性が高いのである．以下では，なぜそうなるのか解説していこう．

　まず，「分業のメリット」を求めて結婚したカップルが離婚に至るケースを説明する．「分業のメリット」で結婚したカップルが離婚するケースとは，結婚期間中に①男性の家事能力の上昇か，女性の稼得能力の上昇が起こるか，あるいは，②男性の稼得能力の低下か，女性の家事能力の低下が起こるかの 2 ケースである．①では独身に戻った時の効用が増加し，②では結婚時の効用が減少し，結婚時の効用が独身に戻ったときの効用を下回るとき離婚が選択され

る.このとき,「分業のメリット」は大きく低下することとなる.

　しかし,このようなことが起る可能性は低い.まず,①については結婚後,仕事に専念している男性の家事能力が上昇するか,あるいは家事に専念している女性の稼得能力が上昇することはほとんど考えられない.また,②についても,あまり考えられない.考えられる要因は,男性の収入が失業などにより大幅に減少するか,あるいは女性が事故・病気などで家事ができなくなるかである.⁽³⁾ 日本は最近まで終身雇用制と年功序列賃金制度があり,一般的に男性の雇用は保障されており,かつ賃金は年齢に従い上昇していた.そのため,通常収入は,年齢に従い上昇していたと考えられる.一方,女性が家事ができなくなる状況は稀であると考えられる.そのため,「分業のメリット」中心で結婚したカップルが結婚期間中に結婚のメリットが大きく低下する可能性は非常に低かったと思われる.

　一方,精神的メリット中心で結婚したカップルが離婚にいたるケースは多いと考えられる.なぜなら,前述したように精神的メリットが成立するのは,お互いの性格,価値観,感性などが合っていることが条件である.つまり,結婚前には満たされていたこの条件が結婚生活を営む間に成立しなくなったときは,精神的メリットはなくなることになる.この場合,結婚生活を続けることのデメリットのほうが,メリットより大きくなり,離婚が選択される.

　以上のことは「財の共有」から説明すると,お互いの性格,価値観,感性などが合わなくなると,共有される財は減少し,財を共有することから得られる効用も減少する.場合によっては,財を共有しなくてはならないことによる非効用(苦痛,負担感)が生じることもあるだろう.

　では,結婚前は合っていた,もしくは合っていると考えていた性格,価値観,感性などが合わなくなることがあるのだろうか? 結論からいうと,このようなことが起る可能性は高いと考えられる.性格,価値観,感性などは非常に曖昧なもので,また変わりやすいものである.結婚前に相手の性格,価値観,感性を誤解していたということもあるだろう.そして,結婚して一緒に生活し,利害関係を共にすることによって,初めて合わないことに気づくこともある.また,結婚後,環境や様々な要因で,どちらかの性格,価値観,感性が変化することもあるだろう.特に,若いときは,周りの影響を受けやすく,価値観な

どは変化しやすいものである．

　以上のように，「分業のメリット」中心で結婚したカップルは結婚期間中に結婚のメリットが大きく低下する可能性は低いが，精神的メリット中心で結婚したカップルは結婚のメリットが大きく低下する可能性は高い．高度経済成長期以降，結婚のメリットが「分業のメリット」から精神的メリット中心に移行したことによって，離婚を選択する人が増加した．特に，結婚後間もない若い夫婦では，結婚のメリットが低下し，離婚する可能性は高いといえる．

　最後に，近年注目されている「熟年離婚」の増加について触れておこう．近年，「熟年離婚」という言葉がはやり，年齢の高い層の離婚増加が注目されている．同居期間別の離婚件数の推移からも，1990年以降同居期間の長い人々の離婚増加が目立っている．しかし，このグループには，高度経済成長期以降，結婚した人々も多く含まれているはずである．結婚20年もたち，性格や価値観，感性が合わなくなったのか？　以下では，なぜ「熟年離婚」が増えているのか経済学的に考えていこう．

　「熟年離婚」には，次の3つのケースが考えられる．まず，このグループは結婚のメリットが「分業のメリット」から精神的メリットへ移行する期間に結婚しており，まだ「分業のメリット」が結婚のメリットの中で大きな割合を占めている．そのため，夫の失業や定年退職により，稼得能力が大きく低下したことをきっかけに離婚を選択したということが考えられる．次に，このグループの女性はほとんどが結婚・出産によって仕事をやめている．この場合，たとえ結婚時は精神的メリット中心でも，女性の退職後は「分業のメリット」が大きくなる．このとき，たとえ結婚期間中に精神的メリットが大きく低下しても，「分業のメリット」によって結婚が維持されることになる．今話題の「家庭内離婚」が当てはまるケースであるといえる．このケースでは，夫の失業や定年退職により「分業のメリット」が低下し，離婚に至ると考えられる．最後に，「財の共有」のメリットで結婚する夫婦にとって，共有する財で最も大きいものが子どもである場合，子どもの自立後，「財の共有」のメリットが大きく低下し，離婚を選択するケースもあるだろう．さらに，「分業のメリット」で結婚が維持されているケースでも，2人で分業して生産するものの中で子どもが最も大きな位置を占めている場合，子どもの自立によって，「分業のメリット」

が大きく低下する可能性がある．

（2）今後の離婚行動，夫婦関係の今後

　今後，人々の離婚行動はどのようになるだろうか？　最近，結婚のメリットの中で，子どもがもてるというメリットを重視する人々が急増している．国立社会保障・人口問題研究所「出生動向基本調査」では，結婚の利点として，男女とも「子どもや家族をもてる」を挙げる人が急増しており，女性では2002年調査よりトップに，男性でも2010年調査でトップになった[4]．前述したように，子どもは共有する財の中でも主要な財であり，今後もさらにその重要度が高まると考えられる．とすると，子どもの存在が結婚を維持するか，離婚を選択するかの鍵を握ることになるかもしれない[5]．以下では，子どもの存在に焦点を当て経済学的に考えていこう．子どもの存在が大きくなることは，結婚を維持させる方向に働く場合と，離婚を促進させる方向に働く場合の2ケースが考えられる．まず，結婚を維持する方向に働くケースについて説明していこう．子どもの価値が高まると，子どもという財を共有する（共に育てる）ことから得られる効用は大きくなり，結婚のメリットは大きくなる．そして，子どもは分割不可能な財であり，子どもから大きな効用を得るためには結婚を維持する必要がある．しかし，一方で，子どもの価値が高まると，子どもをめぐって価値観や感性の違いが生じたとき，子どもを共有することの非効用もまた大きくなる．このとき，結婚のメリットは大きく低下し，離婚に至る可能性が高い．子どもが生まれ，その育児方針をめぐり対立が起こり離婚するのは，まさにこのケースである．子どもの価値が高まれば，そこから得られる効用も大きくなると同時に，非効用も大きくなってしまうのである．

　結婚のメリットの中で子どもの存在が大きくなるほど，また離婚の選択にも子どもの存在が大きくかかわってくることになる．「子はかすがい」という維持の方向に効くこともあるが，離婚という方向に至ることもあるだろう．

　最後に，離婚に対する対策について経済学的に考えてみよう．離婚するか，しないかは最終的には個人の選択であり，個人の意思に任せるべき問題である．つまり，個人がそれぞれ結婚生活を続けるメリットとデメリットを比較して選択する問題である．とすると，政策的に考えられることは，結婚中におこるメ

リットの低下やデメリットの上昇を抑制するような環境を整備することである．しかし，このような効果を期待できる対策を考えることは難しい．ましてや，離婚理由が性格や価値観などの不一致の場合，それによって結婚生活のメリットが低下することを防ぐ対策はない．直接的な効果は期待できないが，数少ない考えられる対策は，ワーク・ライフ・バランスの実現である．

　結婚後に起きる最も大きな変化は子どもの出産である．子どもをもつということは，もちろん大きなメリットも生むが，同時に大きな時間的・経済的コスト（デメリット）も生じる．このコストの上昇は男女がともに分担することによって削減することができる．近年，既婚女性の就業率が急速に上昇し，徐々に男性の育児参加も進み，コストの分担が進みつつある．しかし，経済的コストの負担は男性に偏っており，時間的コストの負担は女性に大幅に偏っている．就業している女性は仕事と育児の二重負担に，専業主婦は育児での孤立に苦しんでいる．また，雇用が不安定化している今，男性にかかる経済的負担は重くなっている．この過重な負担がストレスとなり結婚の精神的メリットを大幅に減少させる可能性がある．特に，子どもの価値が高まっている今，子どもから得られる効用が大幅に低下することは重大な問題である．今後は，男女がともに仕事と育児ができる環境を整える必要がある．

　さらに，子どもがいない，あるいは自立している場合についても，財を共有する時間を確保するために，長時間労働の見直しが必要である．労働時間が長い場合，夫婦でともに何かを楽しむ時間がなくなり，「財の共有」から得られる効用は減少し，結婚のメリットは低下していく．

　今後も共働きは増加していき，結婚のメリットはさらに精神的メリットと子ども中心にシフトしていくであろう．結婚中にメリットを低下させないようにするためには，分業ではなく，夫婦が共に協力して生活を営んでいく必要がある．

おわりに

　今や日本では，離婚は一般的なことになりつつある．結婚のメリットが経済的メリットから精神的メリット中心に移行すると，結婚期間中にメリットが低下する可能性が上昇することは避けられない．今後も，女性の経済的自立は進み，生活は便利になるため，精神的メリット中心の結婚形態は変化しないであ

ろう．さらに，近年，結婚のメリットの中で子どもの占める割合が大きくなりつつある．結婚のメリットが変化するのに対応して，夫婦の在り方を見直す必要があるのではないだろうか．

注
（1）但し，2003 年以降，離婚件数は減少傾向にある．
（2）晩婚化により初婚年齢が上昇するに従い，30～34 歳，35～39 歳の離婚率も上昇している．
（3）Weiss and Willis（1997）では，男性の予測しない稼得能力の低下は離婚を促進させることが示されている．また，女性の予測しない稼得能力の上昇も離婚を促進させることが示されている．
（4）2000 年頃までは，結婚のメリットとして独身者が挙げる割合が一番高かったのは「精神的安らぎの場が得られる」であったが，その後は低下している．かわりに，「子どもや家族をもてる」を挙げる割合が急上昇し，2010 年調査では男女ともにトップになっている．
（5）安蔵（2003）は，日本の離婚要因について実証分析を行い，男女ともに子どもの存在は離婚抑止効果があり，特に，男性には強い抑止効果があることを明らかにしている．

参考文献
安蔵伸治（2003）「離婚とその要因――わが国における離婚に関する要因分析――」『JGSS 研究論文集［2］』25-45 頁．
経済企画庁国民生活局編（1993）『平成 4 年度国民生活選好度調査』，大蔵省印刷局．
厚生労働省（2010）『平成 21 年度「離婚に関する統計」の概況』．
国立社会保障・人口問題研究所（2012）『第 14 回出生動向基本調査 結婚と出産に関する全国調査 独身者調査の結果概要』．
坂爪聡子（2006）「結婚の経済分析――結婚デメリット社会のゆくえ――」，加茂直樹・小波秀雄・初瀬龍平編『現代社会論』世界思想社，72-85 頁．
Weiss, Y. and R. J. Willis (1997), "Match Quality, New Information, and Marital Dissolution," *Journal of Labor Economics*, 15 (1), S. 293-329.

推薦図書
橘木俊詔・木村匡子（2008）『家族の経済学』，NTT 出版．
永井暁子・松田茂樹編（2007）『対等な夫婦は幸せか』，勁草書房．
山田昌弘（1999）『家族のリストラクチュアリング』，新曜社．

（坂爪聡子）

第10章　グローバル化とつながり合いの変容
―― 国境を越える家族 ――

　　近代以降の国家の成立と発展は，政治経済の領域のみならず，日常的な家族のありようにも様々に作用してきた．現代では国家を越えた人やモノ，情報の移動が増大している．本章では，そうしたグローバル化のなかで国境を横断する家族について日本や他のアジア諸国の事例をとりあげつつ考察する．家族という親密な関係が国境を越えるなかで，子育てや介護は誰によって行われ，家族と国家との関係はどう変わっているのだろうか．

はじめに

　近代において国境が引かれる以前から，境界を越える移動は無視できない規模で生じてきた．しかし，越境する人の数は近年ますます増加し，わたしたちの生活に大きな影響を与えている．国連経済社会局（UNDESA）（2013）の最近の発表によれば，出生国以外で暮らす人々は世界で2億3200万人おり，その規模は世界人口の3.2%に達する．国境を越える人の移動の規模が拡大しているだけでなく，その移動のパターンも複雑化している．そうした移動によって，近代以降，国境の内部で形成され，世代を更新し，国民を再生産するとされてきた家族のあり方はどのように変化しているのだろうか．本章では，グローバル化がわたしたちの日々の親密な関係性の紡ぎ方にいかに作用しているのかについて，いくつかの具体的なパターンを示しながらみていきたい．

（1）国境を越える家族

　グローバル化における家族の変容を示す明白な例が，国境を越えて分散して暮らす家族である．近代以降，とくに産業化された社会において，「血縁や結婚でつながった者が共に暮らして私的空間を形成し，経済的のみならず情緒的にも結びつく」という近代家族モデルが家族の理想とされてきた．現代も多くの社会でそうした規範は維持されているが，こうした規範的家族のかたちを超えて国境間に分散する家族がふえている．

3. 人と人のつながり

a　Aさんの事例から

　国境を越える家族には多様なパターンがあるが，ここでまず，1つの例をあげておきたい．Aさんは関東圏で暮らす40代後半の日本人女性である．夫はパキスタン人で，1980年代後期に来日した．日本が好況期にあり，ニューカマー(1)と呼ばれる外国人が増加し，日本で働き始めた時期である．パキスタン人の夫はイスラーム教徒（以下，「ムスリム」）で，Aさんも結婚を機にイスラームに入信した．子どもたちは生まれながらのムスリムである．夫は工場で働いたあと，輸出ビジネスを起業した．すでに滞日20年を超える夫は日本語を流暢に話すが読み書きはできないため，日本語の書類は妻のAさんが担当している．

　Aさん夫婦には20代から10代の4人の子どもがおり，そのうち年長の3人は，パキスタンとアラブ首長国連邦でも教育を受けてきた．その間，Aさんも子どもたちと海外で生活し，夫は日本でビジネスをつづけて妻子に送金をしていた．

　国籍でみれば，夫はパキスタン国籍で，日本では永住権をもっている．一方，妻は日本国籍で，子どもたちもみな日本国籍である．1984年に日本の国籍法が一部改正され，それまでは日本人の男性だけが日本国籍を子に継承できる父系血統主義であったのが，日本人の女性も自分の国籍を子に継承できる父母両系血統主義に変わったからである(2)．

　子どもたちは，同じ家庭で育っていても，海外で教育を受けた時期や期間によって英語やウルドゥ語（パキスタンの公用語）の能力，そして日本語の読み書き能力のレベルが異なる．長女は海外から帰国し，日本の中学と高校に通ったあと，海外で勉強をつづけている．長男は小学校のときに日本に戻り，日本語のほうが得意であるため，日本での大学進学を目指して受験勉強中である．

　Aさんの夫は，結婚後も送金や様々なかたちで出身国パキスタンの家族とのつながりを保ってきた．今ではインターネットでパキスタンや他国にいる家族と日常的に連絡している．長女も他の兄弟姉妹と比べてウルドゥ語ができるため，フェイスブックやスカイプで海外の親戚とのやりとりに参加するようになった．こうして国境間の送金や訪問のほか，インターネット上でも国境を越えた親族の関係が維持されている．

上述したように，Aさんの場合は，同じ家族内でも第一言語は異なる．また，家族全員がイスラーム教徒である点は共通しているものの，パキスタンで生まれたときからムスリムである夫と，結婚を機に入信した妻のあいだで宗教に対する考え方や実践は必ずしも同じではない（工藤 2008, 2010）．

近代以降，国境線が明確に引かれるようになったあと，国境内で同一の言語や文化を共有することが理想とされるようになった．こうした社会集団を「国民国家」とよび，概念的にそれ以前の政治共同体と区別する．近代以降の家族は，こうした国民国家内の同質性を次世代に継承するための最小単位として重視されてきた．言語や文化を共有する同質的な家族はわたしたちのイメージする家族像と合致するが，上記のAさんのような家族の現実は，そうしたイメージにおさまらない．グローバル化が深化するなかで，こうした家族は決して例外的なものではなくなってきている．

b 家族のグローバル化と国家

Aさん家族の例にみるように，国境を越える家族は，物理的には離れて暮らしているときにも，経済的，情緒的に相互に依存し，ともに重要な事柄の意思決定を行ったり，財産を共同で管理するなどしてつながっている．また，あとで示すように，同じ世帯に，家事，育児，介護を行うケア労働者として外国人女性が同居する状況も，国境を越える家族の一形態とみなすことができる．こうして家族が国境を越えて形成される現象を，「家族のグローバル化」とよぶ．

このように国境を越えて分散する家族がふえている理由には，子どもをいかに育てるかという次世代の教育をめぐる親の願望も関わっている．例えば，日本人女性とパキスタン人男性の夫婦が国境を越えて離れて暮らす理由には，子どもにイスラーム教徒としての基本を身につけさせたり，英語を習得させるなどの理由が挙げられることが多い．

さらに，家族が国境を越える背景には，家計を維持するための経済戦略がグローバル化していることがある．例えばネパールでは，人々が生存基盤を国家内の経済活動や福祉よりも，海外送金に依存する状況が顕著にみられ，海外の家族から送金を受ける世帯が全体の3割を占める（水野 2010）．現代世界において移住者が別の国にいる家族に送金する額は，当の家族のみならず，受け取

る側の国家経済の動向にも無視できない規模となっている（Safri and Graham 2010：109-111）．

　注意すべきは，このような経済戦略をとる家族が決して貧困層ではないことである．パキスタンから日本にきたAさんの夫のような男性たちの例をとってみても，航空運賃を工面でき，一定の教育を受け，移住に必要な情報を収集することのできる中間層の人々が多い．さらに，先進諸国では，海外からの移民の受け入れを，自国に好ましいとする高学歴，高収入の層に制限する選別の動きが強まっている．このように，国境を越えた人の移動が増加している一方で，受け入れる側の入国管理政策やその他の理由によって移動できない人もふえており，国境間の移動をめぐる自由の格差は広がっている．

（2）女性の移動と家族の変容
a　ケアのグローバル化と女性たち

　労働移動について考えるときに，わたしたちは，移動するのは男性で，女性は出身国にとどまるか，扶養される家族として移住するだろうと考えがちである．しかし，そのイメージはとくに近年の国際労働移動の現実とかけはなれたものになっている．なぜなら，海外で働く人々の多くは，製造業などの生産領域より，家事や育児，介護など，人の生命の維持や世代の更新に関わる「再生産労働」（または，「ケア労働」）と呼ばれる領域で就労するようになっており，そうした流れのなかで，移住する女性の数が増大し，「移動の女性化」が起きているからである（伊藤・足立 2008）．

　例えば，前節で挙げたAさんの夫の出身国であるパキスタンは，1947年にイギリスの植民地であった英領インドから分離独立してできた国であるが，その後，旧宗主国であるイギリスに多くの男性たちが渡った．その背景には，第二次世界大戦後の経済復興期にあったイギリスの，とくにバーミンガムやマンチェスターといった産業都市の工場で働く人々が不足し，旧植民地の男性たちの労働力が求められたことがある．しかし，そうした製造業の生産拠点はやがて人件費の安い発展途上国へと移転し，イギリスでは金融やサービス産業に経済の重心が移行した．これによって，1980年代にイギリスの工場で働いていた移民たちのあいだには大量の失業者がでた．

代わって，先進国やアジアの新興国（香港，シンガポール，台湾など）では，人口の高齢化や中間層の女性の就労増加によって，家事，子育て，介護といったケアの担い手に空洞が生じた．その変化のなかで，これまで家族や国家の福祉が担ってきたケア労働を，海外からの女性の移住労働者が担うようになった[3]．これを「ケアの国際商品化」とよぶ．これまでは，安価な衣料品や電気製品を製造し，輸出することが発展途上国の経済戦略の一つとされてきた．これに対して，介護や育児といった，身体や感情にかかわるケアを商品化し，そうしたサービスを提供する労働者を先進諸国に送り出すことが，これらの国々の重要な国家戦略となりつつある．

　その結果として，先進諸国の一定以上の階層の世帯においては，家庭という親密な空間に，文化的他者である外国人女性のケア労働者が出現した．こうした世帯の構成の変化も，家族が国境を越える現象，または家族のグローバル化として捉えることができる．こうした家庭への家事や介護労働者の受け入れは，国家政策に大きく左右されることに注意が必要である．香港やシンガポールでは1970年代に家事労働者の海外からの受け入れを国家政策として導入した．これらの国々では，フィリピンやインドネシアなどからの女性が彼女たちを雇う経済的余裕のある家庭で，子どもや高齢者をケアし，家を掃除し，料理している（上野 2011）．

　こうしたケア労働者の受け入れには課題が多くある．第一に，閉じられた家族という空間での労働であることもあり，労働者としての権利が侵害される例も多い．シンガポールでは，家族の呼び寄せはもとより，移住者と国民との結婚が法的に制限されるなど，市民権も制約されている．先進諸国の人々が，近代以降形成されてきた親密な「家族」を維持するために，海外からのケア労働者に依存するようになったのに対して，移住労働者が自らの家族を形成する自由は制約されている[4]．このように移住労働者の権利の保障という点で，受け入れる側の国家に課題は多い．

　第二に，移住ケア労働者の導入によって先進国内の性別役割分担がどう変化しているのかにも目を向ける必要がある．外国人女性ケア労働者に家事，育児の多くの部分を任せることで先進国の女性は家外に出て働けるようになったが，その変化のなかで，夫たちが家事や育児，介護に参加するというケアの分かち

合いは起きていない.逆に,女性家事労働者の雇用によって,「ケアは女性の仕事」という考え方は維持,強化されている.さらに,ケア労働者の恩恵を受けているのは一定以上の階層の女性に限定され,先進国の多くの女性たちが,家外での有償労働と家内での無償のケア労働という多重負担を担う状況は大きく変化していない.このように,国境の内部とグローバルな空間の双方において,女性のあいだの格差も広がっているといえよう.

b 国境を越える母親たち

では,移住ケア労働者となった女性の子どもたちは誰に世話されているのだろうか.移住労働者の子どもたちは,出身国で親族の女性や,雇われた女性たちに世話されている.先進諸国の子どもや高齢者が発展途上国からの移住女性に世話され,移住女性たちの家族は,出身国で親族や,より階層の低い女性たちに世話されるという「ケアのグローバルな連鎖」がみられるのである(パレーニャス 2007).

しかし,出稼ぎ労働をする移住女性たちは,送金する以外に国境を越えて離れて暮らす子どもたちの成育に関与していないわけではない.むしろ,頻繁に子どもに電話をしたり,移住先から様々な食品やモノを小包で送るなどの行為によって母子のつながりを保っている.男性が出稼ぎ労働する場合には,家族に仕送りをすることで父親としての義務を遂行していると評価されるのに対して,女性たちは,出稼ぎ労働の傍らで,国境を越えて母親業も行っている.このように,海外出稼ぎで家族を養う場合,それが父親か母親かによって,離れて暮らす家族との関係の紡ぎ方は大きく異なる.出稼ぎのために国を離れた女性たちが,母親であることの意味をどう再解釈し,母親役割をいかに遂行していくのかをみていくことで,グローバル化における家族やジェンダー役割の変容をめぐる考察を深めることができるだろう.

c 国際結婚

女性たちは,以上のように国境を越えて移動し,有償でケア労働をしているだけではない.発展途上国の女性が先進国の男性と結婚し,妻や母,義理の娘として,子どもや高齢者を無償でケアする現象も注目されてきた.そうした変化は日本や韓国,台湾の国際結婚パターンの変化にもあらわれている.例えば,夫婦のいずれかが外国籍であるケースが日本の結婚全体に占める割合は1980

年代以降上昇をつづけ，2006年には6.1％でピークを迎えた．日本で「国際結婚」といえば一般的にイメージされるのは，欧米諸国の男性と日本人女性との結婚だが，実際には，1976年以降，日本人女性より日本人男性の国際結婚が多くなっており，しかも，その相手の国籍は，フィリピンや中国など特定の国の女性が大きな割合を占めてきた（厚生労働省 2013）．

　1980年代に日本人男性の国際結婚が急増した背景には，国家間の経済格差のみならず，日本人女性の教育レベルの上昇やライフスタイルの変化などの日本社会の変容も関与している．そうした複合的な諸要因が交差するなかで，過疎化が進んだ日本の農村では花嫁不足が生じ，次世代を生み育て，高齢者を介護するという世代の更新に関わるケア役割を，外国人女性が家族として無償で担うようになったのである．また，国際結婚は都市部でも増加した．

　先述のような海外でケア労働者として有償で働く女性たちと，国際結婚をして無償で家族のケアをする女性たちを明確に区分することはできない．例えば，興行ビザで入国して働いていたフィリピン人女性が，日本人男性と結婚して妻，母，嫁として無償で家族を世話し，その後，子育てが一段落したあと，介護分野で賃金労働に就くというケースがふえている（高畑 2011）．このように，ケアや家族のグローバル化は，移住女性の有償と無償のケア労働が複雑に入り組んだかたちで進行している．

（3）グローバル化における子どもと高齢者たち

　以上，男性だけでなく，女性の海外での就労や結婚をとおして，家族のグローバル化が進行してきたことを述べた．本節ではこうした変化における子どもと高齢者をめぐる現状と課題について述べておきたい．

a　外国につながる子どもたち――日本の状況から考える

　グローバル化によって様々なかたちで外国につながる子どもたちへの関心は日本でも近年高まりを見せている．テレビでは「ハーフ・タレント」と呼ばれる国際結婚の子どもたちが存在感をましているが，メディアで消費される「ハーフ」の華やかなイメージは，外国につながる多くの子どもたちの生活経験とは一致しない．

　その理由には，こうした子どもたちがおかれた生活環境の多様性がある．ま

ず，移動パターンについてみれば，両親の移住先で生まれる移民第2世代のほか，成長過程で親と一緒に移住する「1.5世」と呼ばれる子どもたちも少なくない[8]。このほか，第1節であげたAさん一家の子どもたちのように，国境間移動を繰り返す子どもたちもいれば，難民や中国帰国者の家族として滞日するケースもある[9]。

家族環境という点では，日本の国際結婚の場合だけをみても，連れ子を伴った外国人女性が日本人男性と再婚するケースや，日本人男性との離婚後シングルマザーとなった外国人女性が日本で子を育てるケースもある。また，両親のあいだに法的な婚姻関係がなく，日本人父親の認知だけを受けている場合などもある。

こうしたことから，外国につながる子どもたちの経済状況や，親の言語や文化，宗教の継承の仕方も様々である。そうした状況を考慮することなく，「ハーフ」であれば「英語ができるだろう」とステレオタイプ化してしまうことは，結果としてそうした子どもたちの居場所を奪うことにもつながりうる。

教育をめぐる状況も一括して捉えることはできないが，とくに義務教育年齢の外国籍の子どもたちの不就学問題が注目されてきた（宮島・太田 2005）。さらに子どもたちが成長するにつれ，高校進学率に格差が生じていることも指摘されている（樋口 2014）[10]。こうした問題の背景には，移住者たちの家庭における課題だけでなく，日本の教育現場における態勢の不十分さなどの複合的な諸要因が絡まり合っている。例えば，日本では外国籍の子どもたちに対しては就学義務が適用されないため，公立の小，中学校への就学は，権利というより恩恵とみなされていることも大きな課題とされている[11]。

外国につながる子どもたちの教育の課題に目を向けることは，近代以降の国民国家の形成のなかで，同質的な国民の育成を目的としてきた日本の公教育のあり方を考える重要な糸口にもなるだろう。また，グローバル化が深化するなかで，多様な背景をもつ子どもたちの教育の場を保障するだけでなく，彼女ら彼らが，実際にいかなる生活世界に暮らしているのかをみることも必要である。例えば，子どもたちは，学校や地域社会でどう受け入れられ，またいかなる差別を経験しているのだろうか。そうした日本国内での社会的な包摂と排除に目を向けることにくわえ，グローバルな空間において，子どもたちが教育や職業

をとおして自らの居場所をいかに切り拓こうとしているかについても明らかにしていく必要がある．そのために子どもたちの声に耳を傾ける試みは始まったばかりといえる（川上 2010；原 2011；岩渕 2014 など）．

b　グローバル化と高齢者たち

最後に，国境間移動の増加やグローバル化が，老いるというわたしたちの人生のプロセスにも複雑な作用をもたらしつつあることにふれておきたい．国家間の経済格差を利用して，老後をより豊かに暮らすために先進国から移住する年金移住者はふえており，マレーシアやタイで暮らす日本の高齢者も少なくない．海外で働くために移動した者にとっては，国境を越えて離れた親をいかに介護するかという課題があり，さらには，彼ら彼女ら自身も移住先の国で老いつつある．こうしてグローバル化が進むなかで，多様な文化的，言語的背景をもつ高齢者をいかに支援するかという社会的課題も着目されるようになった（河本 2007；工藤 2014）．また，ジェンダー，国籍，階層などにより立場が異なる人々のあいだで高齢者のために誰が有償，または無償の介護を担うのかなど，今後考察するべき課題は多い．

おわりに

以上，グローバル化が企業活動や政治といった領域だけでなく，わたしたちが生きる親密なつながり合いのレベルにも及んでいることをみてきた．国境を越えて家族のあり方が大きく変化するなかで，子育てや介護などのケアのあり方も大きく変わりつつある．一方で，全てが変容しているわけでなく，ケアは依然として女性化された領域であり，国籍や階層の異なる女性たちの間でケアの分業や連鎖がみられる．また，国境を越えて母親としての役割を担う女性たちにみるように，女性が海外で就労しても，母親または，女性が子をケアすべきという規範が変化しているわけでない．グローバル化が，性別役割分業をめぐるわたしたちの意識や実践にどう作用していくのかを注意深く観察していく必要がある．

家族のグローバル化は，国家と家族の関係についても考えさせてくれる．国境間の人やモノ，情報の移動が加速化するなかで，国家の意味が弱まり，国境は重要でなくなりつつあるかに見える．しかし一方で，多くの先進諸国で移民

規制は厳格化しており，国家内で文化や言語，宗教などの差異を排除しようとする排外主義は弱まるどころか，強くなっている．こうしたなかで，近代以降，同質的な国家を再生産していく最小単位とされてきた家族はどう変化していくのだろうか．国境を越える家族に目を向けることは，わたしたちが自明とする既存の家族のありようを照らし出し，人と人の新たなつながり合いの可能性を模索していく糸口ともなるだろう．

注

(1) 1980年代以降に来日した「ニューカマー」外国人に対して，日本の植民地支配を背景とする，主に朝鮮半島出身の移住者とその子孫を「オールドカマー」と呼ぶ．
(2) 国際結婚の子どもたちは，22歳までは両親の異なる国籍を保持し，重国籍であることが認められている．
(3) また，企業や国家間の競争の激化によって安く柔軟な労働力が求められるようになったことも，賃金労働に就く女性がふえる「労働の女性化」現象を促した．
(4) 日本でも最近になって政府が，「女性の労働力」の活用のために，限定的なかたちで外国人家事労働者の受け入れの検討をはじめた（『朝日新聞』2014年4月5日付）．
(5) 韓国では2005年に婚姻件数の13.6%が国際結婚であり，台湾では新規結婚のうち7組に2組が国際結婚であるという（遠藤 2008 : 128）．
(6) こうして顕著となった国際結婚については様々な研究が蓄積されてきた．例えば，嘉本（2008）には，国際結婚をとおして現代社会を考えるための糸口が豊富に示されている．
(7) 日本で演劇，演芸，スポーツ等の興行に係る活動などをする外国人に与えられる入国・滞在の許可証を指す．この滞在資格のもとで人身売買が容認されているという米国国務省の報告書の指摘を受け，日本政府は2005年に興行ビザ発行を厳格化した（原 2011 : 22）．このビザが日本のフィリピン人女性の合法的活動を接客や性産業に限定してきたことについては小ヶ谷（2006 : 296）にも指摘されている．
(8) 1.5世については研究者のあいだで定着した定義があるわけではない．例えば，長坂（2011 : 50）は，1.5世についての研究のなかで「おおよそ中等教育までの就学年齢において親の移住先へ移住した人々」としている．
(9) くわえて，アジア諸地域の一定の階層以上の人々のあいだで，子どもが母親と英語圏に移住して教育を受け，父親が本国から送金するという「教育のグローバル化」現象がみられ，新たな子どもの移動を生み出している．韓国から母子でシンガポールに移住して教育を受けるケースなどがこれに当たる．そこで目指されているのは，子を自国のエリートにすることよりも，子にグローバルな労働市場で通用する能力を獲得させることである（落合ほか 2007 : 307–308）．
(10) 全国の中学生の高校進学率が98.3%（学校基本調査2012年度速報値）であるのに

対して，在留外国人の比率が高い自治体でつくる「外国人集住都市会議」に参加する29市町を対象とした調査によれば，公立中学校の外国人卒業生の進学率は78.9％と低く，しかもそのうち全日制は52.8％で定時制が22％などとなっている．この数にそもそも中学に進学しなかった外国人児童を含めれば，さらに20ポイントは下がると推測される（『毎日新聞』2012年11月11日付）．
(11) これに対して，日本も批准した国際人権規約A規約第13条には，初等教育は義務的なものとし，すべてのものに対して無償とすることとされている．外国籍の子どもの教育を受ける権利が法的に保障されていない日本の状況とは対照的に，ドイツやカナダ，米国などでは，外国人保護者にも子どもの就学義務が課されていることから，子どもの不就学の問題が起こる可能性は少ないという（太田・坪谷 2005：32-33）．

参考文献

伊藤るり・足立眞理子編（2008）『国際移動と〈連鎖するジェンダー〉――再生産領域のグローバル化――』作品社．
岩渕功一編（2014）『人種混淆・メディア表象・交渉実践――〈ハーフ〉とは誰か――』青弓社．
上野加代子（2011）『国境を越えるアジアの家事労働者――女性たちの生活戦略――』世界思想社．
遠藤乾（2008）「越境する親密圏――グローバル・ハウスホールディングの時代――」，遠藤乾編『グローバル・ガバナンスの最前線』東信堂．
太田晴雄・坪谷美欧子（2005）「学校に通わない子どもたち――『不就学』の現状――」，宮島喬・太田晴雄編『外国人の子どもと日本の教育――不就学と多文化共生の課題――』東京大学出版会．
落合恵美子ほか（2007）「終章」，落合恵美子ほか編『アジアの家族とジェンダー』勁草書房．
小ヶ谷千穂（2006）「女性の国際移動と越境する『家族』――グローバル化の文脈において――」，金井淑子編『ファミリー・トラブル――近代家族／ジェンダーのゆくえ――』明石書店．
嘉本伊都子（2008）『国際結婚論!? 現代編』法律文化社．
川上郁雄編（2010）『わたしも「移動する子ども」だった――異なる言語の間で育った子どもたちのライフストーリー――』くろしお出版．
河本尚枝（2007）「多文化共生に向かうケアサービス――コリア系介護事業所の設立――」，久場嬉子編『介護・介護労働者の国際移動――エスニシティ・ジェンダー・ケア労働の交差――』日本評論社．
工藤正子（2008）『越境の人類学――在日パキスタン人ムスリム移民の妻たち――』東京大学出版会．
―――（2010）「グローバル家族――国境を越える家族について考える――」，初瀬龍平ほか編『現代社会研究入門』晃洋書房．
―――（2014）「多文化社会のケア，エスニシティ，ジェンダー――英国パキスタン系移民の高齢者介護の事例から――」，京都女子大学現代社会学部紀要『現代社会研究』

第 17 号，81-94 頁．
高畑幸（2011）「興行から介護へ——在日フィリピン人，日系人，そして第二世代の経済危機の影響——」，駒井洋監修，明石純一編『移住労働と世界的経済危機』明石書店．
長坂格（2011）「フィリピンからの第 1.5 世代移住者——子ども期に移住した人々の国際比較研究に向けての覚書——」，上杉富之編『グローカリゼーションと越境』成城大学民俗学研究所，グローカル研究センター．
原めぐみ（2011）「越境する若者たち，望郷する若者たち——新日系フィリピン人の生活史からの考察——」，『グローバル人間学紀要』，第 4 号，5-25 頁．
パレーニャス，ラセル（2007）「女はいつもホームにある——グローバリゼーションにおけるフィリピン女性家事労働者の国際移動——」，小ヶ谷千穂訳，伊豫谷登士翁編『移動から場所を問う』有信堂．
樋口直人（2014）「ニューカマー外国人の進学問題——現状分析から行動へ——」，『Migrants Network』No.168, 2014 年 4 月, 3-5 頁．
水野正己（2010）「ネパール人のディアスポラ」，駒井洋監修，首藤もと子編『東南・南アジアのディアスポラ』明石書店．
宮島喬・太田晴雄（2005）『外国人の子どもと日本の教育——不就学と多文化共生の課題——』東京大学出版会．
Safri, Maliha and Julie Graham (2010) "The Global Household : Toward a Feminist Postcapitalist International Political Economy," *Signs*, vol.36, no.1 : 99-125.
厚生労働省（2013）『平成 23 年　人口動態統計（上巻）』厚生労働統計協会．
法務省（2013）『在留外国人統計（平成 25 年度版）』
国連経済社会局（UNDESA）http://www.un.org/en/development/desa/news/population/number-of-international-migrants-rises.html（2014 年 8 月 15 日確認）

推薦図書
川上郁雄編（2010）『わたしも「移動する子ども」だった——異なる言語の間で育った子どもたちのライフストーリー——』くろしお出版．
川村千鶴子ほか編（2009）『移民政策へのアプローチ——ライフサイクルと多文化共生——』明石書店．
塩原良和（2012）『共に生きる——多民族・多文化社会における対話——』弘文堂〔現代社会学ライブラリー〕．
福岡安則（1993）『在日韓国・朝鮮人——若い世代のアイデンティティ——』中央公論社〔中公新書〕．
本多俊和ほか編（2011）『グローバリゼーションの人類学——争いと和解の諸相——』放送大学教材（NHK 出版）．

（工藤正子）

4.

多文化社会と共生

第11章　現代の民族問題
──ヨーロッパで考える──

　新聞の国際欄を見ると，つねに世界のどこかで武力紛争が起きていて，そのいくつかは「民族紛争」であるという説明がなされている．また日本国内でも「ヘイトスピーチ」なるものが問題となっていて，これも「民族問題」として取り上げられている．「民族」という言葉は誰もが知っている言葉であるが，「民族とは何か」と問われると，その答えは意外と難しい．ここでは「民族」という難問に挑んでみよう．

はじめに

　この章では，「民族問題」なるものをヨーロッパという場で考えることにしよう．現代の深刻な「民族問題」や「民族紛争」はヨーロッパよりも，むしろアジアやアフリカなどで数多く発生している．しかし，「民族」に関わる問題の起点はヨーロッパにあり，ヨーロッパで生まれた問題がヨーロッパ諸国による植民地統治などによってアジアやアフリカにも広がったのだ，という見方も可能である．そうだとするなら，まずこの問題をヨーロッパで考えてみることにはそれなりに意味があると思われる．

（1）国民国家

a　国民と民族

　まず，現代国際関係の基礎的な単位とされる「国民国家」nation-state について説明しよう．国家という語を辞書で引くと，「一定の領土とその住民を治

める排他的な統治権をもつ政治社会」(『広辞苑』第6版) と書かれている．「排他的な統治権」は「主権」と置き換えることもできるし，「政治社会」は他の辞書では「政治共同体」となっている場合もある．

　近代国家では，国家の主権の担い手は国民 nation ということになっている．一般の言葉づかいで「国民」は「その国家の国籍をもっている人」ということになるが，ここでの国民は1人ひとりの人間ではなく，人々が結合した共同体を意味し，かつその共同体は国家もしくはその他の自治の単位と結びついているか，国家や自治を求めているのである．そのような国民を基礎としている国家が「国民国家」と呼ばれる．ただし，実際の国家と国民の結びつき方はもっと複雑で，国民国家というのは建前もしくは擬制であるともいわれる．また，国家と国民のズレが民族問題なのだという説明もある．そのことについては後で述べることにしよう．また，この国民の形成やその結合の強化を目指す思想ないし運動をナショナリズム nationalism と呼ぶ．いずれにせよ，国民というものは人々の意識の中で創られるもので，ベネディクト・アンダーソンによれば，それは「想像の共同体」ということになる（アンダーソン 2007）．

　英語のネイションという語は国民だけでなく，しばしば民族と訳されるが，ここではネイションの訳として民族は使わない．ここでは，民族という語を，「言語，宗教，共通の歴史や文化で結びついている人々の集団」（英語ではエスニック・グループ ethnic group）という意味で使うことにする．この民族は，その人々が政治的な共同体を志向しているのかどうか，独立とか政治的な自治などの要求をしているのかどうかには関わらないという点で国民と異なる．また，その人々が共有する性質のことをエスニシティ ethnicity と呼ぶことにする．このエスニシティというものもまた人々の意識の中で創られるものということになる．

b　領域的な国民形成——フランス，連合王国

　国民は近代以降に現れたものと考えられている．中世や近世において国家は国民ではなくて，君主のものであった．フランス国王ルイ14世（1638〜1715）の「朕は国家なり」という言葉は有名である．1789年のフランス革命の後に，フランスという国家に属する人々はフランス国民という共同体を創り，その国民が主権者であると考えられるようになった．しかし，実際の人々はフランス

国家よりも，自分たちが暮らしているそれぞれの地方との結びつきを強く感じており，また，国家の言語とされたフランス語とは異なる各地方の言語を生活の中で使っていた．フランス革命が起きた頃のフランスでは，「50％の人々がフランス語をまったく話さず，「正確に」フランス語を話す人がわずか12〜13％であった」という（ホブズボーム 2001：76）．その後の義務教育の普及，徴兵制度，産業化や都市化の過程で，言語や生活スタイルをともにする「均質な国民」が創り出されたのである．この国民国家の創出は，豊かで強力な国家の基礎となる効率的な政治，経済，社会基盤を創り出そうとするものであった．

　地方の言語や文化は中央の言語や文化に吸収された．これを「同化」と呼ぶ．フランスの同化政策はその中央集権的な国家体制の下で強力に推し進められた．しかし，それでも一定の範囲で地方語と地方文化は残っている．ただし，その地方語の話者たちはそれぞれの地方語とフランス語の二重言語使用者となっている．

　「イギリス」という日本語の国名はイングランドを意味するポルトガル語ないしオランダ語に由来するとのことであるが，ここでは，あえて，この国の現在の正式国名である「グレートブリテン及び北アイルランド連合王国」the United Kingdom of Great Britain and Northern Ireland にもとづいて，この国を「連合王国」（英語では UK という略称が使われている）と呼ぶことにする．この複合的な国家は，その中心となるイングランド王国が，ウエールズ公国，スコットランド王国，アイルランド王国を吸収して生まれた．ただし，20世紀にアイルランドが独立したが，アイルランド島北部の北アイルランド地域は連合王国に残り，現在に至っている．連合王国では，言語面でも複雑な構成が残っており，イングランドの言語である「イングランド語」（English，つまり英語）が連合王国の事実上の共通語として普及しているが，「イングランド語」と同じ中英語を起源とするスコットランド語，それとは系統の異なるケルト系のスコットランド・ゲール語，ウエールズ語，アイルランド語などの話者もなお残っており，その人々は「イングランド語」との二重言語使用者となっている．

　この国では，イングランド，スコットランド，ウエールズ，北アイルランド（これらは英語では country と呼ばれる）という歴史的な単位での国民意識を

一定の範囲で残しながら，連合王国という広域での国民意識が創られ，それを基礎に「ウエストミンスター・システム」Westminster System と呼ばれる一元的な連合王国を1つの単位とする議会民主政が創られたのである．

いずれにせよ，フランスと連合王国の国民は，まず国家が先に存在し，その国家の領域の中で国民が創られたという意味で「領域的な国民」territorial nation と呼ばれる．またその国家への帰属という市民意識にもとづくという意味で「市民的国民」civic nation と呼ばれることもある．スペインも同様であり，また複数の言語を公用語として維持したまま国民形成をしたスイスのような例もある．

c 民族的な国民形成

ドイツとイタリアでは，国家という枠組みを超えて，広い地域で先に国民という意識が形成され，その国民を基礎に国家が統合された．現在のドイツが位置している地域は，多くの統治単位に分かれており，ナポレオン戦争後の1815年の時点でも35の諸邦と4つの自由市がそこにあった．ここでは，まずこの地域の言語であるドイツ語とそのドイツ語が担う文化やその歴史を共有するドイツ国民の存在が意識され，その国民を基礎に国家の統合が叫ばれるようになった．最終的には，プロイセン王国の主導でこの地域は1871年にドイツ帝国として統合された．同様に都市国家を含む複数の国家群に分かれていたイタリアも1861年に統一されている．この場合の国民は，その成員とされる人々の言語，文化，共有する歴史という民族的（エスニック）な要素が強く意識されている．

この民族的な国民形成の形としては，ドイツ・イタリア型とは異なるものがある．第一次世界大戦の結果，ハプスブルク帝国が崩壊していくつかの継承国家が独立した．たとえば，ポーランドは18世紀末から19世紀初めにかけてプロイセン，ハプスブルク帝国，ロシア帝国によって分割され，その国家は消滅した．しかし，第一次世界大戦後に，ポーラント語とカトリック信仰を核とする民族的なナショナリズムにもとづく国民国家としてポーランドは独立した．またチェコスロヴァキアは，チェコ語とスロヴァキア語の話者たちが1つの「チェコスロヴァキア国民」をなすという民族的なナショナリズムにもとづいて，新たに国家を創ったのである．

このいずれのタイプの国民国家形成でも，まず言語や文化を基礎とするエスニックな原理で国民の存在が意識され，それを基礎に国民国家が創られたといえる．そこから，このタイプの国民を「民族的な国民」ethnic nation と呼ぶ．このタイプの国民形成の場合，人々は「いにしえ」からの血のつながりを重要なものと感じることになる．しかし，このエスニックな国民意識が創り出されたのはやはり近代になってからなのである．上で述べた領域的ないし市民的な国民も同様に近代の産物なので，領域的であろうと民族的であろうと国民というものは近代の産物であるといえる（ヨーロッパでのナショナリズムの歴史についてはジマー（2009）が詳しい）．

（2）近代における民族問題の事例

それでは，第一次世界大戦後のヨーロッパで，どのような民族問題が生じていたのかを，具体例に沿って見てみよう．

a　アイルランド問題

連合王国の国民形成については上で述べたが，さらに少し詳しくアイルランド問題について見てみよう．アイルランドの住民はケルト語系のアイルランド語（アイルランド・ゲール語）を使用していたが，次第にこの地域に対するイングランドの影響力が強まり，この地域への英語の浸透が始まった．連合王国に組み込まれて以降はそれがさらに強まり，英語による言語の同化が進んだ．また連合王国への併合以前にイングランドやスコットランドからの植民も始まっていた．アイルランドではプロテスタント教徒の地主がカトリック教徒のアイルランド人農民を支配することになったが，その結果として，地主と農民，植民者と土着の住民という社会経済対立が，プロテスタント対カトリックという宗教対立と重なることになった．

連合王国は19世紀の産業革命によって「世界の工場」となったが，アイルランドは貧しいままとり残され，1840年代後半の大飢饉によって100万人以上が死亡し，同数が移民として国を去った．人々は次第に連合王国のアイルランド政策に不満を持ち，第一次世界大戦中の1916年には「イースター蜂起」を起こし，また戦後の1919年からはアイルランド独立戦争が起こった．

1921年に締結された英愛条約でアイルランドは英連邦内の自由国として自

治を獲得したが，プロテスタント派が多数を占める北アイルランドは連合王国にとどまった．第二次世界大戦後の1949年に北アイルランドを除くアイルランドは英連邦からも離脱して，完全な独立国となった．アイルランドではアイルランド語が第一公用語，英語が第二公用語とされている．現在の義務教育ではアイルランド語の履修は必修とされ，アイルランド語話者の数は増えているが，なお住民の大多数は日常生活では英語を使用している．アイルランドのナショナリストたちは，独自の言語や伝統文化の存在を強調するが，大部分の人々にとってアイルランド語は学校で習った言語なのである．

連合王国にとどまった北アイルランドでは1960年代後半からプロテスタント派の優位に不満を持つカトリック派の武装組織であるIRA（暫定派）などによる武力闘争が始まった．アイルランドとの統一を目指すカトリック派と連合王国との統合を維持しようとするプロテスタント派のそれぞれの過激派間の武力紛争は1990年代末まで継続した．現在は停戦が実現しているが，なお問題の解決には至っていない．

北アイルランドは，グレートブリテン島のスコットランド地域と経済的な結びつきが深く，またアイルランド島全体で見ると相対的には豊かな地域となる．プロテスタント派はこの経済的な結びつきと豊かさを維持するために，連合王国にとどまることを求めているといえる．宗教に起因するように見える民族対立がこのような経済的利害対立と重なっていることを見落としてはならない（山本 1998）．

b アルザス・ロレーヌ問題

すでに述べたように，フランスは領域的な国民形成の典型とされ，ドイツは民族的な国民国家の典型とされる．このフランスとドイツの国境地域にフランス語でアルザスとロレーヌ，ドイツ語でエルザスとロートリンゲンと呼ばれる地域がある．アルザスの住民の多くはドイツ語系の地方語であるアルザス語を母語とするが，ロレーヌではフランス語系とドイツ語系の地方語を母語とする住民が住んでいる．この地域は18世紀にフランス領とされ，フランス革命以後はフランスへの同化が進められた．その結果として，上層階層の間ではフランス語の受容とフランス国家への帰属意識が形成された．

しかし，1870〜71年の普仏戦争の結果，アルザス全体とロレーヌのドイツ

語系地域がドイツ帝国領となった.この併合地域はドイツ語で「エルザス・ロートリンゲン」と呼ばれる.今度はドイツ化の波がここに押し寄せた.アルフォンス・ドーデの短編小説『最後の授業』という作品はこの時代の出来事をフランス側の視点から扱っている.しかし,第一次世界大戦の結果,再度,この地域はフランス領とされ,1940年にはナチ・ドイツの下でドイツ領となり,第二次世界大戦後に再びフランス領にもどって今日に至っている.

　この地は,フランスの領域的ナショナリズムから見ると「不可分の共和国」の一部であり,民族的なドイツ・ナショナリズムから見ると古くからの「ドイツ語圏」で,その住民はドイツ国民の一部ということになる.2つの強力な「国民国家」の狭間で,翻弄された地域の典型と見ることができるが,「国民」や「民族」の曖昧さをここに見ることもできる.ちなみに,この地域は鉄鋼石や石炭などの資源が豊富で,欧州でも重要な工業地域でかつ交通の要衝でもある.ドイツとフランスがこの地域の領有を争った根本的な理由はこの経済的要因にあり,ナショナリズムはそれを正当化するための口実と見ることも可能である.

　第二次世界大戦後,ドイツ(正確には西ドイツ)とフランスとの和解を基礎としてヨーロッパ統合の過程が始まるが,その基幹組織の1つとして設立された欧州議会は,アルザスの中心都市であるストラスブールにおかれている.それは,長い期間にわたる2つのナショナリズムの間の対立の歴史が終わったことを象徴しているのである(手塚・呉羽 2008).

c　チェコスロヴァキアのズデーテン問題

　チェコスロヴァキアという国家は,1918年のハプスブルク帝国の崩壊によって独立した.同じ西スラヴ語群に属するチェコ語とスロヴァキア語は政治的には「1つの言語」と見なされ,その使用者は「チェコスロヴァキア国民」として,やはり国家の担い手とされた.このような考え方は「チェコスロヴァキア主義」と呼ばれた.しかし,その「チェコスロヴァキア国民」の人口は全体の65.5%を占めるに過ぎず,それ以外にドイツ語,ハンガリー語,ウクライナ語使用者が少数者として居住していた.ここでは,多数者の「チェコスロヴァキア人」と民族的な少数者との対立だけでなく,多数者とされたチェコ人とスロヴァキア人の間での国家の形をめぐる対立も継続した.

　この国のドイツ,オーストリア国境沿いに居住していたドイツ系住民は全人

口の4分の1ほどを占めていた．ドイツ系住民の居住地域は「ズデーテン地方」と呼ばれた．ドイツ系住民はこの地域の自治を求めたが，それは認められなかった．新国家の経済が安定した1920年代後半からはドイツ系諸党とチェコスロヴァキア系諸党（＝「チェコスロヴァキア主義」を支持する政党）の連携も見られたが，1930年代の世界経済危機によって再度，この国の中の民族対立は深まり，1938年のミュンヘン会議の結果，ズデーテン地方はドイツに割譲され，翌年にはチェコ全体がドイツの保護領とされた．

第二次世界大戦後に再度，ズデーテン地方はチェコスロヴァキア領となるが，300万人におよぶドイツ系住民はナチ・ドイツに協力したという理由で国外に追放された．ナチ・ドイツの過酷な人種主義的支配の反作用として，ドイツ系住民の追放が生じたのであるが，民族的なナショナリズムが戦争を経て，少数派住民を国外に移動させるという暴力的な民族問題の「解決」に至ったということもできる（林 2013）．

第二次世界大戦後，ポーランドではその東西の国境が変更され，その変更された国境にあわせて大量の住民が移動させられた．さらに，チェコスロヴァキア（正確にはスロヴァキア地域）とハンガリーの間では，前者に居住するハンガリー系住民と後者に居住するスロヴァキア系住民を交換するという試みもなされたが，それは途中で中止された．なお，この住民交換は，第一次世界大戦後にトルコとギリシャの間でも実施されたことがある．民族的なナショナリズムは，戦争や体制変動という過程で，国境にあわせて住民を入れ替えるという暴力的な問題処理に至ったのである．ページ数の制約から第二次世界大戦期のナチスによるユダヤ人に対する大量虐殺（ホロコースト）についてここで触れるゆとりはないが，このホロコーストもまた過激な民族的ナショナリズムの延長線上にあるといえる．

（3）欧州統合と地域・民族問題

a 東西冷戦とヨーロッパ統合

第二次世界大戦後，ヨーロッパは東西に分断され，西欧諸国は米国と，東欧諸国はソ連と政治経済的な結合を深めていった．

西欧では，東西冷戦が厳しさを増す中で，経済分野での国際統合が進んだ．

長年にわたって戦争の原因となっていた石炭鉄鋼資源の管理を共同で行うという考え方が具体的な形で結実し，1951年のパリ条約によってフランス，西ドイツ，イタリア，オランダ，ベルギー，ルクセンブルクの6カ国によって欧州石炭鉄鋼共同体 ECSC が設立された．さらに，同じ6カ国による1957年のローマ条約によって，欧州経済共同体 EEC と欧州原子力エネルギー共同体 EURATOM が設立された．この3共同体は1967年に合同して欧州共同体 EC となった．1973年に連合王国，デンマーク，アイルランドが加盟し，それ以後も加盟国の数は増え，現在は東欧諸国を含む28カ国が加盟している．

　他方，東欧ではソ連の支配下で共産党体制が採られ，企業の国有化，農業の集団化，計画経済の導入などの社会主義化政策が進められた．ただし，1948年にユーゴスラヴィアはソ連・東欧ブロックから離脱し，独自の社会主義を目指す道を進み，またアルバニアも1960年代にはソ連の影響圏から離脱した．

　ソ連・東欧ブロックの諸国は，1970年以降に世界で進行した技術革新の波に乗り遅れ，非効率な経済の革新がなされず，長期にわたる経済停滞に苦しみ，1989年以降の民主化と自由化の波によって共産党体制は崩壊した．東欧諸国はソ連の影響圏から脱し，民主化と市場化という体制転換の過程に入った．この体制転換の過程を経た後，2004年と2007年の二度に分けて東欧諸国の多くはEUに加盟した．

　この過程で，連邦国家であったチェコスロヴァキアとユーゴスラヴィアが崩壊した．チェコスロヴァキアでは，市場経済への移行方法でチェコとスロヴァキアの間で対立が起きた．ここでは，議会での合意にもとづく国家の分割が行われた．

　他方，ユーゴスラヴィアでは，激しい内戦が生じた．ユーゴスラヴィアは，ハプスブルク帝国領であったスロヴェニア，クロアチアと，独立国であったセルビアなどが第一次世界大戦後に合同して生まれた国家である．国家形成後は地域間対立が続き，第二次世界大戦期にはセルビア人とクロアチア人の間で激しい武力闘争が展開された．第二次世界大戦後に共産党の指導下で再度，ユーゴスラヴィア国家は復活したが，1990年代に入り，共産党体制が崩壊するのと同時に，西側志向を強めたスロヴェニア，クロアチアとそれに抵抗するセルビアの間の対立が生じた．その過程で，クロアチアはその領域内に居住するセ

ルビア系住民を国土から排除し,ボスニア・ヘルツェゴヴィナではセルビア系,クロアチア系,ムスリム系住民の間でその支配地をめぐって三つ巴の武力紛争が起きた.この民族的な他者の排除は「より純化された民族的国民」を創り出すという意味で「民族浄化」と呼ばれることになった.これらの紛争は,民族的なナショナリズムの衝突と見なすことができるが,その背景には市場化などの体制転換をめぐる地域間の利害対立があった.対立する地域の指導者たちは,対立へと地域の住民を動員するために,文化的,宗教的シンボルを利用し,過去の対立の歴史を思い起こさせ,対立をあおったのである(月村 2013:41-66).

b 地域主義の台頭と多文化主義

　1960年代から70年代にかけて,西欧諸国の中で地方の自立を求める地域主義が台頭し始めた.中央と地方の経済格差に不満を持つ地方が,中央政権の中央集権主義を批判し始めたのである.欧州統合を進めてゆくためには域内の経済格差を解消する必要があるという認識が共有されるようになり,1975年には欧州地域開発基金 ERDF が設立され,それはその後,他の基金とともに構造基金として経済開発の遅れた地域の開発の担い手となった.このような動向と並行して,中央集権的な国家の分権化や連邦化という現象が進んだのである.典型的な中央集権的国家と見なされていたフランスでも,1980年代に広域の自治体として州がおかれ,その権限は強化された.イタリアでも1990年代に地方分権改革が行われ,州などの権限が強められた.さらに,連合王国でも1999年にスコットランド,ウエールズ,北アイルランドにそれぞれの政府と議会が置かれ,そこに一定の権限が委譲された.

　とはいえ,このような改革にもかかわらず,地域主義的な分離運動は残っている.上で述べた北アイルランド問題はなお解決したとはいえない状態にある.また,スペインとフランスにまたがる地域で,1960年代から武装テロをともなう分離主義運動が続いたバスク地方の問題も同様である.さらに,2014年9月には,スコットランドで連合王国からの分離を問う拘束力をともなう公式の住民投票が行われたが,それは否決という結果に終わった.また同年11月にはスペインのカタルーニャ州でも分離独立を問う住民投票が行われ,8割を越える住民が独立に賛成の票を投じた.この住民投票は法的には拘束力のないもので,政府はその結果を受け入れていない.

これらの問題は，経済格差などの問題を背景とする地域対立と見るべきであるが，同時に地域主義はその地域のアイデンティティとして，地域の言語，文化，伝統，歴史などを掲げるので，それらは民族に関わる問題と見なされることになる．

このような問題を抱えつつも，ヨーロッパでは民族的な少数者を保護するための合意も形成されつつある．たとえば，話者数の少ない地方言語を保護するための「欧州地方少数言語憲章」が 1992 年に調印されている（1998 年に発効）．また，「欧州国民的少数者保護枠組条約」が 1995 年に調印された（発効は 1995 年）．この枠組条約は国民的少数者 national minority に属する人々の差別廃止，その文化やアイデンティティの保護と発展などを促進することを目的としている．

これらの流れは，欧州がそれまで同化や排除の対象としていた少数者の言語や文化を保護する方向に転換したことを意味している．国家を単位として均質な国民を形成することが目標とされた「近代」という時代がおわり，国家の中の多様性をむしろ肯定的な価値と見なす多文化主義がヨーロッパに根づこうとしているともいえる．

c 移民問題

近年，ヨーロッパでは移民をめぐる問題が新しい民族問題として注目されるようになっている．たとえば，2013 年の統計では，フランスに居住する移民は全人口の 11.6%，ドイツでは 11.9% を占めている（UN 2013）．これに，移民二世，三世を加えると全人口の 2 割に達するとも言われている．

フランスは伝統的に移民の受け入れに寛容で，ロシアや東欧から多くの移民を受け入れてきた．たとえば 2007〜2012 年に大統領を務めたニコラ・サルコジはハンガリーからの移民二世である．かつての移民の多くはヨーロッパからの人々で，その大部分はキリスト教徒であった．しかし，現在の移民人口の半数がアフリカからの移民で，さらにその半数がかつてフランスの植民地であった北アフリカのマグレブ地域出身となっている．これらの新しい移民たちの多くはイスラーム教徒であり，そのことから移民が多く居住する地域で文化的な摩擦が生じている．

第二次世界大戦後の西ドイツも，労働者不足を補うために，トルコからの出

稼ぎ労働者を受け入れ，その人々が数多く定住している．また，ドイツはその血統主義的な考え方から，冷戦期にソ連や東欧など，ドイツの外に居住していたドイツ系と見なされる人々を積極的に受け入れてきた．この人々は実際にはドイツ語能力が十分ではなく，その定着にはかなりの困難がともなった．

　フランスやドイツ以外のEU諸国でも移民の数は増加している．EU内での人の移動は原則として自由なので，移民の増加を抑制することは困難といえる．そのため，2014年に行われた欧州議会選挙では，連合王国，フランス，デンマークなどで反移民を掲げる急進的な右翼政党が第1党となり，ヨーロッパでの移民反対の声の高まりが確認された．

おわりに

　国民国家という考え方はヨーロッパで生まれた．言語や生活スタイルの均質な国民の形成は強力で豊かな国家の建設の基礎と考えられた．また多数決を原則とする民主政の基礎としても国民国家は必要と考えられた．しかし，それは国家の中心を占める多数者による周辺地域の言語的少数者やその人々が居住する地域に対する抑圧をも意味していた．また，隣接する国家の間でのナショナリズムの衝突の原因にもなった．このようなナショナリズムの間の衝突や少数者の排除という問題は現代でも継続しており，民族的な要素を内包する地域主義を起因とする武力衝突もなおすべてが解消したとはいえない．

　とはいえ，ヨーロッパは地域統合という過程の中にあり，現在のEUは加盟国間の国境の壁を低くし，地域開発政策によって地域間格差の解消を目指している．また国ごとに差はみられるが，地方分権と多文化主義という潮流がヨーロッパを覆いつつある．しかし，それと同時に移民の増加などによって，移民排斥運動も顕著な動きとして現れており，それは欧州統合や多文化主義に対しても批判的な声を上げるようになっている．

　すでに述べたように，国民も民族も人々の意識の中にあるものである以上，そのときどきの政治，経済，社会環境の変化によって変化する．またヨーロッパでは国家という枠組みも変化の中にある．ヨーロッパがグローバル化の外にあるわけではない．そのような変化の中で国民や民族という人々のアイデンティティも揺れているのである．

注

（1） ロシアでは1917年の「十月革命」によって，ロシア・ソヴィエト社会主義共和国が成立した．同共和国は，1922年にウクライナ，ベラルーシ，ザカフカースとともにソヴィエト社会主義共和国連邦を結成した．それは一般にはソヴィエト（ソビエト）連邦，ないしソ連と呼ばれた．なお「ソヴィエト」は会議を意味するロシア語のサヴェートという語に由来する英語Sovietによる．ソ連は1991年に崩壊し，その領土と国民はロシア連邦など15の国によって継承された．

（2） 一定の自治権を持つ国家ないし地域（州）が1つの中央政府（連邦政府）のもとに統合されている国家．アメリカ合衆国，ドイツ連邦共和国，スイス連邦などがある．

（3） イスラーム教徒を意味し，現在は「ボシュニャク人」と名乗っている．

参考文献

アンダーソン，ベネディクト（2007）『定本 想像の共同体——国民主義の起源と流行——』白石隆・白石さや訳，書籍工房早山．
スミス，アンソニー．D.（1999）『ネイションとエスニシティ——歴史社会学的考察——』巣山靖司・高城和義訳，名古屋大学出版会，159-163頁．
ジマー，オリヴァー（2009）『ナショナリズム 1890～1940』福井憲彦訳，岩波書店．
月村太郎（2013）『民族紛争』岩波書店〔岩波新書〕．
手塚章・呉羽正昭編（2008）『ヨーロッパ統合時代のアルザスとロレーヌ』二宮書店．
林忠行（2013）「欧州の民族紛争は『過去のもの』になったのか——チェコとスロヴァキアの事例から——」，伊東孝之監修『平和構築へのアプローチ——ユーラシア 紛争研究の最前線——』吉田書店，123-141頁．
ホブズボーム，E. J.（2001），『ナショナリズムの歴史と現在』浜林正夫他訳，大月書店．
山本正（1998）「イギリス史におけるアイルランド」，川北稔編『世界各国史11 イギリス史』，山川出版社．
『広辞苑』第6版，岩波書店
UN（2013）UN DESA, Trends in International migrant stock : The 2013 Revision, www.un.org/en/development/desa/population/migration/data/estimates2/estimatestotal.shtml（2014年12月29日確認）．

推薦図書

大芝亮編（2014）『ヨーロッパがつくる国際秩序』ミネルヴァ書房．
塩川伸明（2008）『民族とネイション——ナショナリズムという難問——』岩波書店〔岩波新書〕．
月村太郎編（2013）『地域紛争の構図』晃洋書房．
羽場久美子・溝端佐登史編（2011）『ロシア・拡大EU』ミネルヴァ書房．
宮島喬（2010）『一にして多のヨーロッパ——統合のゆくえを問う——』勁草書房．

（林　忠行）

第12章　21世紀の日系アメリカ人
―― 社会調査の一例として ――

　社会科学がサイエンスであるためには（1）理論と（2）それを裏づける証拠の両方が必要である．現代社会の様々なできごとを解き明かすために，質問や観察などにより現実の社会から「科学的に」「証拠＝データを集めること」が社会調査である．ここではその調査の一例として，筆者が長年取り組んできた「在米日系人の社会的同化」を取り上げ，21世紀の日系アメリカ人の現状について考察を試みる．

はじめに

　2014年7月に京都女子大学で「日系三世が語り継ぐ戦時強制収容――アメリカ人としての誇りと願い――」というテーマの講演会でアリス・セツコ・ヒライが講演した．高齢で入院したのをきっかけに，自分の命のあるうちに日本の若者たちに自らの経験を語り継がねばならないという使命感にかられての行動であった．

　日系アメリカ人は米国の様々なエスニック・グループの中でもユニークなグループであると言われている．それは米国史上強制収容を経験した唯一のグループであることと，教育レベルおよび収入のレベルにおいては最も高いランクに属するグループであることがその理由である．

　第二次世界大戦中，全米10カ所の日系アメリカ人収容所には既にアメリカ市民となっていた7万人を含む，12万人の日系人たちが送られた．その収容された日系アメリカ人に対する謝罪と補償に関する法案が，1988年米国議会を通過しレーガン大統領の署名により成立した．これにより補償問題に一応の終止符が打たれ，連邦政府による公式の謝罪と強制収容された日系人に1人当たり2万ドルの補償金が支払われることになった．

　現代社会の様々なできごとを解き明かすために，質問や観察などにより現実の社会から「科学的に」「データを集めること」が社会調査である．ここではその調査の一例として「在米日系人の社会的同化」を取り上げる．

第12章　21世紀の日系アメリカ人

　筆者は留学時代の1983年から10年ごとにユタ州およびカリフォルニア州ロサンゼルス郡の日系人を対象とした「日系人の社会的同化に関する調査」を続けてきた．これは現地の日系人がどの程度アメリカ社会に同化して（なじんで）いるか，について社会学的に考察することである．ここでは，筆者が行った1993年の調査と，その20年後の2013年に行った調査の一部を社会調査の一例として紹介する．1993年の調査は上記「強制収容の補償問題」に終止符が打たれた1988年の大統領署名の5年後で，日系人の収容所経験に関する項目を含んだものであった．

(1) 歴史的背景

　ユタ州に日本人が定住し始めたのはいつであるか定かではない．公式な記録として米国国勢調査によれば1890年の日本人人口は4名である．日本人がユタ州へ初めて足を踏み入れたのは，1871年の岩倉大使の一行であるが，これはソルトレークシティを通過したに過ぎず，本格的な移民は1900年初頭からと考えられる．絡機時報社『山中部と日本人』（1924年刊）によれば，1889～1890年にオグデンに，1891年にはソルトレークシティに日本人「醜業婦」（注：売春婦という意味）モンタナ州より移動するも，「真面目なる」同胞に「放逐さる」という（74-75）．さらに同書によれば，後に同地区の日本人労働者の供給および請負契約等を取り仕切っていた橋本大五郎がソルトレークシティへ来たのが1890年ごろである．

　二世の歴史家スーザン・スナダは日本人移民の流れを次のように要約している．「一世の男性の大半は1880年代に生まれ，『紳士協定』が発効する1908年までに渡米．大部分が1890年代に生まれた一世の女性と「写真結婚」で結ばれ，1920年代に多くの二世が誕生した」（Sunada 1981）．

　筆者はかつてユタ州での日系人の約100年の歴史について，四半世紀ごとに次のように要約した．

1. 日系パイオニアの時代（1890～1914）
2. 日系コミュニティ形成の時代（1915～1939）
3. 第二次世界大戦と復興の時代（1940～1965）

4. 米国社会の主流へ：統合の時代（1966～1991）

　ちなみに，1914 年は『ユタ日報』創刊，1939 年は同紙創設者である寺澤畊夫の逝去，1966 年はソルトレークシティ中心部にあった日本人町の強制撤去，1991 年は『ユタ日報』廃刊の年であった．

　この日本語新聞である『ユタ日報』の廃刊は，創設者の妻であり当時の社主兼印刷工であった寺澤國子の死によるものである．二世たちは日本語の読み書きができず，「一世の時代の終焉」を象徴する出来事であった．また冒頭に述べたように 1988 年には戦時強制収容に対する謝罪と補償の法案にレーガン大統領が署名し「補償問題」が一段落した時期でもあった．

（2）「同化」とは何か？——社会学的説明——

　ミルトン・ゴードン（1964）は「同化」の概念について 7 つの「変数」，つまり「同化」という複合概念を構成する 7 つの側面があることを指摘している．それらは①文化的同化，②構造的同化（次節「（3）1993 年の調査」で説明），③通婚，④アイデンティフィケイション，⑤偏見の不在，⑥差別の不在，⑦公民的同化，の 7 つである．彼の言うこれらの「同化の変数」は各エスニック・グループと全体社会（ホスト社会）との関係（主として適応の程度）を示す指標として現在も有効なものであると筆者は考える．すなわち従来の「同化論」対「多元論」の議論にかかわるものではなく，ましてイデオロギーとしての同化論でもない．フジタとオブライエン（1991）の研究にも見られるように，ゴードンの「同化」特に「構造的同化」の概念はエスニック・グループとその所属する全体社会との関係を理解する上で重要である．

　収容所における経験は，まちがいなくこの同化のすべての側面に様々な影響を及ぼしたであろう．物理的に隔離された数年間で「宗教，言語等，文化および行動様式上の同化」である文化的同化は大きく阻害された．「友人，クラブ，団体等へ仲間としてとけこむこと」を意味する構造的同化は物理的に不可能であった．他のエスニック・グループのメンバーとの結婚もほとんど不可能である．日本人である一世を含む約 12 万人の日系人が全米 10 カ所の「キャンプ」に収容された．米国で生まれたが故に米国市民権を持つ二世に対する収容所で

の調査には「米国に忠誠を誓い，日本への忠誠を放棄するか」「米軍に従軍する意思があるか」という2つの質問が含まれていた．米国市民としての権利を否定される一方で，米国への忠誠を問われるという矛盾した状況の中で彼らのアイデンティティは極めて不安定な状況に追い込まれたにちがいない．さらに「偏見」と「差別」を極限状態にまで体験し「公民」としての権利を否定された状況は「戦時の狂気」のなせるわざであった．ここでは紙面の制約上詳細に触れることができないので，強制収容にかかわる物理的（肉体的）および精神的苦痛が同化の諸側面に与えた影響が少なからぬものであったと推論できることを指摘するにとどめたい．

　ゴードンによれば同化の諸側面のなかで構造的同化が，同化のプロセスにおいて最終的な段階である．すなわち本人が文化的にアメリカ文化に同化し，アイデンティティの面でも「自分はアメリカ人である」という認識をもっていても，全体社会の構造の中に入り込むことができなければ真に同化したとは言えないというのである．一方フジタとオブライエンの研究によれば日系二世および三世は構造的同化において高いレベルを示すと同時に自らのエスニック・コミュニティとの関わりも維持している．つまりヨーロッパ系に見られる構造的同化とエスニック・コミュニティとの関わりの「ゼロ・サム関係」は日系人には見られないと彼らは指摘している．次に戦時強制収容と構造的同化の関係の分析が重要な課題の1つであった1993年の調査の一部を紹介する．

（3）1993年の調査――戦時強制収容と構造的同化――

　この調査の目的の1つは戦時強制収容の経験と構造的同化の関係を吟味することであった．言い換えれば強制収容を体験したグループと体験しなかったグループの間に構造的同化に関して有意な差があるのかどうかを明らかにすることである．

　さてアメリカにおける日系人がどの程度アメリカ社会になじんでいるかという同化の程度を測定する尺度（スケール）として，この研究では次に示すような4つの構成要素からなる「同化の指標」を設定した．これは様々な同化の指標の中でも最も重要かつ決定的と考えられる構造的同化を測定するものでUCLAの研究グループが開発したもの（ルバイン　1981）に若干の修正を加え

たものである．これが既存の尺度であること，同じものを用いた場合今回の調査との比較対照が可能であること，がこの尺度を採用した主な理由である．

「同化の指標」（I）は次の示すように4つの構成要素（C1からC4）から成り，構造的同化のレベルを0から4の5段階で表す指標である．

（同化の指標）$I_i = C1_i + C2_i + C3_i + C4_i$

I ＝ 同化の指標
C1 ＝ 所属集団の数　　　　C2 ＝ 職場の同僚との関係
C3 ＝ 近隣関係　　　　　　C4 ＝ 友人のエスニシティ（ethnicity）

【C1＝所属集団の数】一般に個人が何らかの集団に所属するか，あるいは所属しないかは，その個人と社会との関係を示す1つの尺度となりうる．移民あるいはその子孫がホスト社会で母国とは関係のない集団に所属しているかどうかは，その個人がその社会に構造的に同化しているかどうかを計る有効な指標であると考えられる．個人が仲間として受け入れられるかどうかは，その個人の意志と同時にその集団による受諾が必要であるからである．そのために用意された質問は次の2つである．

Q1　あなたはいくつの団体や組織（あるいはクラブ）に所属していますか．ここで言う団体や組織（あるいはクラブ）とは正規の会員がいて，定期的に会合を持つような性質のものです．教会や寺はふくめません（例：ライオンズ・クラブ，PTA，将棋の会など）
①なし　②1つ　③2つ　④3つ　⑤4～5　⑥6～9　⑦10～24　⑧25以上

Q2　それらのうち日系の団体はいくつありますか．
①なし　②1つ　③2つ　④3つ　⑤4～5　⑥6～9　⑦10～24　⑧25以上

この2つの質問に対する回答をクロス集計した（表12-1）．クロス集計とは2つの変数（たとえばXとY）を縦と横の表に集計することであり，2つの変数の関連性を知るために行う．たとえばある問題に関して賛成する人々と反対する人々を男女別に調べる場合，クロス集計によりその問題に関する賛否の割

表 12-1　[C1]「所属集団の数」に関して与えられる得点
(1＝非日系集団に加入　0＝非加入)

所属集団の数 ↓	日系集団の数							
	0	1	2	3	4, 5	6-9	10-24	25 以上
0	0	–	–	–	–	–	–	–
1	1	0	–	–	–	–	–	–
2	1	1	0	–	–	–	–	–
3	1	1	1	0	–	–	–	–
4, 5	1	1	1	1	0	–	–	–
6-9	1	1	1	1	1	0	–	–
10-24	1	1	1	1	1	1	0	–
25 以上	1	1	1	1	1	1	1	0

合が男女でどのように異なるのかを知ることができる．

　ここでは，Q1とQ2という2つの要素に関して与えられる得点を次のように設定した．得点1は回答者がこの要素に関して同化していることを意味し，得点0は同化していないことを意味している．以下の構成要素についても同様である．

　以下，C2＝職場の同僚との関係，C3＝近隣関係，C4＝友人のエスニシティについても同様にアンケートの質問から点数化した．ここでは紙面の制約上，各構成要素の算出の詳細は省略するが，これらの要素から成る「同化の指標」は前述の計算式によって求められる．すなわち同化の指標Iのもつ4つの構成要素（C1からC4）に関してそれぞれ同化していると認められる回答者には得点1を与え，同化していないと思われる回答者には得点0を与える．このようにして与えた得点を1人ひとりの回答者について計算し，その回答者に最大4，最小0という合計得点「I」が与えられる．すなわち，アメリカ社会によく同化している回答者は4，全く同化していない回答者は0が与えられるわけである．UCLAグループの調査（1981年発表）では次の表12-2のような分布である．

　この表からわかるように，5ポイントスケール上にほぼ正常な分布が見られ，したがってこの指標は同化の現状を把握する目的には十分かなうものであるとみなすことができる．

表12-2 UCLAの調査による「統合の指標」とその分布

Integration	Score	Percent of Nisei
High	4	10
	3	20
	2	25
	1	27
Low	0	18
	Total Number	(1,988)

Source: Levine and Rhodes (1981: 86).

表12-3 強制収容の経験と構造的同化 (1993年)

同化指標		補償資格 あり	補償資格 なし	合計
高	4	7 (36.8%)	12 (63.2%)	19 (6.2%)
↑	3	25 (30.9%)	56 (69.1%)	81 (26.5%)
	2	41 (47.7%)	45 (52.3%)	86 (28.1%)
↓	1	32 (43.8%)	41 (56.2%)	73 (23.9%)
低	0	28 (59.6%)	19 (40.4%)	47 (15.4%)
合計		133 (43.5%)	173 (56.5%)	306 (100.0%)

Somers's D=0.182（同化指標を従属変数とした場合）
有意度<0.03
注）上の表では％を四捨五入してあるので合計は必ずしも100%にはならない．

　さて1993年8月，ユタ州在住およびロサンゼルス郡在住の日系人を対象にそれぞれ約1000軒に調査票を郵送し回答を求めた．その結果ユタ州から450（回答率39.5%），ロサンゼルス郡から285（同28.5%）の回答を得た．この調査の主題の1つである「強制収容の経験と構造的同化の関係」を示したのが，表12-3である．

　強制収容経験の有無による2つのグループを有効に比較するためには，強制収容の経験があり，かつ調査時点で生存している世代に限定する必要がある．そこで一世と四世を除き，二世，三世，および帰米（二世）[3]を検討の対象とした．一世は既に多くが死亡していることと戦後移住したいわゆる「新一世」を区別することが技術的に困難であることから対象から除いた．一方で四世および四世より若い世代は逆に強制収容の経験がない世代であるものとして，対象

から除外した．その結果，表12-3では強制収容の体験の有無により，同化指標の数値に差があることが統計学的に示された．つまり「補償資格あり」の人々は「補償資格なし」の人々と比べ同化の指標の数値が低い（同化していない）傾向にあることをデータが示している．

社会調査では，説明される変数を従属変数（dependent variable）（または目的変数），それを説明する変数を独立変数（independent variable）（または説明変数）と呼ぶ．ここでは同化指標が従属変数であり，補償資格の有無（つまり収容体験の有無）が独立変数である．さらにその関係性が強いか弱いかを統計学的に示すのが有意水準であり，いいかえれば統計学的推論を誤る確率（誤差）である．表12-3で「有意度＜0.03」とあるのは，その誤差が3％未満であることを示す．つまり強制収容を経験した回答者はそうでない回答者に比べて構造的同化のレベルが低い傾向にあると解釈できる．

さらに社会調査の観点から注目すべきは，表12-3の右側の合計欄に見られる「同化の指標」の度数分布である．表12-2で示したUCLAの調査による「統合の指標」とその分布と同様，ほぼ正規分布に近い分布になっていて，この尺度の妥当性が示されている．

（4）2013年の調査より

ここでは2013年夏にユタ州で実施し，集計分析中のデータをもとにその概要を紹介したい．本章執筆の時点では分析途上のため，その全容を紹介することができないことをお断りしておきたい．

〈調査の実施〉

この調査はユタ州の日系各団体の協力を得て，2013年夏（8～9月）に各団体の会員に調査票を郵送し回答を求めるという方法で行った．これは過去3回の調査と同じ手順である．

〈回答者の属性〉

今回の調査に協力してくれた回答者の属性は次のとおりである．
1. 性別　男性　101名（39.9％）　女性　152名（60.1％）（無回答：2名）
2. 回答者の年代と世代

注目すべきは三世の総数と年齢分布である．世代に関する質問に回答した全

体の 48.2% を占め，年齢層が 50 代から 70 代に集中している．この三世については今回の調査で特に注目される世代であり，詳細については後述する．

　ここでは紙面の制約上，今回の調査の回答者の属性の一部のみを紹介するにとどめ，調査の主題である日系人の同化に関する項目は別稿に期したい．

おわりに——21 世紀の米国社会——

　19 世紀末ごろ日本人が米国に移民として渡り始めて以来，約 125 年が経過した．時代は 21 世紀になり 15 年近くが経過した．前述のように筆者は 1991 年までの米国への日系人 100 年の歴史を 25 年ごとの 4 つの時代区分で総括したが，その後の 25 年は特にユタ州の日系人にとってどのような日々であったのか．1988 年の戦時強制収容の補償法案に対する大統領署名以来，特に大きなできごともない「平穏な日々」が続いているように見える．

　一方で黒人の場合，1992 年のロサンザルス暴動，そして最近（2014 年 8 月）ミズーリ州で黒人少年が白人警官に射殺された事件で大規模な抗議デモが起こり，白人と黒人の対立が目立っている．2009 年に黒人初の大統領にオバマが就任してアメリカ社会が 1 つの「転機」を迎えたように見えたが，黒人と白人の対立は根深いようである．

　かつて日系人は「モデル・マイノリティ」，つまり教育レベルおよび収入のレベルで白人平均を上回り，「マイノリティ（少数派）のお手本」と評されたことがある．この表現については賛否両論があるが，黒人と対照的であることは確かである．

　筆者による 2013 年の調査でも明らかなように，回答者の約半分が三世であり，「世代交代」が静かに，かつ確実に進行している（表 12-4 参照）．二世のビル・ホソカワはその著書で「二世」を「静かなるアメリカ人」と表現した．一世の両親は日本人であるが，アメリカで生まれた二世は「アメリカ市民」である．多くの二世が強制収容所の中から合衆国に忠誠を誓い，ヨーロッパ戦線に送られた．そこで輝かしい武勲を残した「442 部隊」はあまりにも有名である．原著は *Nisei : The Quiet Americans* で，日本語に翻訳されている．この他に彼の『120% の忠誠——日系二世・この勇気ある人びとの記録——』や『ジャパニーズ・アメリカン——日系米人・苦難の歴史——』という訳書が出

表12-4 回答者の年代と世代のクロス表（2013年）

年齢層	一世	二世	帰米	三世	四世	五世	その他
10代	0	0	0	0	3	0	0
20代	0	1	0	0	1	1	0
30代	3	0	1	0	4	0	0
40代	3	1	0	9	4	0	0
50代	2	3	0	47	4	0	1
60代	2	1	3	45	0	0	0
70代	4	6	0	18	0	0	0
80代	3	41	3	0	0	0	0
90代	1	22	4	0	0	0	0
100代	0	0	1	0	0	0	0
	18	75	12	119	16	1	1

ているので，学生諸君には是非読んでほしい．

では三世はどのような人々なのか．「二世はバナナ，三世はゆで卵」という表現を耳にすることがある．つまり二世は見かけは黄色くても中身は白い（つまり米国で育ったために中身は白人のように白い），一方三世は外側も白くなっているが，中心には黄色い部分（つまり日本人的な部分，あるいはアイデンティティ）があるというのである．興味深い表現であるが，科学的根拠はない．

三世が二世と確実に異なる点はインターマリッジ（他のエスニック・グループとの通婚）が三世の時代から始まったことである．すなわち，二世の時代までは法律によりそれが禁じられている州が多くあった．それがユタ州で廃止されたのが1963年，全米として連邦裁判所が人種間の結婚を禁止する法を無効としたのが1967年である．筆者による調査でも1993年のユタ州の三世（標本数＝85）は日本人または日系との結婚が61.1％，非日系との結婚が38.1％であり，2003年（同標本数＝115）には前者が50.5％，後者が49.5％であった．

三世のもう1つの特徴は，政治の舞台への進出，それも女性の進出が目立つという点であろう．ランディ・ホリウチはソルトレーク・カウンティ（郡）の議員であり，最近引退を表明したものの民主党のベテラン議員として長年地域に貢献している．女性弁護士で民主党員のジェイニー・イワモトは今度州議会第4区の議員として立候補する．二世にもレイモンド・ウノのような裁判官等がいたことは確かであるが，男性に限られていた．三世の時代から，特に女性

が政治の場に進出するようになったことは,この三世の世代を象徴する1つの出来事と言えよう.

最初に紹介した三世のアリス・ヒライは,戦時強制収容の体験を若い世代に語り継ごうと日本の各地を回り,アメリカ国内でも若い人々に語り継ぐ努力を続けている.一方で現在進行中の在米日系人の経験(状況)を体系的に調査し,その記録に残すことは歴史学的にも社会学的にも極めて重要な課題である.

注

(1) Leslie G. Kelen and Sandra T. Fuller, *The Other Utahns: A Photographic Portfolio*, Salt Lake City: University of Utah Press. 1988 では大五郎の息子のE. I. ハシモトによると大五郎は1896年にソルトレークシティへ来たと記されている(96ページ).

(2) アメリカ国内の日本人移民の増加による反日気運を考慮して日米間に結ばれた「紳士協定」.アメリカ側が排日移民法を作らない代わりに,日本側が自主的にアメリカ移民を制限するという約束.

(3) 米国で誕生したが,日本で教育を受け「米」国に「帰」った人々を「帰米」(きべい)という.帰米二世が主で,少数ながら帰米三世もいる.

参考文献・推薦図書

ウィルソン,R.・ホソカワ,B.(1982)『ジャパニーズ・アメリカン——日系米人・苦難の歴史——』猿谷要監訳,有斐閣〔有斐閣選書〕.

上坂冬子(1992)『おばあちゃんのユタ日報』文藝春秋〔文春文庫〕.

阪田安雄(1995)「戦後50年と日系アメリカ人研究——語られない1930年代——」『移民研究年報』創刊号,30-31頁.

東元春夫(2006)「アメリカに生きる日系人——ユタ州の事例から——」,加茂直樹・小波秀雄・初瀬龍平編『現代社会論:当面する課題』(第Ⅳ部第2章),世界思想社.

ホソカワ,ビル(1971)『二世——このおとなしいアメリカ人——』井上勇訳,時事通信社.

──── (1984)『120%の忠誠——日系二世・この勇気ある人びとの記録——』飯野正子ほか訳,有斐閣〔有斐閣選書〕.

絡機時報社編(1924)『山中部と日本人』絡機時報社.

Fugita, Stephen S. and O'Brien, David J. (1991) *Japanese American Ethnicity: The Persistence of Community*. Seattle: University of Washington Press.

Gordon, Milton M. (1964) *Assimilation in American Life: The Role of Race, Religion, and National Origins*. New York: Oxford University Press.

Hosokawa, Bill (1969) *Nisei: The Quiet Americans*. University Press of Colorado.

Levine, Gene N. and Rhodes, Colbert (1981) *The Japanese American Community : A Three Generation Study*. New York: Praeger Publishers.
Sunada, Susan (1981) "History of Japanese Americans," Logan, Utah. (Typewritten)

(東 元 春 夫)

第13章　アフリカの貧困問題と私たち

　　アフリカには帝国，王国の興亡の歴史があり，また，国家をもたない人々が直接民主制による共同体運営を行っていた．アフリカの発展の道を閉ざしたのが，ヨーロッパ人による奴隷貿易であり植民地統治であった．21世紀になってもなお「貧困の大陸」と呼ばれるアフリカには，豊富な天然資源が存在する．資源があるのに，どうして国民は豊かな生活を送ることができないのだろうか．先進国の一員である日本には責任がないのだろうか．

はじめに

　アフリカは「貧困の大陸」とよく言われる．どうしてだろうか．確かに様々な統計をみれば，アフリカ諸国が私たち日本よりも困難に直面していることは歴然としている．そして，貧しさの原因として，政府の非効率性，腐敗や汚職など，アフリカ側の原因も指摘されている．しかし問題はそれほど単純ではない．

　筆者は2013年と2014年の夏にルワンダを訪問した．周辺国と比べれば，汚職とは無縁の政府が懸命にインフラを整備し，教育にも力を入れ，健康保険制度も創設し，観光産業を強化しようとしていた．経済成長率は高いが，貧しい人々が1日3食，十分に食べられるようにはなかなかならない．ルワンダの抱えている問題が，ベルギーによる植民地支配（正確には，最初はドイツの保護領であり，第一次世界大戦後は国際連盟の委任統治領，第二次世界大戦後は国際連合の信託統治地域）と独立後の新植民地主義に起因しているからである．

　アフリカは決して貧しい大陸ではない．豊富な資源があり，豊富な人材を抱えている．ヨーロッパ人が奴隷貿易や植民地化により，アフリカの資源を収奪する以前，アフリカには王国や帝国の歴史があり，また国家を持たずに直接民主制で運営されている共同体もあった．そのまま自然な発展ルートに従っていけば，今日のアフリカとは全く異なる姿になっていたに違いない．少なくとも，植民地時代の国境線をほぼ踏襲した現在のアフリカの国家は存在しようがない．

第 13 章　アフリカの貧困問題と私たち

本章では，アフリカが直面している貧困問題を概観したのち，私たちとアフリカの貧困問題との関わりを考えていきたい．

（1）世界の貧困，アフリカの貧困

　本節では，アフリカの貧しい人々の暮らしを統計からみていく．統計が正確に現地の人々の生活を映し出していると断言することは残念ながらできないが，大まかな姿をみることはできる．統計を使えば，安全な水源を利用できない人々が世界には 7 億 4800 万人おり，そのうちの 43% がサハラ以南アフリカの人々であるといったことや，トイレが使えない人は約 25 億人で，そのうち 4 分の 1 がサハラ以南アフリカの人々であるといったことを理解することができる（2014 年 6 月現在．日本ユニセフ協会 HP）．

　世界では，可愛い赤ちゃんを抱くことを夢見た妊産婦が年間約 28 万 9000 人も亡くなっているが（2013 年），その 6 割を占める上位 10 カ国にサハラ以南アフリカの国々が 6 カ国も入っている(1)．「サハラ以南のアフリカは，妊娠・出産中の合併症で死亡するリスクが，依然として世界で最も高い地域」なのである．5 歳の誕生日を迎えることなく亡くなった子どもたちは世界で 660 万人を数えたが（2012 年），サハラ以南アフリカの子どもたちが世界で最もリスクを抱えている（日本ユニセフ協会 HP）．同じ貧困層といっても，日本の貧困層とアフリカの貧困層では，まったく違う世界に暮らしているのである．

　ただし，アフリカの人々が皆等しく貧しいわけではない．アフリカの富裕層は，日本に住む私たちからは想像もできないほど贅沢な暮らしをしている．人間開発低位国の就学率についてあとで述べるが，貧しくて学校に行くことができない子どもが多い国でも，富裕層の子どもたちは，国内ではインターナショナル・スクールに通い，高校や大学の時点で海外に留学する．数％の富裕層が国の富の大部分を自分のものとして手にしているような状況がある限り，国際社会がどんなに援助しようとも，途上国の貧困問題の緩和は難しいだろう．

　先進国と途上国の富裕層が一体となって作り上げてきた世界経済システムがある．日本に住む私たちが，途上国の貧しい人々を直接殴ること（＝物理的暴力）はまずない．しかし，現在の世界経済システムの中では，私たち先進国の住人は意識せずとも，途上国の人々を搾取し，傷つけている．ガルトゥングは

貧困，抑圧，差別などを「構造的暴力」とよんだ．

　このように，貧困問題は様々な角度から語ることができるが，どの角度から見ても，人間の手によって解決ができる問題だということを忘れてはならない．

a 相対的貧困と絶対的貧困

　読者の皆さんは，「自分は貧しい」と感じたことがあるだろうか．日本でも経済的な格差が大きくなり，貧困層が増大している．厚生労働省が行った「平成25年国民生活基礎調査」によれば，2012年の「貧困線（等価可処分所得の中央値の半分）」は122万円（名目値）であり，「相対的貧困率」（貧困線に満たない世帯員の割合）は16.1%，「子どもの貧困率」(17歳以下) は16.3% だったという[2]．実に6人に1人が貧困層であるのが日本の実態になってしまった．「貧しい」と感じる人が増えていることは間違いない．

　しかし，同じく「貧しい」と感じているアフリカのスラムに住む人々と比較したらどうだろうか．日本では料金を延滞しても水道を止められることはない．料金滞納で自宅の電気・ガスを止められても，外に行けば，電気は明々と道を照らし，夏は涼しく冬は暖かいデパートがドアを開けている．きれいな水にアクセスすることができず，汚水が路地をどろどろにし，不衛生きわまりない途上国のスラムに住む人々とは，「貧困」のレベルが違う．貧しいかどうかの判断は，「比較」という視点をもつと，また大きく変わってくる．

　一般に，「貧困」の概念は，「相対的貧困 (relative poverty)」と「絶対的貧困 (absolute poverty)」の2つに分かれる．ある国・地域の大多数よりも貧しい状態が「相対的貧困」である．「絶対的貧困」は，必要最低限の生活水準が満たされていない状態であり，世界銀行は，2005年の購買力平価 (Purchasing Power Parity：PPP) 換算で1日あたりの生活費1.25ドルを国際貧困ライン (貧困線) と設定し[3]，このラインより下で生活している人々を絶対的貧困層と定義している．

　この他に，「脆弱性 (vulnerability)」，「慢性的貧困 (chronic poverty)」，「一時的貧困」など，貧困を考える物差しにはいろいろなものがあるが，本章では，国連開発計画 (UNDP) の「人間開発指数 (Human Development Index：HDI)」を用いて，貧困問題を考えていく．

b 人間開発指数とアフリカ

HDIは，長命で健康な生活（出生時平均余命），知識（平均就学年数と就学予測年数），人間らしい生活水準（1人当たりのGNI：PPP US＄）という3つの基本的次元における平均達成度を測る指標である．ランキングは，上位グループである「人間開発最高位国」「人間開発高位国」から，「人間開発中位国」，「人間開発低位国」へと下がっていく．表13-1は，「人間開発低位国」（43カ国中35カ国がサハラ以南アフリカ諸国である）と「人間開発中位国」，「人間開発高位国」，「人間開発最高位国」のデータを比較したものである．全ての項目において，先進国とアフリカとの間で，また北アフリカとサハラ以南アフリカの低位国との間で，いかに格差が大きいかをみてほしい．

人間開発低位国の出生時平均余命が低いのは，高齢者がいないということではなく，乳幼児の死亡率が高いためである．次に，5歳未満児死亡率と妊産婦死亡率をみてみよう．

c 5歳未満児死亡率と妊産婦死亡率

貧困に加え，早婚と多産の慣習が，女性の健康を蝕んでいる．早婚により身体が未成熟な10代で妊娠すると，難産になりやすい．15〜19歳の女性は20代の女性に比べ，妊娠中や出産時に死亡する確率が2倍高く，15歳未満の場合，その危険は5倍に増えるという．乳幼児の死亡率の高さは多産の原因となり，多産は女性の身体を痛めつける．栄養を充分にとっていない母親から，まるまるとした元気な赤ちゃんは生まれない．悪循環がおきているのである．

妊産婦死亡率（出生10万件あたりの妊娠と出産に関連した女性の死亡数）と5歳未満児死亡率（出生数1000人中の死亡者数）を比較したのが，表13-2である（人間開発低位国については妊産婦死亡率の多い順に，人間開発最高位国については妊産婦死亡率の少ない順に並べた）．

UNDP駐日代表事務所HPによれば，世界の妊産婦死亡率は，1990年の400人から2010年の210人へと，この20年間で47％低下した．東アジア，北アフリカ，南アジアでは，妊産婦死亡率は約3分の1に低下したが，サハラ以南アフリカの数値は半分近くになったとはいえ，世界で最も妊産婦に厳しい地域であり続けている．

他方，世界の5歳未満児死亡率は，1990年の87人から，2011年には51人

表 13-1 人間開発低位国,中位国,高位国,最高位国の比較

HDI 順位	国名	出生時平均余命(歳)(2013年)	平均就学年数(年)(2012年)	就学予測年数(年)(2012年)	1人当たり GNI(PPP US$)(2013年)
	(人間開発低位国)				
187	ニジェール	58.4	1.4	5.4	873
186	コンゴ民主共和国	50.0	3.1	9.7	444
185	中央アフリカ共和国	50.2	3.5	7.2	588
184	チャド	51.2	1.5	7.4	1,622
183	シエラレオネ	45.6	2.9	7.5	1,815
182	エリトリア	62.9	3.4	4.1	1,147
178	モザンビーク	50.3	3.2	9.5	1,011
159	タンザニア	61.5	5.1	9.2	1,702
152	ナイジェリア	52.5	5.2	9.0	5,353
151	ルワンダ	64.1	3.3	13.2	1,403
149	アンゴラ	51.9	4.7	11.4	6,323
147	ケニア	61.7	6.3	11.0	2,158
	(人間開発中位国)				
138	ガーナ	61.1	7.0	11.5	3,532
127	ナミビア	64.5	6.2	11.3	9,185
118	南アフリカ共和国	56.9	9.9	13.1	11,788
112	ガボン	63.5	7.4	12.3	16,977
109	ボツワナ	64.4	8.8	11.7	14,792
	(人間開発高位国)				
93	アルジェリア	71.0	7.6	14.0	12,555
90	チュニジア	75.9	6.5	14.6	10,440
71	セーシェル	73.2	9.4	11.6	24,632
63	モーリシャス	73.6	8.5	15.6	16,777
55	リビア	75.3	7.5	16.1	21,666
	(人間開発最高位国)				
20	フランス	81.8	11.1	16.0	36,629
17	日本	83.6	11.5	15.3	36,747
14	英国	80.5	12.3	16.2	35,002
6	ドイツ	80.7	12.9	16.3	43,049
5	米国	78.9	12.9	16.5	52,308
4	オランダ	81.0	11.9	17.9	42,397
3	スイス	82.6	12.2	15.7	53,762
2	オーストラリア	82.5	12.8	19.9	41,524
1	ノルウェー	81.5	12.6	17.6	63,909

出典) UNDP (2014).

表13-2 妊産婦死亡率と5歳未満児死亡率

国名	妊産婦死亡率（2010年）	5歳未満児死亡率（2012年）
（人間開発低位国）		
チャド	1,100	150
シエラレオネ	890	182
中央アフリカ共和国	890	129
ブルンジ	800	104
ギニアビサウ	790	129
リベリア	770	75
スーダン	730	73
カメルーン	690	95
ナイジェリア	630	124
レソト	620	100
ギニア	610	101
ニジェール	590	114
ジンバブウェ	570	90
コンゴ民主共和国	540	146
マリ	540	128
（人間開発最高位国）		
エストニア	2	4
シンガポール	3	3
ギリシア	3	5
スウェーデン	4	3
オーストリア	4	5
イタリア	4	4
アイスランド	5	2
日本	5	3
フィンランド	5	3
チェコ	5	4
ポーランド	5	5

出典）UNDP (2014).

へと，41％下がった．5歳未満児死亡率についていえば，途上国の場合，難病で亡くなったのではなく，予防可能・治療可能な病気で亡くなった子どもが多いということに気付かなければいけない．2011年に死亡したと推定される5歳未満児690万人の大半が予防可能な病気によるものである．地域間格差も残り，同年の死亡した5歳未満児の83％（570万人）はサハラ以南アフリカと南アジアの子どもである．サハラ以南アフリカでは9人に1人が5歳を迎える前に死亡している．

表 13-3 初等教育就学率と成人識字率の国別比較

国名	初等教育純就学率（%） （1991年）	成人識字率（15歳以上の割合：%） （2005-2012年）
（人間開発低位国）		
シエラレオネ	43	43.3
ニジェール	22	28.1
チャド	35	35.4
アンゴラ	50	70.4
ルワンダ	66	65.9
コンゴ民主共和国	54	61.2
ブルンジ	53	86.9
マラウイ	48	61.3
ナイジェリア	58	51.1

出典) UNDP (2007, 2014).

　ミレニアム開発目標（MDGs）のゴール4「乳幼児死亡率の削減」（ターゲット4-A：1990年と比較して5歳未満児の死亡率を2015年までに3分の1に削減させる）とゴール5「妊産婦の健康の改善」（ターゲット5-A：1990年と比較して妊産婦の死亡率を2015年までに4分の1に削減させる）の達成は，サハラ以南アフリカではまだまだ難しい．

d　就学率と識字率

　小学校への就学率があがっても，すぐに15歳以上の成人の識字率に反映されるわけではないので，1991年の就学率と2005～2012年の成人識字率（15歳以上）を比較したのが表13-3である．

　学校に通わず，読み・書き・計算のできない子どもにどんな将来の選択肢が残されているだろうか．伝統的に，女子の就学は男子の後回しにされてきたが，母親が字を読めるかどうかということが，子どもの生死に関わることもある．教育を受けた女性は出産の回数を控えることにより，人口問題に貢献する；女性の就学率が上昇すると，子どもの死亡率が減少する；女子教育に力を入れた国では経済が発展し，国内総生産が向上するなどということが指摘されている（ユニセフ　2004：18）．

e　児童労働

　児童労働という言葉をきいたことはあるだろうか．国際労働機関（ILO）は，(1) 法定最低就業年齢（原則15歳）未満の労働，(2) 心身の健全な発達を脅

かすような危険で有害な労働（18歳未満）（以上，ILO138号条約），（3）債務奴隷，強制労働，売春，麻薬取引といった無条件で最悪な形態の労働（18歳未満）（ILO182号条約）[7]を児童労働と定義している[8]．

世界の児童労働者数（5〜17歳）は1億6800万人（うち8500万人が危険有害労働）を数える．サハラ以南アフリカでは5900万人もの児童労働者がおり，地域の子どもの21.4%を占めている（数値は2012年）（ILO駐日事務所HP）．

経済活動に従事している子ども＝児童労働をしている子どもではないが，劣悪な環境下で安価な労働力として教育の機会も健康な生活も奪われている子ども達の問題は，先進国の消費者が最も関心をもたなければならない．読者の皆さんが食べているチョコレートの原料，寝転んでいる絨毯，使っている化粧品，遊んでいるサッカーボールは児童労働とは関係ないと言い切れるだろうか．

（2）アフリカの貧困問題と私たちとの関わり

冒頭でも書いたことだが，アフリカが直面する問題を考えるためには，大西洋三角貿易（奴隷貿易）から始まるヨーロッパによる搾取の歴史を学ばなければならない．本章には歴史を語るだけの紙幅がないため，興味がある読者は章末の推薦図書を読んでいただきたい．本節では，アフリカの貧困問題と私たち日本人の接点として，資源と貿易ルールに焦点をあてる．

a　天然資源をめぐる紛争

コンゴ民主共和国（以下，DRコンゴ）の東部地域はタンタル鉱石（コルタン）をはじめとする鉱物資源の宝庫であるが，この鉱物資源が反政府勢力の資金源となり，地元住民を苦しめる原因となっている．2013年7月，DRコンゴ北キブ州で90万人が家を追われたという国連報道があった（IRIN 2013）．多くの日本人はこの報道に気付きさえしなかったのではないだろうか．記事を読んだ人がいたとしても，遠いアフリカの話と思って記憶すらしなかったかもしれない．

コルタンから採取されるタンタルは，電子部品に不可欠なレアメタルで，コンピューターや携帯電話には多数のタンタル・コンデンサーが使用されている．皆さんのパソコンや携帯の中には，DRコンゴの東部地域から産出したタンタルを使った製品が入っているかもしれない．私たちの購入代金の一部が，この

地域の武装集団の手に渡り，私たちのお金を使って武装集団が大量の兵器を購入し，住民に対して残忍な組織的暴力をふるい続けているかもしれないのである．

2008年12月に国連安保理に提出された「コンゴ民主共和国についての国連専門家グループ最終報告」は，DRコンゴの東部で活動する反政府勢力の1つであるルワンダ解放民主戦線（Forces Democratique de Liberation du Rwanda, FDLR：FDLRは，1994年のルワンダのジェノサイドに加担した旧ルワンダ国軍やフツ人過激派民兵インテラハムウェで構成されている）が，新政府との戦闘に破れてDRコンゴ領内に逃げ込み，反政府活動をすると共に，コンゴ人の村々を襲い，金，3つの「T」鉱物（錫［Tin］，タンタル［Tantalum］，タングステン［Tungsten］）などの取引で年間数百万ドルの利益をあげているとしている．そして，反政府勢力を利すると知りながら取引をしている外国企業の本拠地として，ベルギー，英国，タイ，ブルンジ，ウガンダ，ケニアといった国名を挙げている（United Nations Security Council 2008）．DRコンゴ東部で活動する反政府勢力全体では，上記の4主要金属の交易で，毎年1億4400万米ドルから2億1800万米ドルが生みだされていると推定されている（Center for American Progress 2009）.[9]

国家が鉱物資源を管理し国民を利するどころか，DRコンゴは地元住民の命を守ることすらできない国である．特に，この東部地域では，年端もいかない少女から妊婦までが，戦時性暴力の犠牲になっている．また，子どもが兵士や上官の性的奴隷にされている問題も深刻である．

このように，紛争を継続するために，資源を利用することは，DRコンゴだけの話ではない．かつてのアンゴラ内戦でも，政府側が石油を，反政府勢力側がダイヤモンドを担保として，武器を購入し，戦っていた．資源から得られる莫大な富がアンゴラの貧しい人々の生活を向上させることはなかった．

アフリカの紛争にたかる戦争ビジネスについても言及しておこう．1991年から始まったシエラレオネ内戦で，シエラレオネ政府は，南アフリカの「エグゼクティヴ・アウトカムズ（EO）」（当時）という民間軍事会社に依頼し，反政府勢力が占領していたダイヤモンド鉱山を奪還した．EOへの報酬は，ダイヤモンド採掘権であった．[10]

このように，貴重な資源が貧しい国民のために使われずに，紛争継続の代金として，富が海外に流出していくのである．資源の最終消費者である私たちは，こういった問題について無関心であってよいのだろうか．

b 不公平な貿易ルール

途上国が自国の商品を売って利益を得ることには様々な障壁がある．少し古い時期の話になるが，チョコレートと綿を事例にして説明したい．

チョコレートの原料はカカオ（豆）である．世界の生産の約7割を西アフリカ（コートジボワールやガーナなど）が担っている．では，カカオを生産しているアフリカで作られたチョコレートを食べたことはあるだろうか．1988年，日本政府が米国からの要請でチョコレートの輸入関税を10%に引き下げた結果，輸入チョコレートが日本に沢山入ってくるようになったが，皆さんが目にしているのはアフリカではなく欧米のチョコレートではないだろうか．

なぜコートジボワールやガーナは，チョコレート製品を作り輸出しないのだろうか．その理由は関税にあった．近年はEUとの経済連携協定（01-01-2008～30-09-2014）により，コートジボワール産もガーナ産も，どちらも0%となっているが[11]，長い間，カカオのまま輸出すれば関税は低いが，ココア・パウダーに加工すると一気に関税があがってしまう制度がずっと維持されてきた．技術を学びチョコレート製品を輸出しても，関税が高ければ売れず利益は出ない．アフリカは原料のみを提供すればよい，付加価値をつけるのは我々ヨーロッパであるという考え方が，この問題の背景に存在するのである．

ウルグアイ・ラウンド（Uruguay Round，1986～1995年）以前のEUの関税をみていると，カカオの関税が3%だったのに対して，ココア・リキュールに15%，ココア・バターに12%，ココア・パウダーに16%の関税がかけられていた．こうした制度が，付加価値のある加工品をアフリカ諸国がつくることの大きな妨げになってきたことは容易に理解できる．

「フェアトレード」という言葉をぜひ覚えてほしい．「公正な貿易」という意味だが，その意図は，生産者が食事をとり子どもを学校に行かせることができるだけの価格で買おうというところにある．チョコレートを買うときも，もし選択できるのなら，少し値段が高いが，カカオ生産の7割を担っている小規模農家の生産者の笑顔を思い浮かべて，フェアトレードのチョコレートを選んで

はどうだろうか.

　アフリカの生産者にとってのもう1つの障壁は，先進国の「農業補助金」である．綿花といえば米国南部の農園を思い浮かべるかもしれないが，アフリカでも生産されている．米国は大国であるから，国内の綿花農家を守るために補助金を支給している．(12) そのためコットンの価格が下がり，アフリカの農家は不利な立場にたたされる．2006年に世界銀行総裁は次のような発言をした．米国の綿農家に対する補助金のために，西アフリカ経済圏は年間推定1億5000万ドルの損失を被っているという．たとえば平均国民所得が年間350ドルのブルキナファソの綿農家でも，大国が自国の綿農家に補助金を支給していなければ，国際的競争力がつくかもしれないのである．(13)

おわりに

　2001年からアフリカHIV/AIDS担当国連事務総長特使を務めたスティーヴン・ルイスは，1960年代のアフリカは貧しかったが，飢えてはいなかった．今のアフリカは飢餓に直面していると言い，アフリカの貧困が独立以来悪化していることを指摘している（Lewis 2006）．いくつかの国では，汚職まみれの腐敗した独裁者が国をだめにしていったことは確かであるが，その独裁者達を支えたのは，冷戦時代の同盟国——多くの場合は西側諸国——であった．このことはアフリカだけの話ではない．アジアの独裁政権を支えたのはアメリカと日本であった．私たち先進国に住む人間は，途上国の貧困問題と決して無関係ではないことを常に意識しておく必要がある．

□注
(1)　インド（5万人），ナイジェリア（4万人），コンゴ民主共和国（2万1000人），エチオピア（1万3000人），インドネシア（8800人），パキスタン（7900人），タンザニア連合共和国（7900人），ケニア（6300人），中国（5900人），ウガンダ（5900人）．日本ユニセフ協会HP．より．
(2)　厚生労働省「平成25年　国民生活基礎調査」18頁より．「表12　貧困率の推移」をみれば，日本の相対的貧困率及び子どもの貧困率がこの10年で増加していることがわかる．
(3)　PPPは一国の通貨と他国の通貨との換算比率の一種で，それぞれの通貨の購買力（買

える財やサービスの量）が等しくなるように計算して求められる．有名なものとしては，「ビッグマック指数」があり，異なった国でのマクドナルドの同じハンバーガーの価格を比較する．
（4） 25歳以上の人々が受けた学校教育の平均年数．
（5） 現時点の年齢別就学率のパターンが該当期間を通じて続くものとして，入学年齢にある子どもに見込まれうる就学年数．
（6） 国連人口基金（2005）『世界人口白書2005』50頁．http://www.unfpa.or.jp/cmsdesigner/data/entry/publications/publications.0000022.pdf（2014年8月31日確認）
（7） ILO182号条約により，「人身取引，債務奴隷，強制的な子ども兵士，その他の強制労働，買春・ポルノ，麻薬の製造・密売などの不正な活動，子どもの健康・安全・道徳を害し，心身の健全な成長を妨げる危険で有害な労働」を指す．
（8） 子どもたちの健全な成長を妨げる労働をさし，家や田畑での手伝い，小遣い稼ぎのアルバイトなどは含まれない．
（9） TUP速報820号「コンゴの危機──紛争鉱物の犠牲者──」が翻訳と解説をしている．http://www.tup-bulletin.org/?p=844（2014年8月29日確認）
（10） シンガーは，EOへの報酬として，ダイヤモンド採掘権は釣り合いがとれないほど莫大な支払いだと指摘している．民間軍事会社については，本山美彦（2004）やP. W. シンガー（2004）が詳しい．
（11） European Commission HP, Taxation and Customs Union, Databases, TARIC
（12） WTOにおいてブラジルが争った米国の綿花補助金問題は，ブラジルの全面勝訴となったが，米国政府の補助金支払いは続いている．
（13） 世界銀行総裁スピーチ「包括的な世界経済におけるアフリカの役割」より

参 考 文 献

本山美彦（2004）『民営化される戦争』ナカニシヤ出版．
ユニセフ（2004）『世界子供白書 2004』日本ユニセフ協会．
Lewis, Stephen. (2006) *Race Against Time : Searching for Hope in AIDS-Ravaged Africa*, Toronto : House of Anansi Press. 2nd ed.
Singer, P. W. (2003) *Corporate Warriors : The Rise of the Privatized Military Industry*, Cornell University Press.（ピーター・シンガー『戦争請負社』山崎淳訳，NHK出版，2004年）．
UNDP (2007) *Human Development Report 2007/2008*. UNDP.

厚生労働省「平成25年度 国民生活基礎調査」「表12 貧困率の推移」http://www.mhlw.go.jp/toukei/saikin/hw/k-tyosa/k-tyosa13/dl/03.pdf（2014年8月31日確認）
世界銀行総裁スピーチ「包括的な世界経済におけるアフリカの役割」より http://siteresources.worldbank.org/INTJAPANINJAPANESE/Resources/515610-1134144986445/PWFCCJAfricaSpeech2006_J_.pdf（2014年8月29日確認）
日本ユニセフ協会HP「十分なケアを乳幼児に 1．水と衛生」http://www.unicef.or.jp/about_unicef/about_act01_03.html（2014年8月26日確認）

日本ユニセフ協会 HP「『お母さんの命を守る』国連機関の報告書で着実な進展　未だ1時間に33人の妊産婦が死亡」http://www.unicef.or.jp/library/pres_bn2014/pres_14_14.html（2014年8月26日確認）

日本ユニセフ協会 HP「5歳未満の子どもの死亡数，年間660万人に　ユニセフ最新報告書発表」http://www.unicef.or.jp/osirase/back2013/1309_02.html（2014年8月26日確認）

Center for American Progress, (2009) "Crisis in Congo: The Casualties of Conflict Minerals." http://www.raisehopeforcongo.org/content/initiatives/conflict-minerals（2014年8月29日確認）

European Commission HP, Taxation and Customs Union, Databases, TARIC. http://ec.europa.eu/taxation_customs/dds2/taric/measures.jsp?Lang=en&SimDate=20140829&Area=CI&Taric=18&LangDescr=en, http://ec.europa.eu/taxation_customs/dds2/taric/measures.jsp?Lang=en&SimDate=20140829&Area=GH&Taric=18&LangDescr=en（2014年8月29日確認）

IRIN (2013) "Briefing: North Kive sees fresh clashes as peace talks stall in Kampala," 18th July, 2013. http://www.irinnews.org/report/98438/briefing-north-kivu-sees-fresh-clashes-as-peace-talks-stall-in-kampala（2014年8月29日確認）

ILO駐日事務所 HP「児童労働」http://www.ilo.org/tokyo/areas-of-work/child-labour/lang--ja/index.htm（2014年8月26日確認）

UNDP (2014) *Human Development Report 2014*. UNDP. http://hdr.undp.org/sites/default/files/hdr14-report-en-1.pdf（2014年8月26日確認）

UNDP駐日代表事務所 HP「ミレニアム開発目標　乳幼児死亡率の削減」http://www.jp.undp.org/content/tokyo/ja/home/mdgoverview/mdg_4/（2014年8月28日確認）

UNDP駐日代表事務所 HP「ミレニアム開発目標　妊産婦の健康の改善」http://www.jp.undp.org/content/tokyo/ja/home/mdgoverview/mdg_5/（2014年8月28日確認）

📖 推薦図書・DVD

ガルトゥング，ヨハン，藤田明史編（2003）『ガルトゥング平和学入門』法律文化社.
コリアー，ポール（2008）『最底辺の10億人　最も貧しい国々のために本当になすべきこととは何か？』中谷和男訳，日経BP社.
藤永茂（2006）『「闇の奥」の奥——コンラッド・植民地主義・アフリカの重荷——』三交社.
宮本正興・松田素二編（1997）『新書アフリカ史』講談社〔講談社新書〕.
本山美彦（2004）『民営化される戦争』ナカニシヤ出版.
ラウル・ペック監督（2007）「ルムンバの叫び」エスビーオー.

（戸田真紀子）

第14章　社会が作る法，法が変える社会
　　　　──ジェンダーとマイノリティを手がかりに法社会学を学ぶ──

　交際中の彼や彼女が暴力をふるう時，また親が子どもに暴力をふるう時，そのような状態を当たり前だと思う人はいないだろう．けれども，親しい間柄，特に夫婦間での暴力や親から子への暴力に対して，法は近年に至るまでほとんど対応してこなかった．しかし，現在はこれらは暴力として扱われ，人々もこれを「やむを得ないこと」とは考えなくなってきている．いったい，どのような法や社会の変化が生じてこのような状態になったのであろうか．

　また，外国人や異なる文化の人々との「共生」が語られるようになって久しいが，これらの人々の社会への参加や権利保障が十分に進展したとは言えない状態が続いている．なぜそのような状態が続くのであろうか．

　それらを考えるためには，法の変化だけでなく，社会の人々がその法にどのように対応してきたか，つまり，法を社会との関係の中で学ぶ必要がある．このような法と社会の関係を対象とする学問が法社会学であり，本章では法社会学の考え方のエッセンスを紹介する．法社会学を学んで，現代社会を見通す力を育んで欲しい．

はじめに

　法社会学は，社会における「法と権利」を批判的な視点から問うことで，法と権利についての別の見方や考え方が生まれる過程を観察したり，法と権利についての新しい見方や考え方を生み出してきた学問である．社会の中で私たちは，日々様々な「法」に囲まれてその中で暮らしているが，何かの機会がない限りそのことに気づくことはあまりなく，ましてや「権利」を意識することもほとんどない．このような法との関係のなかでは，「法と権利」と急に言われても，具体的なイメージを持つことは難しい．しかし，いったん法社会学的な考え方や視点を学んだならば，「法と権利」を問うことは，さほど難しいことではない．しかも，法社会学の考え方や視点は，現代社会の問題を考えるのに非常に有効である．そこで，本章では，現代社会についての多様な学びを連関

させうるような法社会学的視点を身につけることを目的として，法社会学の考え方の1つを紹介することとする．

　大学の授業にある憲法や民法の講義のように，法の条文がどのように解釈されうるかを中心に法の考え方を学ぶ学問を，「実定法学」と呼ぶ．一方，法を，実定法学での議論の仕方で考えるのではなく，それ以外の考え方を使って，たとえば法を哲学的に基礎づけたり（法哲学），歴史の中で考えたり（法史学），比較の中で考えたりする（比較法学）学問を，「基礎法学」と総称する．法社会学もこのような基礎法学の1つである．法社会学では，実定法学の考え方だけでなく他の基礎法学も参考にしながら，そのうえ，社会学，政治学，経済学，心理学，人類学などの社会科学の考え方も借りて，社会で起こっている，法に関わる現象や法の現実が，どのような法則や特徴を持っているのかを，観察や調査・実験をはじめとした様々な方法で調べて考えていく．

　よって，法社会学の内容は多様であり，方法は多岐にわたり，そこでの法の捉え方も様々であるが，本章では，現代社会についての多様な学びを連関させうるような法社会学的視点を身につけるというこの章の目的に照らし，法社会学をできるだけ大きな枠組みで捉えたうえで，その最も重要な対象の1つである「法的行為」を描き出そう．その際，次の4つを着眼点として取り上げる．A：当事者，B：裁判所などの法機関，C：法なるもの，D：社会，である．これら4つの着眼点を法的行為との関連で説明する中で，法社会学の研究領域のうち主要なもの——紛争の発生とその行方，これに関わる諸機関，法と社会の関係——について，読者の理解が深まることも目的の1つである．

（1）法的行為とは

　まず，法的行為について見ていこう．「法的行為」とは，個人もしくは集団，法人，自治体，国家等が，法に関わって行うすべての行為を指す．「法に関わって」というと，ある問題が法律的なものとして考えられるようになってから，弁護士や裁判所と関わってからの，いわゆる「法的な紛争になって以降の選択や行為」のことだけを思い起こす人が多いと思うが，それ以前の段階での人々の様々な選択や行為があってはじめて弁護士や裁判所と関わる段階になることが多いのであり，法社会学においては，法的な紛争になる以前の選択や行為も

視野に入れて考える．なお，「すべての行為」であるから，民間同士の紛争に関わる行為だけではなく，行政機関や国との紛争，刑事に関する紛争や事件，渉外紛争（外国法と関わるもの）など，あらゆる紛争に関わる行為もこれに含める．

それでは次の（2）項から（5）項で，4つの着眼点との関わりで，この法的行為を見ていこう．

（2）A：当事者
a　紛争の展開モデル

法的行為の最初の着眼点は紛争の当事者である．しかし，「紛争の当事者」と言われても，あまりイメージが湧かないだろう．そこで，紛争発生時までを個人の主観を中心に段階的にモデル化した「紛争の展開モデル（ネーミング，ブレーミング，クレーミング）」をまず紹介しよう．これは，アメリカの法社会学者が1980年代にモデル化し，その後の日本での研究においても，しばしば参照されているものである（Felstiner 1980）．

「紛争」というと身近な気がしないだろうが，「問題」ならば，より身近であろう．私たちが日々生きている中では，何か問題が起こっていても，自分にその問題が生じていることに気付かないことがある．たとえば，いつもよりずっと疲れやすくなっていても，そのことに気付かない人もいる．知らない番号からの妙な電話やセールスの電話がたびたびかかるようになっても，たまたまだろう，と考えて問題とは思わない人もいる．自分の彼や彼女が過干渉で自分のプライバシーがほぼない状態にあっても，何の疑問も抱かない人もいる．乳幼児が虐待を受ける場合のように，それが暴力であるとは認識できないこともある．

しかし，何かのきっかけや情報を得て，これらを問題だと感じなかった人が，問題だと思うようになることがある．この時に生じているのは，その人の認識の変化であり，この変化を「ネーミング」（日本語では「問題化」）と呼ぶ．もちろん，この問題を，自分の責任によって生じた，自分だけで解決すべき問題として捉える人も多く，相談するとしても友達や家族に話すだけだったり，または時間が経つうちに忘れてしまったりすることも多い．

しかし，時には，最初からはっきりと相手があってその責任が誰にあると特定できる場合や，最初は分からなくとも，しばらくして，自分だけに責任があるのではなく他の誰かや時には制度にも，問題があることが分かる場合がある．先の例ならば，自分の疲れやすさを認識し，それを服用している薬のせいだと思い，処方した医者や薬を作った製薬会社のせいだと考えたりする場合である．また，ある会社から個人情報が流出していたことが分かり，電話がかかってきていたのはその会社の情報管理の問題のせいだと考える，などである．このように，誰が相手であるかが分かり，その人の責任であると考える段階に至る時に生じる認識の変化を，「ブレーミング」（「帰責化」）と呼ぶ．

但し，ブレーミングを経ても，人が，その事を問題として相手方に伝えるとは限らない．ある程度近しい相手や職場では，なんとなく言い出しにくかったり，どのように伝えたらいいか分からなかったり，その後の関係を考えて言えなかったりする場合もよくあるし，単に面倒くさかったり，時間がなかったりする場合もあれば，これらのいくつかが重なって生じる場合もある．近しい関係でなくとも，たとえば先ほどの薬の例ならば，たとえ原因がはっきりしたと考えても重大な健康被害が生じているわけではない場合には，当の医者にわざわざ伝えるのではなく他の医院に行く人も，医者にみてもらうことじたいを止める人もいるだろう．また，たとえば，「公衆道徳」や「社会の問題」であると考える場合のように，具体的に誰に伝えたらいいのかが分からない場合もある．

他方，相手に伝えたくとも状況がこれを許さない場合もある．相手との権力や経済力の差が大きく，伝えること自体ができない状態にある場合もあれば，伝えることが関係を破壊する場合もある．また，敢えて伝えても，相手がこれを認めないうえに伝えたことによりかえって自分の立場が悪くなると予想される場合や，経済的，時間的，精神的，肉体的負担を自分や家族やまわりの人が受けると予想される場合などがある．なお，相手の気付きや成長を待つ場合や，戦略的にそのほうがよい場合など，状況が許しても何も言わないことを選ぶ場合も多い．

しかし，なかには，相手にきちんと対応してもらわなければならない問題として，はっきりと伝えるに至る場合もあり，このような行為に進んだ時の変化

を，クレーミング（要求化）と呼ぶ．そして，このクレーミングを経た主張内容が，相手によって拒絶されたり，受け入れられても部分的であったりした場合に，「紛争」が発生し，交渉が行われる．

　以上，紛争の展開モデルに従って，問題から紛争発生への展開の過程を描いてきた．あまり身近には思えない「問題」や「紛争」のイメージが，少し湧いてきたのではないだろうか．但し，付言しておくと，紛争や当事者の実像としては，実は，現在はこれと異なる像が描かれることが多い．その像によれば，当事者同士は，紛争になるかもしれないような関係にいったんなってしまったら，以降，たとえ表面的には紛争状態にあるようには見えなくとも，潜在的には駆け引きや交渉をずっと続けており，時と場合に応じて第三者に交渉を依頼したり裁判を行ったりする，と考える．しかも，たとえば判決が出た後も，（たとえ表面的には関係が切れているように見えても）やはりまだ当事者同士の関係とそこでの潜在的な交渉は引き続き行われている，とする．紛争の展開モデルのような，裁判を最終段階とした段階的な認識の変化の過程のなかで紛争を捉えるのではなく，当事者の認識はその時その状況に応じて作られる，と考えるのである．よって，現実の紛争での法的行為を考える場合に，紛争の展開モデルを手掛かりにして考えるのは構わないが，展開モデルに合わせて現実を理解する必要はない．「潜在的な交渉状態の継続」というこの考え方によれば，法や裁判は，そのような潜在的交渉状態において選ばれる，交渉の場を設定したり交渉を秩序だてたりする道具の1つに過ぎない（和田ほか 2002）．

b　様々な紛争処理

　こうして人は紛争に，そして紛争処理に関わっていく．しかし，紛争処理といっても，その様態は様々である．相手と自分だけで行う交渉もあれば，弁護士が介在する交渉もある．最初から法的な問題として対応される場合もあれば，法的な観点から解決できる問題であるにも関わらず，まったく人間関係の問題として対応される場合もある．大学や職場のハラスメント相談に始まる場合もあれば，NPOの労働相談や交通事故紛争処理センターのような民間の制度，市民法律相談や消費生活センターのような行政の制度，司法書士や行政書士による調停・仲裁，弁護士会による仲裁センターなど，様々な「裁判外の紛争処理」制度を利用したものもある．自治体や国を相手方とした紛争では，行政と

の交渉や申し入れを行う場合や，政治的な解決を模索する場合もある．

　裁判所が利用される場合であっても，調停や審判が利用される場合もあれば，裁判であっても裁判内外での話し合いが行われ和解に至る場合もある．簡易裁判所で行われ一度で終わるものもあれば，数年間かかるものもある．原告が途中で請求を放棄する場合もあれば，最初から被告が欠席し終了する場合もある．そして，判決が出されても，相手が上訴する限り判決は確定せず，たとえ確定しても，必ずしも判決内容が履行されるわけではない．しかも，「前述の潜在的な交渉状態の継続」という考え方によるならば，裁判が終わっても紛争が終結したとは考えない．法的な制度の使用によって判決が出るなどの何らかの新しい状態になっても，両者の潜在的な関係を切ることができない限り（たとえ直接には関係を持たなくとも），やはり，潜在的な交渉状態が続く，と考えるのである．なお，裁判過程で社会に注目され，政策的な課題として政治や行政によって対応される場合もあれば，判決のなかで政策的な課題であると指摘されているにも関わらず，政策的な解決が進展しない場合もある．

　紛争の当事者も多様であり，個人や集団のこともあれば，法人や国のこともある．子どもや高齢者，障がい者や外国人，セクシャル・マイノリティ，シングル・マザー，ホームレスの人々であることもある．当事者が二者のみのものもあれば，いじめやハラスメントのように，当事者のまわりの学校や職場の責任が問われるものもある．同様の被害についてバラバラに訴えるものもあれば，集団で訴えるものもある．また，紛争の展開過程で，当事者以外の人々の注意や賛同を集める場合もあり，これら当事者以外の人たちが，新しく，当事者または支援者として加わっていくこともある．同じ紛争であっても，その継続が大きな負担（費用，時間，精神的，肉体的）になる当事者もいれば，まったくならない当事者もいる．紛争の展開を熟知し十分にコントロールできる立場にある当事者もいれば，ほとんどできない当事者もいる．

　このように，問題を認識し法と関わるまでそして関わってからのすべての行為を，本章では法的行為と呼ぶが，今まで述べたことからも分かるように，このような当事者らの法的行為の内容は，当事者に関わる様々な要因によって，左右される．たとえば，その人が知識や情報を持っているか，それらを得る手段があるか，金銭的な余裕や時間はあるか，紛争と関わる気力はあるか，紛争

経験や弁護士に相談した経験があるかなどの要因や，当事者間の力関係，価値観，何を侵害と考え責任と考えるか，権利や紛争をどのように考えるか，組織力，リーダーシップ，紛争解決制度の選択肢や訴訟文化など，ミクロからマクロまで多様な要因によって規定されるのである．

c 当事者の法的行為に関する法社会学研究

当事者の法的行為に関して，法社会学は様々な点に注目してきたが，そのうち2つの研究領域だけ取り上げよう．日本人の訴訟選択論と，紛争処理過程論である．

前者では，戦後日本の裁判件数が他国に比べ極端に少なかった理由について，日本人の法や権利についての考え方や文化が欧米と異なるからか，裁判官や弁護士の数が少ないなど紛争解決に関わる制度自体がそのように作られていたからか，などの問いが立てられ，アメリカ人研究者に議論を先導されながら研究が行われてきた．この議論が行われる過程において，法的行為に影響を与える様々な要因が明らかにされただけでなく，日本の制度を外から見て考える視点を日本の法社会学者が得ることができた(1)．

後者では，当事者の法的行為がどのような相互の関係とそれについての認識や考慮から生じているかという研究や，紛争そのものがどのように始まり変容するか，当事者の違いや紛争の種類の違いによって紛争の内容や解決にどのような違いが見られるのか，当事者にとって本当に望ましい解決は何か，社会としてどのような紛争処理制度が望ましいのか，などが検討されている(2)．

（3）B：法機関

a 法機関とは

法的行為の，もう1つの重要な着眼点が法機関である．法機関とは，法に関わるすべての機関をいう．たとえば，①裁判機関，②法的役務提供機関（弁護士など），③捜査訴追機関（警察・検察など），④規制機関，⑤執行機関（執行官，刑務所など）である(3)．法機関の「機関」では，行政機関や裁判機関などのような組織全体の呼称と，法と関わる役割を持つ人々の呼称との，両方の意味を特に含んで考えるが，本章では，法的行為に注目するために，法機関を，そこで法に関わる人々に分解して考えてみよう．たとえば，裁判官をはじめと

した裁判所で裁判や調停・審判に関わる人々であり，裁判員であり，警察官，検察官であり，執行官，刑務官であり，弁護士，司法書士，行政書士である．また，これに加えて，たとえば，消費生活センター，交通事故処理センターのような行政や民間による紛争解決機関の職員である．これら法機関の多くは，Ａの当事者の法的行為を受けて，自らの法的行為を開始するのであって，当事者の法的行為の多くは，これら法機関の法的行為との相互の関わりの中で生じる．

　なお，法機関の定義を狭く考える場合と広く考える場合があるが，広く考える場合には，⑥立法機関と⑦行政機関もこれに加えられる[(4)]．まず，立法機関は，法を定立する法機関であり，法的行為の着眼点として2つの意味で重要である．第1に，立法機関が成立させる法は，規範を明らかにし，機能と象徴を付与することで人々の関係性を形作り，同時に合法性という形で社会の中に権力を配置する．そして，これらの配置が，人々の法的行為や紛争を根本的に形作る．第2に，立法機関は，人々の間の利害・権力・理念の衝突や紛争を調整する制度であり，法の論理とは異なる政治の論理によってではあるが時にある種の紛争処理の機能を果たし，その可能性によって人々の法的行為における選択に大きな影響を与える．続いて，行政機関は，法の執行過程において，自らが紛争当事者となったり紛争処理機関を準備するだけでなく，省令等の法を作ったり関連法規を解釈・運用したりして，それ自身が日常的に法的行為を行っている．

b　法機関の法的行為を考える

　裁判官の法的行為を考えるに際して，まず理解するべきは判決である．判決は，法の公的な解釈として，人々によるその後の法の解釈を左右する．しかし，判決とその論理に注目するだけでは十分ではない．判決内容以外にも，裁判官の訴訟運営・指揮を含む，判決が出されるまでの裁判所や裁判官の裁判内外での様々な対応も，法的行為として考慮できる．

　また，判決を含む裁判官の法的行為に影響を与えている可能性を持つものが，法の論理以外にもあるならば，これらを見出すことも重要である．もちろん，裁判官が書く判決は，個々の裁判官が理解する，裁判所の理論上の位置に基づいてその範囲内で書かれるため，既に裁判所の位置づけが判決内容に組み込まれてはいる．しかし，それ以外にも，裁判所の内部機構や機能の法的な位置づ

けの変化やこれらの実質的な変容，裁判官の訴訟過程における役割，裁判官の職業的勘，個々の裁判官の仕事の負担，裁判官の能力や資質など，裁判官の在り方を多様に規定する事柄——裁判官の選択を規定するミクロやマクロの要因——が，判決を含む法的行為に影響を与えている可能性があるならば，これらを見出すことも重要である．

　これは，裁判官以外の法機関についても同様である．たとえば，特定の領域を扱う弁護士，男性または女性法曹，男性または女性警察官，上級行政官僚，人々と直接に顔を会わせて法の運用を行う人々——区役所職員，福祉機関職員，税務署職員など——において，その法機関の法的地位，機能に関わる変容が生じていたり，何らかの内部ルールや規範が共有されていたりすることによって，彼らの法的行為が影響を受けている可能性があるならば，このような変容，ルールや規範に注意を払うことも，法の現実を規定する要因を見つけ出すことになる．

　裁判・法曹の制度を含む紛争解決制度をどのように構想しどのように準備するかによって，法に基いた権利があってもそれを実現できない人々，場合によっては命を失う人々が出てくる可能性が生じる．よって，社会の紛争処理のあり方は，その社会の法と権利，正義や公正と大きく関わる重要な政策課題である．但し，裁判で解決される可能性のある問題であっても，行政的な解決がより好ましいものであれば人々は裁判を避けて行政的な解決に向かうであろうし，また，行政的な解決も政治的な解決も期待できず裁判に向かうしかない場合もあるであろう．問題の種類にもよるが，ある問題についての行政や政治による紛争解決の可能性を視野に入れた検討が伴ってはじめて，その社会における，裁判制度や紛争解決制度の意義と課題がより明らかになるのである．

c　法機関の法的行為に関する法社会学的研究

　法機関についての議論は，法社会学の中心分野での1つでもあり，司法制度論，法過程論，紛争処理機関論，司法政策論，法専門職論，弁護士論，裁判官論，司法教育論，政策形成訴訟論など，様々な研究領域があるが，1つだけ取り上げておこう．法や司法へのアクセスの議論である．

　法の下の平等が実現されるためには，平等な法の存在だけでなく，法へのアクセスの平等が確保されなければならないと考えられている．この場合のアク

セスとは，法を知ることはもとより，法利用ができる法機関へのアクセス，特に弁護士や警察，裁判所，相談窓口，紛争処理センター，関連福祉機関などへのアクセスを指し，これらの法機関へのアクセスをよりしやすくするために，たとえば，無料法律相談や訴訟費用の立替え，弁護士の増員や弁護士がいない地域をなくしていく取り組みなどが行われている．しかし，法的行為を規定するミクロやマクロの要因とこれら法機関の様態によっては，結局は権利が守られない状態が続くことがある．それらには，たとえば，虐待を受けている子どもの場合，福祉受給者が申請過程で不適切な扱いを受ける場合，また，たとえばDV被害者が保護命令の申請や離婚調停の申し立てをする時に，暴力被害によって心身の状態が不安定なせいで，弁護士や支援組織の人々のサポートがなければ1人で申請を出すのはほぼ無理な状態にある場合など，法へのアクセスの仕組みを整える側が配慮すべきものもある．法へのアクセスを誰にどこまでどのように確保できるかは，法と権利の実現における重要な課題である．

（4）C：法なるもの
「法なるもの」とは

　次に，もう1つの重要な着眼点である，「法なるもの」を見ていこう．たとえば，当事者は，常になんらかの利害，感情や志向，価値観，道徳や法についての考え方に左右されて，物事と関わっていく．そのような中で，法的な規範も，時には個々の人を内面的にも拘束する重要な規範として，また時には交渉において役立つ便利な基準や道具として，人々によって認識，言及され使用されていく．そのような，人々による法への準拠・非準拠，使用・不使用，回避などに見られる様々な法との関わり——但し，必ずしも紛争当事者によるものでなく，一般の人々による日常の行為や言説の中のものも含む——によって，法は社会の中に姿を現わす．このように姿を現した法を，本章では「法なるもの」と呼ぶ．

　確かに法の文言は，規範や人々の関係性，合法性の在りようを示すのであって，その存在だけでも意味を持つ．しかし，一方では，人が問題を発見して初めて，その人自身，知人や家族，相談員や行政担当者，弁護士，検察官，裁判官などによる，法への言及と解釈が行われ，そのことによってはじめて，そこ

に法が姿を現すのである．このように姿を現した「法なるもの」の中心にあるのは，判例や法律家による法解釈だけでなく，人々が理解する法の多様な姿である．たとえ，判例や法解釈によって新しい考えや理論が示されようとも，それを人々が受け入れて準拠としない限り，その法は社会に根付いていかないのであり，人々の多様な法的行為こそが，社会の中に「法なるもの」を生み出し続ける．

(5) D：社会
社会と法

最後に，社会も，法的行為の重要な着眼点である．社会のどの部分をどのような観点で捉えるかは多様である．個人や集団，組織の在り方，親密な関係性（カップル，親子ほか），学校や会社，コミュニティや地域，自治体や国家，市民社会，社会階層，グローバル化に注目したものでもよいし，人々の在り方，たとえば，子どもやシングルマザー，高齢者，セクシュアル・マイノリティや外国人などのマイノリティの人々のあり方に注目したもの，また，ジェンダーや様々な差別，社会的排除や包摂の在り方，国際人権や平等に関する考え方や社会統合の変化や特徴に注目したものであってもよい．医療や労働，消費者保護や福祉，経済や環境などのセクターの変化や特徴に注目したものなどでもよい．いずれの場合も，法的行為や「法なるもの」を，これらの社会の変化や特徴との関連において考えればよいのである．

但し，注意してほしいのは，その際の「社会」が，法的行為や法なるものから切り離されて存在するのではなく，これらと相互に関連していることである．このことを，「ジェンダー化された社会」を例にして見てみよう．

フェーズⅠ：社会のジェンダー状況・ジェンダー規範⇒A 当事者の法的行為（⇒は影響が生じる方向を表す）

ある人が持つジェンダーについての規範意識や認識は，家庭や学校教育，職場経験やカップル関係での経験など，その人とその周りの社会——家庭，学校，職場，地域，メディアなど——のジェンダー規範や認識を，部分的ではあれ映し出したものとなっている．そして，セクシャル・ハラスメントやDV，時に

はレイプの被害者であっても，(2)項で見たA. 当事者の法的行為を規定するミクロやマクロの要因によって，また自分の中のジェンダー規範——たとえば，「女（または男）はこうあるべき」という考え方——やジェンダーについての認識——たとえば，「社会は女（または男）をこのように考えている」という見方——によって，クレーミングに至らないことがある．社会の中で生み出されるジェンダー規範が，当事者の認識と法的行為を含む行動を規定するのである．

フェーズI´：社会のジェンダー状況・ジェンダー規範⇒社会の人々の行為⇒A 当事者の法的行為

しかも，A. 当事者の法的行為は，フェーズIのような，当事者自身が持つ規範や認識に影響を受けるだけでなく，当事者のまわりの人々や社会の人々が持つジェンダー規範によっても，さらに影響を受ける．たとえば，ハラスメントを受けた女子学生が訴えを起こそうとしても，「女の子がそんなことで目立つべきではない」というジェンダー的な観点から両親や家族がこれを止めることがあるかもしれない．また，ジェンダーに関する当事者のクレーミングが，メディアや社会のジェンダー規範の在り方のせいでバッシングを受けることもあるかもしれない．このようなバッシングは，その当事者の，以降のクレーミングをためらわせるだけでなく，潜在的当事者のクレーミングをも，ためらわせる方向に働くだろう．

フェーズⅡ：社会のジェンダー状況・ジェンダー規範⇒B 法機関の法的行為

また，このような法的行為は，たとえばDVならば，カウンセリングやNPOへの相談を経たり直接に国や自治体の担当機関や弁護士，警察，裁判所などの法機関と関わるが，これら法機関の人々も既に社会の中のジェンダー規範を内面化しているのであって，彼らの持つジェンダー規範が旧来のままである場合には，たとえ，ジェンダーの観点からの配慮が為されるべき法についての法的行為（法機関の対応）であっても，ジェンダーバイアスがかかったものになってしまう．たとえば，重大な危害に関わるDVであっても，警察官が単なる夫婦げんかとみなし，十分に対応されずに終わってしまう事例が未だ生じているが，このような場合である．

フェーズⅡ´：社会のジェンダー状況・ジェンダー規範⇒社会の人々の行為⇒B 法機

関の法的行為

　そのうえ，弁護士や裁判官などの法機関も，フェーズⅡのように自らのジェンダー規範に左右されるだけなく，ジェンダーに関する社会の人々の行為に，直接的な影響を受けうる．たとえば，フェーズⅠ´のような社会の側のバッシングの潮流に影響を受けることもあり，これを報道するメディアが持つ意味は大きい．一方で，法機関がこのような影響を受ける可能性があることに注目し，大きく政策に関わる訴訟においては，当事者側の支援団体などが，裁判傍聴への参加や世論形成への取り組みを行う場合もある．

フェーズⅢ：社会のジェンダー状況・ジェンダー規範（⇒A 当事者の法的行為，B 法機関の法的行為）⇒C 法なるもの

　このようなフェーズⅠ（+フェーズⅠ´）とフェーズⅡ（+フェーズⅡ´）を経て生まれる当事者と法機関の法的行為が，相互に関わり，そこでそれぞれが解釈した「法なるもの」が形作られる．よって，ジェンダー規範が強い社会では，レイプがクレーミングに至ることは数多くなく，そのうえ，たとえ裁判に至っても，レイプ神話に強く影響を受けた裁判官の判決のように，そこで現れる「法なるもの」は，旧来の社会のジェンダー規範をそのままに映し出したものになってしまうことさえある．他方，平等なジェンダー規範の浸透を重要な課題と置きそれに努める社会においては，裁判官や行政官への効果的な研修の成果によって，たとえ裁判官の内面規範が旧来のままであったとしても，少なくとも外面的な行為（裁判官の対応や言葉使い）は変容を余儀なくされるし，結果的に法なるもの（たとえば判決）にも，その影響が現れる．

フェーズⅣ：A 当事者の法的行為・B 法機関の法的行為・C 法なるもの⇒D 社会

　最後に，そしてこれが最も重要であるが，これらすべてのフェーズで生じた，当事者の法的行為，法機関による法的行為，この過程で生み出された「法なるもの」は，これらが社会の中に生じることによって，その社会におけるジェンダーに関わる法の現状であり到達点として，新しく，社会のジェンダー状況，ジェンダー規範やジェンダー認識を方向づける．

　こうして，法と社会は，途切れることなく互いを構成し合う．であるから，新しい立法や法の変革はそれ自体が意味を持つし，その法や理論がどのように

生まれたかを見ていくこともちろん重要であるが，一方，いったん生み出された法や権利が，法と社会の関わりの中で，当事者や法機関の法的行為が生み出す「法なるもの」としてどのように存在しているのかを見ることも，重要である．

特に，家族間，男女間などのような日常的な関係や，旧来からの集団間の関係を変更しようとする法については注意が必要である．立法や判決，法の運用による権利の形成は，その権利を持つ人に合法性という権力を付与しつつ個々の関係性を変えていくが，たとえば，人々の日常的な関係性やそこでの規範意識の変更と大きく関わる法——夫婦喧嘩ではなく DV，体罰ではなく児童虐待という考え方は，従来のカップル，親子間にあった閉ざされた空間の可視化を試み両者の関係性を変更する——に対しては，特に当事者による強い反発が予想される．また，従来社会の周辺にあった社会集団を，より中心に近い位置に位置付ける法——たとえば，マイノリティの権利に関わる法——に対しても，同様である．

よって，このような関係性の変更を法によって行おうとするならば，もちろん，法の変革と，関連する権利保障や支援制度の整備は，最も重要な課題であるが，しかし，社会の在り方・状況によっては，それだけでは十分ではない．これまで見てきたことから分かるように，個々の人々の，法機関の，周りや社会の人々の側の，あらゆる法的行為に関わる意識・認識とさらには具体的な行動の変更自体が必要であり，社会をこれらの変更へと向かわせられる内容が法の中に織り込まれている必要がある．しかし，もともとそのような社会では，強制力を持つ法の形成自体が困難であり，しかも，たとえ強制力を持つ法が形成されても，従来の関係性を維持させようとする力が様々な段階で働き，その法の形骸化を招く場合さえある．よって，強制力のある法の形成を前提としながらではあるが，一方で，どのような法の内容，強制の様態，実施の方法，支援の仕方が必要なのかは，とりわけジェンダーに関する法やマイノリティに関する法の研究において，模索中の課題である．

そのうえで，これらのような，人々の間の関係性に関わる法の変革には，法以外のもの，たとえば，教育，公共政策，司法教育，法運動（社会の人々による，法に関わる組織や運動），メディアなどが，法を支える形で機能を果たす

必要がある．しかし，これらも社会の中にあり，それだけでは十分ではない．これらとともに，新しい法や権利を人々が自然なものと考えるような，社会や人々の間の関係の在り方が，日常に根付いた形で，構想され語られ受け入れられる必要があるだろう．

このように考えると非常に難しいことに思えるかもしれない．しかし，そのような関係性についての語りが，法や権利についての言説の形をとるとは限らないだろう．新しい関係性についての語りが，たとえその中に法や権利についての内容を含んでいるように見えなくとも，権利の実現や承認に繋がる可能性を含んでいる場合もあるだろう．たとえば，子育て役割に関する夫婦関係についての語りや認識が変わっていく中で，夫婦についての別の理解や在り方が社会の中で自然なものとして受け入れられ，それに伴い，夫婦間を含む親密な関係についての新しい法や権利が受け入れられる余地が生まれるかもしれない．また，マイノリティの人々に関する語りや認識が変わっていくなかで，人々の間の新しい関係の在り方が社会の中に織り込まれ，彼らに関わる法や権利がより自然なものとして受け入れられるようになるかもしれない．制度的な法の変化は必要条件ではあるが，それだけでなく，私たちの日常での様々な行為や言説が，次の時代の法や権利の在り方と関わっているのだ．

おわりに

以上，法社会学の考え方の一部を，法的行為とその4つの着眼点に注目して見てきた．このような説明の仕方は，個人に注目したことで大きな制度がやや見えにくくなっているが，一方，読者自身の経験や感覚にも引き寄せて考えやすいという利点があったと思う．この章を読んだあとにして欲しいことは，どのような事柄でもよいので少しでも自分の興味のある対象や問題を取り上げて，集中的に本を読んでみることである．そして，その問題に関して，本章を参考にして調べたり考えたりして，その問題が法との関わりで持つ課題や特徴を考えてみて欲しい．そうすればきっと，法と社会の繋がりを自分に関わりのあるものとして捉えることができるだろう．そして，その繋がりを手掛かりに想像力を駆使して法と社会を構想すること，それこそが現代社会学部で法社会学を学ぶ面白さである．

注

(1) この議論については，宮澤（1994），木佐ほか（2009）に詳しい．
(2) このような研究については，和田ほか編（2002）が参考文献として分かりやすい．
(3) 法機関については六本（1986）を参考にしている．六本の法機関はこれに立法機関が加わる．
(4) 宮澤（1994）では，六本の法機関にさらに行政機関を加えている．
(5) レイプ神話とは，レイプに関する社会に流通する誤った理解のことを指す．たとえば，女性側の派手であったり挑発的であったりする服装がレイプを生み出す，という考え方や，被害者が抵抗すれば強姦されなかったはずだ，という思い込みや，レイプは相手を知らない者が衝動的に行う，という事実と異なる認識である．
(6) 裁判官への研修については，南野・岡野・手嶋・澤ほか（2012）参照．

参考文献・推薦図書

木佐茂男・宮澤節生・佐藤鉄男・川嶋四郎・水谷規男・上石圭一（2009）『テキストブック現代司法 第5版』日本評論社．
南野佳代・岡野八代・手嶋昭子・澤敬子ほか編（2012）『法曹継続教育の国際比較――ジェンダーから問う司法――』日本加除出版．
宮澤節生（1994）『法過程のリアリティ――法社会学フィールドノート――』信山社．
宮澤節生・武蔵勝宏・上石圭一・大塚浩（2011）『ブリッジブック 法システム入門 第2版』信山社．
村山眞維・濱野亮（2012）『法社会学 第2版』有斐閣〔有斐閣アルマ〕．
六本佳平（1986）『法社会学』有斐閣．
和田仁孝・阿部昌樹・太田勝造編（2002）『交渉と紛争処理』日本評論社．
―――（2004）『法と社会へのアプローチ』日本評論社．
Felstiner, W.L.F. et al. (1980) "The Emergence and Transformation of Dispute: Naming, Blaming, Claiming", 15, Number3-4, *Law & Society Review*（日本語訳は和田・阿部・太田編（2002）第2章に準拠）．

（澤　敬子）

5.

ヒト・モノ・カネの動き

第15章　現代日本経済の現状と展望

　　少子・高齢社会を迎えた日本経済は，巨額の財政赤字と増大する社会保障関係費の重圧に晒されている．他方，日本企業の海外進出によるグローバル化は，日本経済の「空洞化」を招き，税・社会保険料といった社会的コストの負担を巡る問題が深刻化しつつある．こうした経済の現実に対し，果たしてアベノミックスは有効であろうか．本章では，マクロ経済学の基礎概念・ツールを説明しつつ，現代日本経済について考察していく．

◆

はじめに

　日本経済は，少子高齢社会に突入する一方で，グローバル化によって企業の海外移転は進み，国内経済の「空洞化」と非正規雇用は大きく進んでいる．他方，世界経済に目を転じてみても，2008年アメリカ発世界金融危機から6年以上を経過する今日でも，将来の行き先方向性は依然不明である．さて，いわゆるアベノミックスで一息をついた感のある日本経済であるが，その行く末はどうであろうか．本章では，マクロ経済学・金融論・国際経済学で使う基本概念とツールを学び，日本経済の現状とその将来について考える．

(1) マクロ経済学の基本概念とツール——GDP・金融・財政・国際収支——
a　GDPと三面等価

　一国経済の規模を表示する概念が国民所得であり，最もよく使われるのがGDP（Gross Domestic Product：国内総生産）である．GDPは，1年間や四

表 15-1　三面等価からみた我が国 GDP

(単位：10億円)

生産面		分配面		支出面	
産業	416,723.1	雇用者報酬	245,758.5	民間最終消費支出	287,696.8
農林水産業	5,730.1	営業余剰・混合所得	90,650.8	政府最終消費支出	96,940.4
農業	4,835.1	固定資本減耗**	100,589.6	総固定資本形成**	100,067.7
鉱業	306.2	生産・輸入品に課される税	40,314.9	在庫品増加	−1,546.0
製造業	85,637.3	（控除）補助金	2,904.7	財貨・サービスの輸出	69,774.8
食料品	12,122.0	統計上の不突合***	−631.9	（控除）財貨・サービスの輸入	79,156.5
鉄鋼	5,870.7	国内総生産（生産側）*	473,777.1	国内総生産（支出側）	473,777.1
一般機械	10,084.3				
電気機械	10,962.9				
輸送用機械	11,484.8				
建設業	26,653.1				
電気・ガス・水道業	8,083.8				
電気業	3216.7				
卸売・小売業	68122.2				
金融・保険業	21559.1				
不動産業	56871.4				
運輸業	23676.6				
情報通信業	26294.1				
サービス業	93789.1				
政府サービス生産者	43497.2				
公務	29464.9				
対家計民間非営利サービス生産者	11133.8				
統計上の不突合***	−631.9				
国内総生産	473,777.1				

* 内閣府統計では生産側となっているが，内容的には企業で働く従業員給与や役職員報酬，自営業者の所得等なので，分配面でみたGDPとなる．
** 一国の経済の中では，機械設備等の減価償却費（取替費用）を積み立てている企業もあれば，これまで積み立ててきた減価償却費を機械設備の新規購入に支出する企業もある．
*** 生産面，分配面，支出面でみたGDPは，算出方法が違うので統計上の不都合が出てくる．

出典）内閣府資料より作成.

半期間等，一定期間において1つの国或いは社会が生産した付加価値の合計である．売上額の合計ではなく，付加価値の合計であるから，我々が日常生活で使う最終消費財の生産過程で組み込まれた原材料・中間生産物等の費用は，二重計算を避けるために排除されている．単純に示せば，付加価値の合計＝最終消費財の価額－原材料・中間財の価額，である．

　次に，GDPは，国民経済計算上，生産・分配・支出の三面から価額が同じになり，これを三面等価の原則という．例えば，いま自動車メーカーが自動車を生産し販売したとすると（生産面），自動車の生産価額が企業・家計・政府いずれかの経済主体から支出されたことになり（支出面），その販売代金の一部は企業の従業員給与に充てられる（分配面）．表15-1は，2012年の日本経

済のGDPを三面等価でみたものである．付加価値がいかなる産業から主に生み出されているか，需要の中心が民間最終消費支出にあること，それを支えるのが雇用者所得であることなどが理解できよう．

　国民所得を生産面からみた集計値がGDPだが，これを分配面と支出面からみたものが，各々国内総所得（Gross Domestic Income：GNI），国内総支出（Gross Domestic Expenditure：GDE）である．

　GDPに近い概念にGNP（Gross National Product：国民総生産）がある．GNPは，GDPに海外からの純受取所得（海外からの受取所得－海外への支払い所得）を加えた価額となり，「GNP＝GDP＋海外からの純受取所得」である．また，GNPの場合も，分配面と支出面からみた集計値として，国民総所得（Gross National Income：GNI）と国民総支出（Gross National Expenditure：GNE）があり，3つとも同じ価額である．

　GDPとGNPとの違いについて簡単な例を示すと，例えば高度な技術力をもった外国人が日本に来て，一定の所得を得た時，GDPの場合には，所得の源泉地は日本なので，これを計算に含める．しかし，GNPの場合には，計算には含めない．逆に，日本人が日本語教師としてハワイで働き所得を得た場合，所得の源泉地はハワイなので，GDPの計算には含めないが，GNPの場合には，計算に含める．ちなみに，ここでいう所得には，日本企業或いは外国企業が日本経済の内外で展開し，国内外で得た利益を配当・利子として日本⇔海外との間で本社に送金する場合が関係してくるため，経済活動がグローバル化した今日，GDPとGNPの価額には大きな違いが出てくる．

　ところで，近年の日本経済は，物価が持続的に下落していくデフレーション下にあるといわれている．GDPもGNPも市場価格表示であるため，質的には同じ財・サービスでも，数値は変動することになる．そのため市場価格のまま表示した名目GDP（GNP）と物価変動の影響を考慮した実質GDP（GNP）があり，前者を後者に換算する調整係数がGDPデフレーターといわれる物価指数である．例えば，2012年の名目GDPは473兆7771億円だが，2005年を基準年とした実質GDPは517兆4247億円となる．
(1)

　尚，2012年の世界全体の名目GDPは72.4兆ドルで，第1位アメリカ16.24兆ドル（3.16億人），第2位中国8.24兆ドル（13.60億人，香港・マカオを含

まない），第 3 位日本 5.94 兆ドル（1.27 億人），第 4 位ドイツ 3.43 兆ドル（0.81 億人），第 5 位フランス 2.61 兆ドル（0.64 億人），第 6 位イギリス 2.47 兆（0.64 億人），第 7 位ブラジル 2.25 兆ドル（1.98 億人），第 8 位ロシア 2.01 兆ドル（1.42 億人），第 9 位イタリア 2.01 兆ドル（0.60 億人），第 10 位インド 1.84 兆ドル（12.43 億人），第 11 位カナダ 1.78 兆ドル（0.35 億人），世界全体 72.44 兆ドル（70.35 億人），であった．(2)

b　日本銀行と金融システム

　我々は，日々おカネを支払って財・サービスを購入し，消費生活を送っている．そのおカネとは，具体的には日本銀行券と鋳貨＝コインであり，両者を併せて現金通貨という．日本銀行券は独立行政法人国立印刷局（東京）で印刷され，貨幣（鋳貨）は独立行政法人造幣局（大阪）で鋳造されている．もっとも，日本銀行券は日本銀行の負債であり，鋳貨は日本政府が造幣局に鋳造させて，これを日本銀行に買い取らせ，売却益は税外収入として国庫に納入させている．日本銀行券＝日本銀行の負債，である．これは，第 2 表日本銀行の貸借対照表をみれば一目瞭然である．日本銀行は，独占的発券銀行として，商業銀行を相手に，無担保で一日・一晩という超短期の貸付，国債やその他有価証券等の売買を行っている．商業銀行は，こうして調達してきた日本銀行券を支払準備金として，ATM に備えている．

　さて，我々は，商業銀行等に預けている普通預金を給与・年金・奨学金等の受取口座に指定する一方，財・サービスの支払いのための振替口座としても利用している．また，企業間取引には当座預金が利用されており，普通預金と併せて，預金通貨という．したがって，我々が日常使うマネー，現金通貨＋預金通貨（M_1 という）である．ちなみに，2014 年 5 月末の通貨流通高は 90 兆 3654 億円で，日本銀行券 85 兆 7669 億円，貨幣（鋳貨）4 兆 5985 億円であるのに対し，預金通貨残高は 505 兆 594 億円である．(3) このように，預金通貨は，マネーの世界で重要な役割を担っており，金融システムを理解する上での鍵ともいえる．

　他方，今日，財・サービスの生産・流通・消費の取引ネットワークは全国に広がり，その支払決済の安全性と迅速且つ高度化は，日本経済発展の必要条件ともいえる．そこで，我が国の総ての銀行及び大手信用金庫等は，中央銀行た

表 15-2　日本銀行のバランスシート（主要科目のみ，2014 年 3 月末）

(単位：億円)

資産の部		負債の部	
金地金	4,413	発行銀行券	866,308
現金	2,898	商業銀行等預金	1,323,477
国債	1,983,370	政府預金	16,778
貸出金	263,138	売り現先勘定	133,755
		負債の部合計	2,381,140
		資本金	1
		法定準備金	27,414
		当期剰余金	7,242
資産の部合計	2,415,798	純資産の部合計	2,415,798

注 1) 日本銀行は資本金 1 億円，政府出資比率 55% の特殊法人である．
　 2) 当期剰余金は，所定の留保金を除いて，全額国庫に納付される．
出典）日本銀行『第 129 回事業年度財務諸表等』，2014 年より抜粋して作成．

る日本銀行に自行名で原則無利子の預金口座を開設し（表 15-2 負債勘定「商業銀行等預金」），これを顧客である企業・家計の遠隔地間取引或いは大口取引の銀行間振替決済勘定として利用している．これが決済システムである．また，商業銀行等金融機関の間では，日々資金に過不足が発生するため，これを相互に貸借で調整する市場が形成されている．それがインター・バンク（銀行間）短期金融市場であり，その貸借・返済にあっても，上の決済システムが使われている．

　こうして日本銀行は，全国の銀行（都市銀行 3 行，信託銀行 16 行，地方銀行 64 行等）の日々の資金受取と支払いの状況——マネーの側からみた日本経済の財・サービス取引の状況——を知り得る立場に立っていることになる．そこで日本銀行は，「銀行の銀行」として，上のインター・バンク短期金融市場金利を指標金利とし，日々の金融調節を行っている．最近の例として，日本銀行は，「量的緩和政策」の下，商業銀行等金融機関が開設した預金口座に巨額のマネー＝流動性を貸し付け，このインター・バンク金利が事実上ゼロ水準の近辺にあるよう「ゼロ金利政策」を導入している．また決済システムが危機に陥った場合，日本銀行は「最後の貸し手（Lender of Last Resort）」として行

動する.

　ところで，商業銀行は，日本銀行から有利子で日本銀行券を借りてきた．商業銀行は，この借りてきた日本銀行を支払準備としながら，自行で作成した預金通帳に貸し付け——自己宛債務の貸付——を行い，マネーとしての預金通貨を作り出している．これが「信用創造」であり，商業銀行が通貨造出機関といわれるのも，このためである．つまり，企業が銀行からおカネを借りる際，銀行は先ず企業が開設した預金通帳に印字して貸付を行い，これを企業は口座振替で遠隔地或いは大口の取引相手先に支払い，或いは従業員給与を支払っている．要するに，銀行からの借入金が各種の支払いに充てられており，先の預金通貨残高の金額が特段に大きい理由もここにある．そして従業員は，こうして受け取った給与を家計支出として最終消費財の購入に充て，支払った代金は様々な取引を経ながら企業の手元に還流し，企業はこれを銀行借入金の返済に回す．次に銀行は，こうして還流してきたマネーで日本銀行からの借入を返済することで，日本銀行は新たな貸出を行うことができる．正に「カネは天下の回りもの」である．

　このようにみれば，金融システムとは，日本銀行と商業銀行による二重の債務貸付構造として成り立っていることが理解できよう．ちなみに，日本銀行の窓口から出て行った日本銀行券は，3〜4カ月後に再び戻ってくる——発券番号で確認可——といわれている．

　尚，表15-2でいえば，日本銀行の負債にあたる発行銀行券と商業銀行等預金をマネタリー・ベース，また商業銀行等金融機関が「信用創造」で創出する預金通貨と現金通貨とをマネー・ストックといい，マネー・ストック／マネタリー・ベースの値を信用創造倍率という．

c　財政と社会保障制度

　2014年度の政府予算額は95.9兆円，歳入内訳は税収50.0兆円，その他収入4.6兆円，公債収入40.6兆円（建設公債6.0兆円，赤字国債＝特例公債35.2兆円），歳出内訳は国債費23.3兆円，基礎的財政収支対象経費72.6兆円（社会保障関係費30.5兆円，地方交付税交付金等16.1兆円），であった．

　尚，財政法第4条は赤字国債の発行を禁止しているため，毎年度の予算成立時には，特例で発行される国債を承認する法律を別途作成し，国会を通過させ

ている.

　ところで，我が国の政府部門が，世界最大の巨額の赤字を抱えていることは周知の通りである．2014年度末公債残高は約780兆円（対GDP比156％），国民1人当たり約615万円，地方公共団体の長期債務を含めた債務残高は1010兆円（対GDP比202％）に達する．これら政府債務を削減するには，毎年度のプライマリー・バランス（基礎的財政収支）を均衡化させることが前提となる．プライマリー・バランスとは，歳入から国債発行（借金）分を除いたものと，歳出の内，国債の元利金払い費用を除いたものとを比較したものであるから，借金を除く税収等の歳入と国債費を除いた歳出（地方交付税交付金，社会保障費，公共事業費等）とを均衡化させたものである．もしプライマリー・バランスが赤字の場合，不足する歳入を国債の新規発行で賄わざるをえず，本来現在世代が担うべき税負担を将来世代に転嫁することになる．

　では，歳入欠陥が毎年発生し，これ程までの政府債務が発生してきた理由は何処にあるのか．財務省の試算によれば，1990年度末〜2014年度末までの15年間に，建設公債や特例公債等の普通国債は約603兆円の発行増で，その要因としては，社会保障関係費約210兆円，地方交付税交付金等約78兆円，所得税減税や利子・配当・不動産や株式の譲渡利得に対する減税で198兆円としている．また，数年前まで，大盤振る舞いに過ぎた公共事業経費が指摘されていた．(4)

　そこで今日「税と社会保障制度との一体改革」として，社会保障制関係費のカットが指摘されているが，今後一段と高齢化が進むことから，その実現は容易ではない．実際，2013年度予算でみた社会保障給付費110.6兆円（年金55.5兆円，医療費36.0兆円，介護・生活保護等福祉費用21.1兆円）の支出に対し，年金及び健康保険等の社会保険料収入62.2兆円，国庫負担29.7兆円，地方税等負担11.2兆円の収入であった．(5)

　加えて，地方交付税交付金の増加もまた財政圧迫要因と指摘されているが，これは長年の地方の過疎化・高齢化問題と結びついており，地方経済の衰退による税収不足が中央政府の負担に転じているのである．そこで行政経費節減の観点から「道州制」といった広域行政組織への再編が提起されているが，「平成の大合併」を経た今日，効率化の名の下，既に行政サービスは低下し，地域

表15-3 日本の国際収支 (2013年)

(単位:億円)

経常収支	32,343
貿易収支	−87,734
輸出	678,290
輸入	766,024
サービス収支	−34,786
第一次所得収支[注1]	164,755
第二次所得収支[注2]	−9,892
資本移転等収支[注3]	−7,436
金融収支[注4]	−16,310
直接投資	130,237
証券投資	−254,838
金融派生商品	55,516
その他投資	14,271
外貨準備	38,504
誤差脱漏	−41,217

注1) 対外金融債権・債務から生じる利子・配当金等の収支状況を示す.
注2) 官民の無償資金協力,寄付,贈与の受払等,居住者と非居住者との間の対価を伴わない資産の提供に係る収支状況を示す.
注3) 対価の受領を伴わない固定資産の提供,債務免除のほか,非生産・非金融資産の取得処分等の収支状況を示す.
注4) 金融収支のプラス(＋)は純資産の増加,マイナス(−)は純資産の減少を示す.
出典) 財務省資料より作成.

は疲弊の度合いを深めているのが現実である.

d 国際収支と貯蓄・投資バランス

　国際収支とは,一定期間における一国の対外経済取引を記帳したもので,原則貨幣の受取超過は＋,支払い超過は−として示されている.表15-3は,2012年の我が国の国際収支表である.我が国の貿易収支は,1964年以来一貫して黒字であったが,2008年9月のリーマン・ショックを契機としたアメリカ発世界金融危機で外需が大きく減少したところへ,2011年の東日本大震災が発

生して，原油・天然ガス等の輸入が大幅に増えたことから，ここ数年貿易収支は連続赤字計上である．他方，この貿易収支赤字分を補って経常収支を黒字に転換させているのが第一次所得収支であり，これは先にみた「海外からの純受取所得」に相当する．そして資本収支の内の，直接投資がグローバル企業の国内外での展開に関係し，証券投資は国境を越えた株式・債券等有価証券の売買，銀行は外国為替銀行の国際的貸借・決済を示している．2014年の数値をみると，直接投資では資産の増加であるから，対内投資よりも対外投資が大きかったこと，逆に証券投資では負債の増加であるから，対内投資の方が対外投資よりも大きかったことを示している．また外貨準備増減は，日本円の為替相場が大きく変動した場合，財務省資金を使って日本銀行が為替市場に介入したことを，誤差脱漏は統計上の不都合を示している．

尚，国際収支の統計の性格上，経常収支の黒字・赤字は，資本収支の赤字・黒字となる．

以上で，マクロ経済の基本概念とツールはほぼ揃った．そこで早速，これらを使って，アベノミックス効果について分析し，現代日本経済の行く末について考えてみよう．

（2）現代日本経済とアベノミックス効果
a 瀬戸際の日本経済——過去の貯蓄に支えられて

一国国民経済の対内と対外とを資金面で結びつける恒等式がある．

$$（貯蓄－投資）－（政府支出－税収）＝（輸出等－輸入等）$$

国民所得を支出面からみれば，国民所得＝消費＋投資＋政府支出＋輸出等－輸入等となるが，その一方で国民所得を処分面からみれば，国民所得＝消費＋租税＋貯蓄と表すことができる．そこで，消費＋租税＋貯蓄＝国民所得＝消費＋投資＋政府支出＋輸出等－輸入等であるから，整理すると，上の式のようになる．つまり，国内の貯蓄・投資バランス——過大消費か過少消費かという要因が背後にある——と政府部門の財政バランスとを併せた資金過不足は，一国国民経済の対外バランスである（輸出等－輸入等）——国民経済計算上，経常

収支となる——に等しいということである.

　これを用いて現代の日本経済をみれば,次のようにいえる.上式の右辺にあたる経常収支は,所得収支の黒字が貿易収支の赤字を補って余りがあり,辛うじて黒字であると記した.したがって,これまでのところ,政府部門が毎年いかに財政赤字であろうとも,発行される国債等は基本的に国内の余剰貯蓄で消化されてきた.そのため,海外からの資金流出入が日本の金融経済を大きく攪乱することは,これまで余りなかったのである.しかし,今後貿易収支赤字が一層増大して経常収支黒字が赤字に転じる一方で,高齢化で社会保障関係費等が増えて,政府の財政赤字が膨らみ続けるとなると,様相は一変する.つまり,財政赤字を補填するための公債の消化を国内の貯蓄で賄えないことになる.この段階で,これまでの「ゼロ金利政策」は限界に直面し,長期金利の基準金利である10年物国債金利を引き上げて,海外投資家に国債を積極的に購入して貰わざるを得なくなる.

　ところで,株式や債券等有価証券,それに土地・建物等不動産価格を一元的に律する公式が存在する.すなわち,株価(債券価格,不動産価格)=配当(利子,家賃収入)／金利,である.銀行に預金を預ける場合,預ける元本金額は分かっており,受け取り利子=預金額×金利である.ところが,有価証券及び不動産の価格は,日々変動している.そこで例えば株式の場合,企業利益の分配である1株当たりの配当●▽円をもらえる株式を,現在時点の金利で割って,いくらに値するかという逆算が行われる.これを資本還元という.そして,このようにして成立した株価を前提に株式投資等が行われ,今度は「X社の株式を,今日の新聞紙面に掲載されている株価で買えば,○×の配当受け取りが予想されるから,収益率は△%である」との再度の逆算が行われる.すなわち,配当／株価×100%=X社の配当利回り,である.この利回り概念の成立で,総ての投資が銀行金利と同じ次元で一律評価されるようになる.金利=利回りである.

　そこで,上に記した長期金利上昇とは,収益率である利回り上昇と同義ということになる.収益率上昇で,一見よさそうだが,実は国債利回りの上昇は,国債の受取利子を一定とすれば,国債価格の下落に他ならない.価格が下落する金融商品を,投資家が購入するであろうか.ましてや,海外の投資家であれ

ば，変動相場制下の日本円とドルとの為替相場変動リスクについても考慮に入れるであろう．加えて，長期金利上昇は，株価・その他債券等有価証券価格や不動産価格の下落をも誘発するだけでなく，新規発行国債価格の付帯金利まで上昇し，国債費は一段と増加する．一連の結果，国債やその他有価証券を資産として保有する商業銀行・生損保会社等金融機関，不動産開発ディベロッパーや不動産信託商品を取り扱う信託銀行等，ほとんどの事業会社の財務内容が悪化し，日本経済は1997〜1999年の金融危機の悪夢に再び転落しかねない．そこでアベノミックスである．

b 神通力が剥落してきたアベノミックス効果

アベノミックスとは，2012年12月の衆議院総選挙で返り咲いた安倍首相が打ち出した一連の経済政策のことであり，デフレと円高からの脱却，名目3％以上の経済成長の達成などを目標に，「大胆な金融政策」・「機動的な財政政策」・「民間投資を喚起する成長戦略」を「3本の矢」として掲げた政策である．

「大胆な金融政策」とは，表15-2に示されている通り，日本銀行の負債たるマネタリー・ベース218.8兆円（＝発券銀行額86.6兆円＋商業銀行等預金132.3兆円）に対し，その90.6％，198.3兆円が，国債を担保資産としていることに表れている．つまり日本銀行は，政府・財務省が発行した既発国債を商業銀行・生保等金融機関から買い上げ，その代金としてマネーを供給しているのである．そうしたマネーが商業銀行の「信用創造」を通じ，財・サービスの実体経済に貸し出されれば，生きたマネーとなって，実体経済の活性化に繋がる．さて，現実はどうであろうか．これを示したのが図15-1である．まず日本銀行の負債であるマネタリー・ベースをみれば，震災が発生した2011年春から供給が少し緩みはしていたが，現政権が登場した2012年末138.4兆円（対名目GDP比29％）から2014年5月226.6兆円（同48％）へと，1.6倍以上の増大である．他方，マネタリー・ベースを支払準備とする商業銀行の「信用創造」によって造出された「$M_2 = M_1 +$ 定期性預金を除くその他預金」は，同期間に827.8兆円から871.9兆円へと僅かに5.3％増大したに過ぎない．実際，図15-1をみても，2012年末以降マネタリー・ベースがトレンド線から若干傾きを上げているのに対し，マネー・ストックの方は従前のトレンド線のまま推移していることが分かる．このことを信用創造倍率でみるとかなり衝撃的である．2012

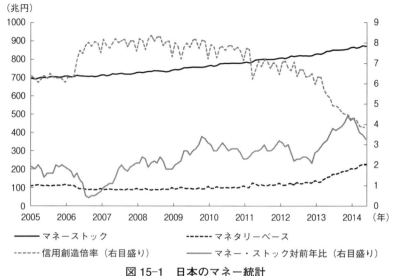

図 15-1　日本のマネー統計

出典）日本銀行資料より作成.

年末以降，同倍率は急勾配で下落している．マネー・ストックの対前年伸び率は，2013 年中は確かに高かったが，2014 年になるとピーク・アウトして，むしろ伸び率は大きく下がっている．

　もっとも，日本銀行の政策指標金利であるコール・レートは 2014 年 7 月 31 日現在 0.065% であり，「ゼロ金利政策」が維持されたままである．そこで日本銀行が金利政策を主導するとなると，最早金利を引き上げるしかなく，その結果，先の長期金利上昇と同じ事態を招きかねない．したがって，日本銀行は，金利を動かせないまま，巨額の流動性のみを商業銀行に供給したことになる．新政権が登場した 2013 年，日本経済への期待から，確かに株価も大きく上昇したものの，2013 年末直近では最高値となった 1 万 6000 円台をつけて以後，株価は下落し今日一進一退の状況である．しかも，巨額のマネー供給で，日本円の為替相場が下落し，輸入エネルギー価格が上昇し始めた段階で消費税率引き上げが加わり，日本経済の行く末は不透明感を増している．日本経済は正に「流動性の罠」――金利低下の景気刺激効果が失われ，景気引き上げには，拡張的財政政策しかない状態――に陥っているといえる．これを打開すべく，「機

動的な財政政策」と称し，震災復興に加え，2020年東京オリンピックを名目に大盤振る舞いの公共事業の挙に出るとしても，問題はその財源である．

消費税率は8％に引き上げられたばかりであるが，2015年中には10％引き上げが予定されているばかりか，IMFの年次日本経済審査報告では，財政再建のために消費税率を最低15％に引き上げるべきことが勧告されている．ところが，企業に課せられる実効法人税率が高いとして，2014年以降，法人税率を20％台にまで段階的に引き下げことが予定されている．「民間投資を喚起する成長戦略」がこれである．これまで繰り返されてきた減税策の流れを汲むものであるが，恒久減税に対する財源措置が講じられないとすれば，財源には引き上げられた消費税が充当されよう．

もっとも，企業の社会的責任は法人税だけではない．法律で規定された年金や健康保険の負担もある．だが，この面での我が国企業の負担水準は，高度福祉社会を実現している北欧や独仏諸国のそれと比較すれば，相当に低い．また法人税率の引き下げで，企業には巨額の利益が内部留保されるが，それが雇用を生み出す国内投資に回ることなく，海外向けの直接投資に回った場合には，「経済の空洞化」に更に拍車がかかることになる．

おわりに

このようにみると日本経済の行く末は，実に厳しい現実が待ち受けているといわざるをえない．その際留意すべきは，株価等金融資産・不動産価格が上昇しても，それ自体はGDPに換算されないことである．なぜなら，資産価格の上昇・下落は，付加価値生産とは異なるからである．

幸いにして，これまで日本は，過去の経常収支黒字が累積してきたことで，依然世界最大の対外債権国の地位にある．この対外条件がある内に，打開の道筋がつけられるべきであろう．最早，一切の楽観論は慎み，課題の先送りは厳に戒められねばならない．2014年上半期，経常収支赤字は，半期ベースで1985年以来初めて赤字計上した．

今後日本経済は，世界のいずれの国もが経験したことのない課題，すなわち世界最速のスピードで進む高齢化と人口減少社会において，巨額の政府負債を管理しつつ，いかに国民経済をソフト・ランディングさせていくかという課題

に直面する．正に「海図なき航海」といってよい．そうした意味で，マクロ経済学をはじめ，経済学諸分野の学問は，一大チャレンジを求められている研究領域といえる．

注
（1） 数字は内閣府資料より．
（2） 数字は内閣府資料及び IMF, *World Economic Outlook Database* より．ちなみに，1995 年の世界全体の GDP は 27.3 兆ドル，米 7.66 兆ドル，中国 0.73 兆ドル，日本 5.37 兆ドル，2000 年の世界全体 32.87 兆ドル，米 10.29 兆ドル，中国 1.2 兆ドル，日本 4.73 兆ドルであった．
（3） 数字は総て日本銀行資料より．
（4） 数字は総て財務省資料より．
（5） 数字は総て財務省資料より．

推薦図書
服部茂幸（2008）『金融政策の誤算』NTT 出版．
伊藤光晴（2014）『アベノミクス批判』岩波書店．
神野直彦（2007）『財政のしくみがわかる本』岩波書店〔岩波ジュニア新書〕．
鳥谷一生・松浦一悦編著（2013）『グローバル金融資本主義のゆくえ』ミネルヴァ書房．
湯本雅士（2010）『サブプライム危機後の財政金融政策』岩波書店．

（鳥谷一生）

第16章　なぜ予算は決まるのか
——決定を支えるしくみの分析——

　　政府を民主的にコントロールする1つの手段に予算制度がある．だが限られた財源の中で優先順位を付けていく予算編成は，政治的な対立の中で，膨大な作業を進めなければならない困難な作業でもある．だとすればそこには，民主的かつ効率的に決定するためのしくみがあるはずだ．この節では，社会科学的なものの見方を駆使して，そのしくみの一端を解明し，決定するということへの理解を深めたい．

はじめに——政府の活動と予算——

　国・都道府県・市町村を問わず，政府は様々な活動を行っている(1)．日々何気なく歩いている道路が舗装されているのも（国道・府道・市道など道路によって管轄が異なる），119番をすれば消防車がかけつけてくれるのも（消防は市町村の仕事），政府が仕事をしているからである．みなさんが受けてきた教育に関して公立小学校を例にとると，校舎を作るのは市町村だが，教員の給与は都道府県から支払われ，さらに国（文部科学省）が教育内容を定めている．

　ただ当たり前のことではあるが，こうした活動にはカネがかかる．至る所で行われている道路工事を発注し工事代金を支払っているのは政府であるし，消防士や教員を雇うにも，消防車1台，学校の備品1つ揃えるにも資金がなければできない．

　政府の特質は，この資金を国民・住民から「税」として強制的に取り立てているところにある．それゆえ，政府指導者たちが好き勝手に税をとったり使ったりできないように，税の徴収(2)とその使途を国民・住民の代表からなる議会を通じてコントロールすること（財政民主主義(3)）が重要になる．その中心となるのが，ある期間の支出計画である「予算」を作成し，それを予め議会に諮って決定することである．

　だが予算を作るといってもそう簡単ではない．第1の問題は，使い道をめぐって対立が存在することである．例えば，大学生が返還しなくても良い給付型の

奨学金に予算を付けて欲しいと考える一方で，大学に行かず働いている人にとってはその分税金を減らしてほしいと思うかもしれない．また子育て世帯が保育園を望むとすれば，高齢者たちは老人ホームを増やしてほしいと願うだろう．もしこうした願いをすべて聞き入れるとすれば，財政は際限なく膨張することになり破綻は免れない．

したがって，予算編成とは，政府の歳入額に応じてその活動に優先順位を付けることであり，それを通じて，誰に利益を配分し誰に負担を課すかを決めることでもある．その影響は，政府を構成する政治家や行政官はもとより，産業界や労働組合などの関係者，最終的にはわたしたち個人にまで及ぶ．

第2は，時間の制約が厳しい中で膨大な作業をしなければならない点である．対立があっても時間に余裕があれば，もしかしたら全員が合意できるかもしれない．しかしながら予算が「ある期間」（日本の場合，4月1日から翌年3月31日までの1年間）の支出計画である以上，その前までに決める必要がある．しかも，その予算は，国の場合，一般会計と特別会計あわせて約230兆円の支出について千円単位で細かく使途を定めたものであり，それを記した予算書は実に2000ページ以上にわたる．それゆえ個々の支出項目をチェックして予算として作り上げていくには膨大な作業が避けられない．

このように予算編成には「民主的に決めること」と「効率的に決めること」の両方が要請される．いったいどうすれば，対立がある中で，予算編成という膨大な作業を短期間で成し遂げることができるのだろうか．おそらくそこで用いられている決め方は，「みんなで議論して決める」といった単純なものとはおよそ異なるだろう．この節の目的は，国の予算編成過程における決定のしくみを考えることを通じて，社会科学的なものの見方を培うことにある．そこでまずは誰が予算を決めるのかについて，高校までに学んだことを手がかりに確認していくことにしよう．

（1）予算は誰が決めるのか──制度の意味を考える──

予算編成のしくみを知る第一歩は，公式のルールの代表である法令に着目することである．この見方は，中学の公民や高校の政治経済などで一般的に行われているものであり，馴染みも深いだろう．

そこで，最高規範たる日本国憲法から見ると，「第7章財政」にそれが規定されており，税を課すには法律を作らなければならず（84条），支出も国会の議決が必要とされている（85条）．もっとも，ここでいう国会の議決とは法律と予算とで異なり，衆議院で先に審議する権限が与えられているのみならず，実質的に衆議院の議決をもって国会の議決となる（60条）．これについては「衆議院の優越」の1つとして覚えている人も多いと思われる．

　これらのルールから，予算は国会議員（特に衆議院議員）が決めていると考えるかもしれない．確かに，最終的な議決の権限を踏まえれば間違いではないし，高校生までに学ぶレベルであればこれで十分ともいえる．しかし，予算書そのものを国会で議員たちが作っていると考えるのは早計であろう．実際，憲法は，法律案の提出権限を内閣と議員の両方に認めているのに対して，予算案の提出権限は内閣のみに認めている（86条）．つまり国会の場で国会議員が行うことができるのは内閣が決定した予算案を審議することに限られるのである．

　では内閣はどのように国会に提出する予算案を決めるのだろうか．改めて言うまでも無く，内閣総理大臣以下閣僚たちが閣議の場で喧々諤々と2000ページにわたる予算を作り上げるわけではない．そこで公式ルールの中核をなす法律のレベルを確認してみよう．憲法を踏まえて予算編成手続きの実際を定めている財政法は，①財務大臣は……②（各省から出された）要求書等に基づいて予算を作成し，③閣議の決定を経なければならないと定めている（21条）．

　もちろんこれを見て，もはや財務大臣がひとりで予算書を作ると考える人はいないだろう．ここでいう①「財務大臣が予算を作成する」とは財務省に所属する部下たちを使って作らせるという意味である．このため財務省には，「主計局」という予算案を策定する専門の部署が設けられており，主計局が作った予算案がほぼそのまま閣議決定され国会で可決される．

　となると，予算はこの財務省主計局が最初から最後まで決めているのだろうか．この点に関してまず考えなければならないのは，財務省主計局の担当者たちが政府活動のすべてを熟知しているわけではないことである．個別の分野について状況を最も理解しているのは，それを専門としている所管省の担当者である．ゆえに，予算も②「要求書等に基づいて」作らざるを得ない．すなわち，何が必要な政策か，そのためにどのくらいの経費がかかるかについてまずは所

管省が検討した上で主計局に「要求」し（この手続きを「概算要求」という），それをもとに主計局がその要求内容について，必要かどうか，額が高くないかどうかといった点を細かくチェックする「査定」を行う．

　では主計局は自由に「査定」できるのだろうか．ここで関係するのが③「閣議で決定する」の意味である．実はこれを定めた公式のルールは存在しないが，慣例で閣僚が全員一致しなければならないとされている．とても重要なことだが，「内閣が決める」とは「内閣総理大臣が決める」のではなく，「閣僚が全員一致で決める」ことなのである．すなわちこれが意味するのはひとりでも反対者がいれば決定できないということであり，言い換えるとすべての閣僚が拒否権を持っているということである(8)．

　それゆえに，内閣総理大臣以下他の大臣が納得しないのであれば閣議決定されない．たとえそこを越えたとしても，衆議院議員の過半数の賛成が得られなければ予算にならない．とすれば，閣僚たちは衆議院議員の過半数が賛成してくれるような予算でなければ閣議決定をしないだろうし，だとすれば財務大臣は閣僚が反対しないような予算でなければ閣議に提出することもしないだろう．となれば，財務省主計局の担当者たちもそのような予算案に査定しなければならない．

　以上から，財務省主計局が案を作るといってもそれは「好き勝手に」作るということを意味しないことがわかるだろう．そして，国会議員をはじめ，首相や閣僚，財務省，各省と予算編成には様々なアクター（政治過程を見るときに登場する人物や組織を総称してこう呼ぶ）(9)が関与しており，ある単一の組織や役職者が独善的に決定しているのではないことも理解できよう．このように，アクターが後の手続きを見通しながら行動していると把握するのが，大学で学ぶ1つの見方である．つまり個々の制度が独立しているのではなく，他の制度と補完関係にあることを踏まえて，制度がどのような役割を果たしているのか，特にアクターの行動をどう拘束し，誘導するのかを考えるのである．

　こうして，これらのアクターがどのように折り合いを付けつつ膨大な編成作業をこなしているのかについて検討する準備が整った．そこで次に膨大な作業を短期間で終わらせるためのしくみを見ることにしたい．

（2）効率的な決定手法——査定の連鎖——

　最初に，おおまかな流れを確認しておくと，予算編成は，①各省の「要求」→②財務省主計局の「査定」→③政府予算案の閣議決定→④国会審議→⑤予算成立ということになるが，それぞれ厳しいタイムリミットが存在している．新年度に間に合わせるため，⑤予算成立の期限は3月末となる．もちろん国会で予算の審議時間を確保しなければならないことから，財政法では④1月中に内閣は予算案を国会に提出するよう求めている（27条）．ここから逆算すると③前年12月末には政府予算案を閣議決定しなければならず，②それまでに財務省主計局による「査定」も完了する必要がある．また膨大な作業が必要な査定の時間も相応にかかるため，①各省が概算要求を提出する期限は「予算決算及び会計令」（政令）によってその年の8月31日と設定されている．

　既に述べたように，財務省主計局が作成する予算案は，閣議決定と国会通過を見込んだものであることを考えると，実質的な編成作業は，大きく各省からの「要求」段階と主計局による「査定」段階のふたつに分けることができる．実際，8月末に財務省に提出される「概算要求書」は省によって異なるが数百ページから千ページを越えるものであり，翌年度に実施したい施策や事業，それに必要な人員など支出を要するものが原則としてすべて含まれる．(10) したがって，関係者からすれば自らの推す施策や事業が概算要求に反映されるかがきわめて重要となる．だとすれば，各省の中でどのように「概算要求書」が作られるのかも予算編成において無視することはできない．

　そこでまず前半の「概算要求」までのプロセスを見ていこう．日本の中央省庁は基本的に，省 – 局 – 課 – 係という組織構成になっており，中でも行政運営の中心となる単位が「課」である（大森 2006）．例えば，生活保護制度を担当するのは厚生労働省社会・援護局保護課であるが，実際に政策を担当する課のことを「所管課」と呼ぶ．それゆえ各省の概算要求とりまとめのプロセスもこの所管課での作業から始まり，具体的には5月頃より課内の予算担当に対して課内の他の係や関係する地方組織より予算要求が行われる．それを所管課として取捨選択して（要するに査定して），局に提出する．こうして各所管課から提出された要求原案を今度は局の中の予算担当課が査定し，局としての要求案にまとめた上で，省レベルの予算担当課（多くは「大臣官房会計課」）へと上

げる．官房会計課は各局の予算案を子細に検討して省の「概算要求書」を策定するのである．

こうして9月から後半戦となり，概算要求書を受け取った財務省主計局が査定を始める．主計局は主計局長を筆頭に，局次長3人－主計官（局次長1人につき査定を担当する主計官が3人ずつ）－主査（主計官の下に数人ずつつく）が配置され作業にあたっている．局次長が率いる集団を基本単位として，省や局に応じて分け，さらに主計官－主査と細かく分担が決まっている．

第一線の主査は，9月から10月にかけて連日のように各省担当者からヒアリングをして予算の詳細を検討し折衝を続けていく．その様子を担当者は次のように語っている．

> 要求する各担当者にとっては，いわばその予算に関係する全ての人の期待を背負って要求しているわけですから，認められないとなると大ゴト．やりたい新規施策に予算がつかないと大変だし，従来まであった予算が減ってしまう，なくなってしまうなんてことも一大事．それゆえ（分からず屋の？）主査を納得させるために必死です．一方，こちらとしても，新たな予算を認める，増額するためにも，施策に優先順位を付けること，既存の予算を見直すことは必須．そのため，当然，議論は白熱し，深夜に及ぶことも度々です（八幡 2008）．

だが主査レベルでの査定結果をただ積み上げればよいわけではない．良い予算とするには，要求額を絞り込んだり，あるいは重要度に応じて認めたりといった調整は不可欠であるし，最終的に一定の枠の中に全体を収めなければならないからである．それゆえ，主査の査定案を踏まえて全体の予算に確定していくプロセスが必要となる．そこでは，主査はあたかも各省の要求者のごとく自らの査定案を説明し，上司である主計官・主計局次長が査定していくのである．それらがまとめられて最終的な財務省原案に決着する．

このように各省の課から始まって，概算要求を経て，財務省主計局内部に至るまでの予算編成過程は，査定権限が分散しつつ連鎖しているという特徴を持つ．つまり，ある段階での査定者は次の段階では要求者となって自らが査定した予算の内容を弁護する立場になる．こうした数珠つなぎの構造を「攻守交代

システム」と呼んだりもするが（村松 1994），その利点としてここでは二つ指摘できる．第1に，各省所管課から主計局次長まで順番に登場する査定者が予算内容を熟知できることによって，現場から数段階離れた査定者でも一定の合理性を失わずに予算編成を可能としている．第2に，各段階での要求——査定関係においてなされる決定が少しずつ積み重なっていくことにより，一旦確定した事項が後から蒸し返されないようにしている（西尾 2001）．それゆえに，査定の連鎖というしくみは短期間で効率的な予算編成を支える決定方法として活用されてきたのである．

（3）民主的な決定手法——政治との共存——

　予算編成が査定の連鎖だとしても，その査定がどのように行われ，どのように優先順位付けが行われているのかはまた問題である．たとえ効率的に予算ができあがったとしても，最終的には首相をはじめとする政府指導者たちや国会議員たちの意向を無視したものであれば，予算として成立しない．

　そこで次には各アクターの利害という観点から分析を進めることにしよう．これもまた政治学において一般的に行われる見方の1つである．例えば，財務省（特に主計局）は，財政赤字を回避して国家財政の健全性を保つことを職務としているため，そこに最も利害関係を持つと考えるのである．したがって全体の予算額に関心を集中させ，個々の細目はともかくとして予算を一定の枠に収めることを優先させようとすることが想定される．

　これに対して，個々の国会議員は選挙に再選されるために自分の実績をアピールしなければならないし，各省の担当者たちもやはり所管分野の予算の獲得に大きな利害を持つはずである．それゆえ，議員や各省は，全体の総額はお構いなしに，個別分野の予算の拡大を目指すことが考えられる．

　こうした図式で予算編成過程を見ると，財務省からすれば，厳格に査定して特定の予算を減らすと関係議員の反発を生みやすく，予算全体への支持を調達するのが困難になりかねない問題がある．そのため財務省は，個別分野の予算内容については妥協しつつも，全体を抑制することを優先するような，政治と共存するしくみを構築することのメリットがある．

　その代表例として，各省からの概算要求の際に，前年度予算額を基準として

一定の係数をかけて（例えば一律1割削減など），要求額に上限を設ける，俗に「シーリング」と呼ばれる方法がある（天羽 2013）．シーリング方式では，各省内でより絞り込んでから概算要求するため，その後の査定段階で削られるリスクが減る．財務省から見れば，個別の査定権限を各省に一部委譲することによって，総額を抑制するのである．各省からみれば，自らの裁量が相対的に増えるため，大臣をはじめ関係議員の意向を盛り込むことが容易になり政治的な支持を得やすくなる．その反面，前年度予算額を基準とするため各省ごとの予算配分が固定化されるきらいがあり，不合理な部分や環境に対応できない部分が残存するという難点がある．

しかし財政事情も悪化の一途をたどっているため，省庁間配分も含めた優先順位の変更は避けて通れない．それゆえ，90年代以降の政治改革・統治機構改革によって，個々の議員に対する首相の権力が相対的に増大すると（待鳥 2012），小泉内閣期には予算編成プロセス自体の改革が課題となった．ただ，歳出の抑制には一定の成果があったものの，予算編成の主導権をめぐって，首相官邸と財務省が対立した面もあり，抜本的な改革には至らなかった（上川 2010）．また民主党政権時代では「事業仕分け」などの方法で無駄を洗い出したりする試みもされたものの，その効果は限定的であった（手塚 2012）．厳しい財政状況の中で政権の意向をいかに予算へ反映させられるか，新しい共存のしくみの模索が続いている．

おわりに——内在的な理解の重要性——

以上見てきたように，予算を決定するプロセスは，みんなが集まって決めるのでもなく，かといって，ある限られた人たちだけで決めるというものでもない．それは「みんなで」決めるには事柄が複雑すぎ，「少数で決めるには」作業量が膨大だからである．これを克服するため，査定の連鎖というかたちでアクターを限定しつつも意思決定を分散して全体を形作っていくというしくみが構築されている．確かに，この複雑で膨大な作業を政治家だけで進めることはできず，その多くは行政官たちによって担われている．しかしだからといって，予算決定の諸制度を踏まえれば，単純に官僚主導と決めつけることはできない．

ここで重要なのは，予算に限らず，決定プロセスを理解する上では，アクター

の利害は何か，アクターは制度にどう拘束されているか，その制度によってメリットを受けるアクターはどこか，といったことを明らかにしていく必要があることである．言い換えれば，そのようなしくみがある以上，そこには一定の合理性があるはずだ，として内在的に理解しようとする姿勢である．まずはここから出発し，あり得た多様な選択肢を知り，さらにあるべき制度を構想することへと思考を進めてほしい．

注

（1） この節では国・都道府県・市町村を含めた概念として「政府」を使う．ただし，国のみを「政府」と呼ぶ用法もあるので，文献を読むときには注意する必要がある．

（2） 権限を牛耳る独裁者たちの振る舞いについては，メスキータ・スミス（2013）が参考になろう．決して他人事ではない．

（3） 国の場合は国民であるが，地方自治体の場合は住民である．

（4） 自治体では実質破綻状態ともいうべき状況に陥った例がある（北海道新聞取材班 2009）．

（5） 予算書をはじめ多くの関係資料は，財務省のウェブサイトで過去のもの含めて閲覧することができる（http://www.mof.go.jp/budget/）．予算に限らず行政活動に関する膨大な情報がインターネット上で公開されているのでぜひそうした一次情報にアクセスしてほしい．

（6） 自治体の予算編成でも類似点はあるが，知事や市町村長といった首長の存在は無視できない違いである．なお，予算編成過程については，行政学の標準的な教科書でも必ず触れられるテーマであり詳細はそちらを参照されたい（西尾 2001：真渕 2009 など）．また，アメリカの政治学者による分析としてキャンベル（2014）をあげておく．もし，マンガから入りたいということがあれば鍋田・並木（2005～2007）もある．ただ現実とは異なるところがあることに注意しながら読む必要がある．

（7） 国の場合，憲法を頂点に法律―政令―省令という階層構造を有する．これらを総称して法令と呼ぶ．現行法令については，政府のウェブサイト（電子政府の総合窓口にある「法令検索」）で検索・閲覧することができる（http://www.e-gov.go.jp）．

（8） もちろん最終的に，首相は当該閣僚を罷免することで全員一致に持って行く権限が与えられている．ではどのような場合に首相は罷免するのか，その権限が首相に与えられることの意味は何か，にもかかわらず閣僚が反対を表明し続けるメリットは何かといった疑問がわいてこよう．

（9） 国レベルで政策決定に関与する各アクターの特徴と決定プロセスについては飯尾（2007）を参照のこと．

（10） 概算要求書も各省のウェブサイトで公開されており，財務省のウェブサイト（注5）からリンクを辿ることができる．

(11) なぜ日本は先進国に比して特に財政赤字が増えてしまったのであろうか．これを予算決定制度から説明したものとして，田中（2013）が参考になる．

参考文献・推薦図書

天羽正継（2013）「日本の予算制度におけるシーリングの意義」井手英策編『危機と再建の比較財政史』ミネルヴァ書房．
飯尾潤（2007）『日本の統治構造』中央公論新社〔中公新書〕．
大森彌（2006）『官のシステム』東京大学出版会．
上川龍之進（2010）『小泉改革の政治学』東洋経済新報社．
キャンベル，J.（2014）『自民党政権の予算編成』真渕勝訳，勁草書房．
田中秀明（2013）『日本の財政』中央公論新社〔中公新書〕．
手塚洋輔（2012）「事業仕分けの検証」御厨貴編『「政治主導」の教訓』勁草書房．
鍋田吉郎・並木洋美（2005～2007）『現在官僚系　もふ』1～8，小学館〔小学館ビックコミックス〕．
西尾勝（2001）『行政学　新版』有斐閣．
北海道新聞取材班（2009）『追跡・「夕張」問題』講談社〔講談社文庫〕．
待鳥聡史（2012）『首相政治の制度分析』千倉書房．
真渕勝（2009）『行政学』有斐閣．
村松岐夫（1994）『日本の行政』中央公論新社〔中公新書〕．
メスキータ，B. ブエノ＝デ・A. スミス（2013）『独裁者のためのハンドブック』四本健二・浅野宜之訳，亜紀書房．
八幡道典（2008）「主査の1年（先輩からのメッセージ　平成20年版）」http://www.mof.go.jp/about_mof/recruit/mof/message/fy2008/seikatsu0803.htm（2014年8月31日確認）．

（手塚洋輔）

第17章　エンターテイメント産業の人材育成

　　企業は経営資源「ヒト・モノ・カネ・情報」を用いて財やサービスを産出する．そして，それらに付加価値があると市場で認められるかが，企業が社会で存在する意義があるかどうかを左右する．4つの経営資源のうち，情報は多重利用が可能だが，モノ（原材料）とカネ（資金）は一度しか用いることができない．一方，ヒトは1人の人間の能力に変化があり，しかも主体的に働くかどうかによって成果が異なるという，他の経営資源とは違う特色がある．本章では，経営学的に重要な資源であるヒトに着目し，その価値を高めるための人材育成の仕組みについてエンターテイメント産業を事例に考察する．

──◆

はじめに

　エンターテイメント産業は，舞台設備や出演するエンターテイナー等の人件費など固定費にかかる経費が大きく，かつ準備時間を費やさざるを得ず，リスクの高い事業である．また興行の実施前に顧客の反応を確かめ手直しを実施するためのテストマーケティングをすることが難しい．しかも，もし実施できたとしても，実際の興行成績を予測することは困難である．劇団四季の創設者であり，日本にミュージカルを興行として定着・発展させた浅利慶太は「演劇はあたるかあたらないかに尽きる」とインタビューの中で答えている（石倉 2004：112）が，この言葉を借りるまでもなく，サービス開始前に収益に関する予測を立てることは難しく，かつ成功確率も高くない事業である．

　したがって，このような事業分野だからこそ，舞台装置や脚本などの事前の準備はもちろんのこと，興行を通じて人材を育成し，ライバルとの差別化を形成して競争力につなげることが重要である．

　本章では，1世紀という長期にわたって事業を継続し，エンターテイメント業界に人材を輩出している宝塚歌劇を事例として取り上げる．宝塚歌劇は，劇団四季よりも早い時期に設立され複数の劇場での興行の継続実績を有し，さらにメンバーの選抜・育成・卒業というプロセスを見せるAKB48の仕組みの源

流と考えられる．個々人の能力を伸ばし，かつ組織としてより付加価値の高い
サービスを提供することが可能な，人材育成の仕組みについて考察する．

（1）宝塚歌劇の概要

　宝塚歌劇の源流は，阪急電車の創始者でもある小林一三によって1913年に設立された少女歌劇で，約100年の歴史がある日本有数のエンターテイメントである．1921年に花組と月組が作られ，1924年に雪組，1933年に星組，1997年に宙組と現在5組になり，宝塚（2550席）と東京（2069席）の2つの大劇場の定期公演と，大阪・博多・名古屋などの劇場や全国ツアーの興行も行っている．観客動員数に波はあるが，年間約250万人の動員数（西尾 2010：49）の実績があり，長期的に見ると順調に推移していると考えられる．

a　劇場型選抜

　宝塚歌劇の創始は，小林一三によって1913年に設立された少女歌劇にあることは，広く知られており，研究蓄積も数多い．その中で，経営学の視点を宝塚歌劇の研究に持ち込み，タカラジェンヌの人材育成と興行との関連を考察した研究に西尾（2010）がある．少女歌劇の成功の6年後の1919年に学校が設立された経緯から，宝塚歌劇では技能レベルや型が揃い演出がしやすく一定レベル以上の公演が常にできる（西尾 2010：61）と指摘している．

　人材育成と興行との連携は，宝塚歌劇の創始者の小林一三が意図的に行った施策である．小林（1980）から明らかなように，後発組として電鉄事業に参入し条件がさほどよいとは思えない路線を開業したため，電鉄の利用を促す集客施設が終着駅に必要と考えた．そのため，温水プールの失敗後に余興のレベルで実施した少女歌劇という新しいアイデアが成功すると，それを急速に成長させようとした．当時は一般女性が舞台に立つことに抵抗感が強かったため，少女歌劇を継続させるためにヒトを自前で育成することが必要となった．そこで，女性のエンターテイナー育成の参考にするために，大阪にあった有名な芸妓の養成制度（南地大和屋の芸妓養成学校）について，これを考案した南大和屋の経営者に尋ねている（西尾 2007：198-199）．

　その後1924年に宝塚大劇場（収容人数4000人），1934年に東京宝塚劇場が開場し，学校で育成した人材を複数のチームに編成し，その組が複数の大規模

劇場に定期的順序で舞台に立つという，現在と同様の人材育成と興行とが連携を持つ仕組みが，1930年半ばにほぼ決まっている（西尾 2010：51）．この学校と常設劇場での興行という仕組みは，京都花街の踊りの会に端緒があり，1872（明治5）年に踊りの会が始まり，翌年に歌舞練場という劇場が設立された経緯から，京都花街の踊りの会と宝塚歌劇の興行とを，「宝塚・花街型」と分類する研究（西尾 2007：199）もある．

　この人材育成と興行とが連携を持つ仕組みは，小林一三が1957年に死去した後も現在まで継続し，新人のデビューからスター候補になりトップスターが誕生し卒業するまでを舞台の上で見せる「劇場型選抜」（西尾 2010：61）という興行の特色を宝塚歌劇は獲得するに至っている．劇場型選抜は，スター誕生を期待するファンを引き付けるだけなく，トップスターの引退とともに同じ組の他の劇団員の退団も促し，組織内の新陳代謝と集客効果を生み出す（西尾 2010：62）事業継続のために有効な効果もある．

　このように宝塚歌劇には，米国のブロードウェイに代表されるような最適な人材を労働市場から公演のたびごとに選抜しロングラン興行する仕組み[3]とは，明らかに差異がある．宝塚歌劇の興行の継続の背後には，人材育成と興行の連携の仕組みがあり，さらに，それが基礎となって劇場型選抜という特色が生まれ，ファンにスター誕生に関わる体験を提供できることがわかる．

b　生徒システム

　宝塚歌劇には現在5つの組（花・月・雪・星・宙）と専科（どの組にも出演する専門的な技能を持つ劇団員の組）があり，劇団員は約400名（表17-1参照）である．

　タカラジェンヌたちは，音楽学校を卒業しているにもかかわらず，全員が「生徒」と呼ばれる．生徒と呼ばれる理由は，宝塚音楽学校の卒業生だけが宝塚歌劇団のメンバーになることができるからである．入学試験受験資格は，中学3年生～高校3年生までの女性で，倍率は例年20～50倍程度である．2年間の学校在籍中，1年生は予科，2年生は本科と呼ばれる．

　音楽学校を卒業して歌劇団に入団すると，劇団の研究科に配属され研究科1年生となる．研究科1年生は「研1」，2年生は「研2」と以後入団後の経験年数に応じた呼び方がされる．研6までは給与が支給され，それ以降はタレント

208   5. ヒト・モノ・カネの動き

表 17-1　宝塚歌劇団現役生徒（タカラジェンヌ）数
(2012 年 4 月 24 日現在)

	男役	娘役	合計
専科	8	7	15
花組	40	33	73
月組	40	30	70
雪組	38	32	70
星組	39	32	71
宙組	38	34	72
研 1（98 期生）	24	16	40
合計	227	184	411

出典）宝塚おとめ（2012）をもとに筆者作成.

契約になり経験年数や出演実績に応じて考慮される年俸制になる．このタレント契約は 1977 年に導入され 2006 年までは研 7 までが給与支給時期であったが，2007 年に研 6 までと制度変更がされている．また，1972 年には定年制（2012 年 3 月現在，60 歳定年）も導入されている．

音楽学校卒業すぐの宝塚大劇場公演で新人全員がラインダンスを披露する初舞台を踏み，日替わり交代で舞台挨拶をする．その後 1 年間は，班に分かれて各組を回ったあとで配属がされる．また，異動として組替え（配置転換）が不定期にあり，複数の組に在籍経験のあるタカラジェンヌもいる．

c　人材育成と評価

タカラジェンヌは自身の希望により，男役か娘役か，職能を選択できる．一般に「男役 10 年」と言われ，女性が男性を演じるためには長期間の継続的技能育成が必要とされ，男役から娘役への転向はあるが，その逆はほとんどない．

学校在学中は声楽・バレエ・モダンダンス・日本舞踊・演劇など舞台に立つために必要な各技能に関する教育を受け，席次が発表される．卒業後も給与支給期間中は，歌・踊り・演技などの必須技能に関しては成績評価があり席次がつけられ，同期生たちはその順により，『宝塚おとめ』の掲載や演目のパンフレットの掲載の順番が決まる．(4) このように評価情報は非常にオープンである．また，公演ごとに香盤表（出演スケジュール表）が張り出されるので，タカラジェンヌは組の中での相対的な位置がわかる．基礎技能の成績と舞台上での序列という 2 つの評価軸が用いられ，これら並立的な評価は退団まで続くシステ

第17章　エンターテイメント産業の人材育成　209

ムとなっている(5).

　人材育成は，主にOJT（on the job trainingの略，働く現場での育成）によって行われる．新人のタカラジェンヌは，公演やその稽古の機会を通じて先輩の様子を見て学ぶ．また自分が公演で端役を演じながら，化粧方法や衣装の着こなし，舞台映えのする立ち居振る舞いなどを身につけていく．それと並行して，宝塚と東京の大劇場で毎公演1回ずつ，研7以下の若手だけで本公演と同じ演目を同じセットや衣装を使って上演する新人公演(6)があり，若手にも大きな舞台でセリフのある重要な役柄を演じる機会が設定されている．新人公演では，本公演で演じる先輩（本役さん）から若手タカラジェンヌが直接指導を受けることができる．先輩から大きな舞台で観客を惹きつけるための様々な工夫を教えられるので，技能育成に非常に役立っていると考えられる．

　また，収容人数400人中規模の劇場（バウホール）で中堅や若手を中心に公演するバウホール公演，選抜されたメンバーで行う海外公演や地方公演など，若手に技能発揮の機会を与える多様な場が興行としてシステム化されている．

(2) タカラジェンヌのキャリア

　タカラジェンヌたちがどのように能力を伸ばし現場でその力を発揮するのか，新人からトップスターになるキャリアのプロセスを通じて見ていくと，明確なプロセスがあることがわかる．それをまとめると，以下のようになる．

　　入学試験 → 学校の基礎教育 → 入団と現場（組）への配属 → 配属先での現場教育（OJT）と専門技能教育（Off-JT）とその評価 → 新人公演主役 → バウホール公演主役 → 組替え → 二番手スター → トップスター → 退団

a　トップスターへのキャリアパス

　入団からトップスターになれる生徒の割合について，1988年から2012年の25年間に宝塚歌劇団に在籍した生徒（74～98期，1055名）について公表資料を用いて分析すると，娘役トップになったのは27名で2.6％，男役トップスターになったのは14名で1.3％と，男役は娘役のほぼ半分で，宝塚歌劇で最も重視されるトップスターになるための選抜が，娘役トップよりかなり厳しいこと

表17-2 組別トップスターのキャリア

	花	月	雪	星	宙	平均
キャリア（年）	16.8	16.8	16.6	17.2	16.8	16.8
トップ就任（年）	14.2	14.8	13.8	14.6	14.4	14.4
在任期間（日）	1,145	986	1,124	951	1,109	1,063
組替え回数	1.0	1.8	1.6	1.8	1.4	1.5

出典）宝塚おとめ（1988～2012）をもとに筆者作成．

がわかる．

　では，トップスターになるために，どの程度の育成期間が必要なのだろうか．5つの組の直近5人の主演トップスターが，入団から退団までどのようなキャリアパスを歩んでいるのか，トップになるまでにかかった年数，トップ在位期間，組替えの有無に着目して分析すると，表17-2のようになる．

　5つの組で多少の差はあるが，14～15年の経験で新人生徒がトップスターに就任し，1000日程度の在任期間を経て，17年程度のキャリアで退団，というのが，最近のタカラジェンヌのトップスターまでのキャリアパスといえる．トップスターになると，興行ごとに主役を演じ，組長や副組長のように管理職の立場ではないが，後輩への演技指導や組のリーダー的な役割も担う立場になる．[7]

　2009年から大劇場での公演期間が1カ月半から1カ月に短縮され，それぞれの劇場の年間公演回数が10公演と以前より増え稽古日数が減少するなど，トップスターへの負担が増加している．また，トップスターを経て専科へ移動しているのは2名のみで，定年制が導入されてはいるが，トップスターになることは退団の時期を考えることでもある．このように，キャリアパスが明確であることは，タカラジェンヌにキャリアの節目を自覚させ，求められる能力の変化や組織への貢献を意識させることになっている．

b　キャリアの節目

　では，こうしたキャリアの節目をタカラジェンヌ本人たちはどのように意識しているのだろうか．新人公演に出られなくなる時期を迎えることを「新公の卒業」と彼女たちは呼ぶ．研7までは新人公演の舞台を踏むことができ，自分の能力以上の大きな役柄を演じられる．しかし，この時期を終えると，本公演だけが舞台の場，能力発揮の機会となりOJTを通じて能力開発される機会が

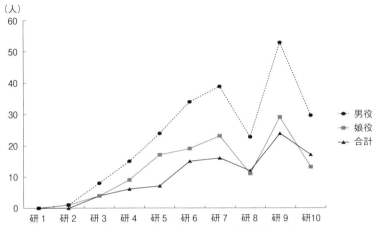

図 17-1　タカラジェンヌの経験年数別の退団時期と人数 (82〜89 期)
出典) 宝塚おとめ (1996〜2013) をもとに筆者作成.

減少することになる．さらに，新人公演を卒業することは先輩ジェンヌとして後輩の指導をする側に立つことも意味する．本公演で演じる役柄を新人公演の舞台で演じる後輩へ教えなければならず，自分のこと以外に組織内の他者への配慮ができることも求められる．

　こうしたキャリアの節目を迎えた彼女たちはどのような行動をとるのだろうか．男役 10 年と呼ばれる技能形成の時期を目途に，歌劇団での経験年数が 10 年以上ある 82 期生から 89 期生まで 8 期分のタカラジェンヌたちの経験時期別の退団時期と人数をまとめ，図 17-1 を作成した．

　図 17-1 からわかるように 82〜89 期まで合計 339 名のタカラジェンヌの退団者数は，入団 3 年目から少しずつ増え始め，研 7 で 1 つのピークを迎えている．39 名と入団者の約 1 割がこの時期に退団するのは，新人公演の舞台に立てる期間が終了したこと，年俸制の契約になることが要因と考えられる．

　1 つめの退団ピークの次の研 8 の退団者数は 23 名と，研 5 とほぼ同じ程度に下がっている．これは，新人公演期間終了後の 1 年間，本公演でどのような役柄につけるのかをタカラジェンヌ自身が見つめている時期だからだと思われる．金井 (2002) が言う，キャリアの節目を選択 (新人公演終了後もタカラジェ

ンヌを続ける)して,ドリフト(本公演で与えられる役柄を演じる)していることがこのグラフから読み取れる.

　しかし,ドリフトはそれほど長くは続かない.タカラジェンヌを続ける以上は舞台に立てることがモチベーションである.新人公演の機会がなくなり,本公演で思うような配役に恵まれなければ,タカラジェンヌのモチベーションは続かず退団するという選択につながる.したがって,次のピークは研9で53名と約16%が退団し,入団10年で合計227名,約67%のタカラジェンヌが歌劇団を去っている.後輩のタカラジェンヌたちの退団の様子を見て,「これからなのに,もう少し頑張ったらと思うことが多い」と話す元タカラジェンヌもいた.

c　キャリアの伴走者「ファン」

　華やかな舞台に立つタカラジェンヌのキャリアは,トップスターになれる少ない可能性にかける厳しいものである.さらに,経験数年である程度の目途がつき,10年で舞台に立つモチベーションを維持することが困難になる状況にも直面する.

　こうしたタカラジェンヌのキャリア形成について興行を通じて情報を受け取るファンは,タカラジェンヌの身の回りの世話をする,チケットを購入するといったことだけでなく,キャリア形成に積極的に関わりそれを円滑にするための活動をする.

　1点目は,新人公演など,キャリアの節目と思われる公演を観劇し,タカラジェンヌのキャリア形成に関する情報を少しでも早く正確に入手し応援しようとすることだ.学校の文化祭(卒業公演)やデビューの公演のラインダンスで一線に並ぶ新人たちを見に行く,と話すファンは多い.新人公演だけでなく,技能が未熟で知名度もないタカラジェンヌたちのキャリアの第一歩を見て,お気に入りのタカラジェンヌを探しそのキャリア形成に早くから関わろうとする.

　2点目は,積極的に育成に関わるために情報発信をすることだ.応援する若手タカラジェンヌが新人公演で大きな役を演じるときはもちろん,本公演で名前のない役柄を演じる場合でも,ファンは演技だけでなくお化粧やヘアースタイルなど細かく感想を伝え,よりそのタカラジェンヌが舞台映えするような積極的な助言をしている.

3点目は，育成のプロセスを共有するファン同士のつながりを持つことだ．中堅と目されるタカラジェンヌ数名が舞台上で仲間役を演じるときに，そのファンクラブが連携し一緒に舞台鑑賞をして，見せ場を盛り上げるようとするのだ．トップスターを目指すライバル同士のファンが，応援するタカラジェンヌのために積極的に協力している．また，研2や研3などの経験年数の短いタカラジェンヌの退団の様子を見送るファンの数が多くないと，同じ組の同期のファンなどが応援に集まり，見送る体制を整えることがある．

　このように，タカラジェンヌの人材育成のプロセスにファンは関わりをもち，結果としてキャリア形成の伴走者のような役割を担っている．

　宝塚歌劇の舞台はそれ自体を観客やファンが楽しむ場（付加価値が発生する場）であると同時に，タカラジェンヌたちのキャリア形成に関する情報を発信する場である．この興行を通じてタカラジェンヌたちの情報（だれが，いつ，どの配役で舞台に立つのか等）を継続的に受け取るファンは，自らが応援する特定のタカラジェンヌのキャリア形成の予測のために役立つ，自分にとって意味のある情報だけを取捨選択あるいは複数の情報を組み合わせて解釈し，応援するタカラジェンヌへファンクラブなどを通じて，情報をフィードバックする．ときには，自ら加工した情報を，インターネットなどを通じて発信もする．さらに，他のファンとの連携をもち，情報のアンテナをより広げたり，精度をあげたりしたうえで，興行で情報を受け取りまた発信するという繰り返しをする．この情報の交換と興行の連続の中で，トップスターを目指すタカラジェンヌのキャリア形成が浮かびあがってくるのだ．

　宝塚歌劇の「劇場型選抜」は，人材育成と興行とのつながりがビジネスシステムの設計当初から織り込まれて成立したものである．さらに，継続する過程で組が増えトップスター選抜のチャネルと公演回数が増え，ファンの受け取る情報量が増加している．その結果，公演そのものを楽しむことよりも，スター選抜を予測しそのタカラジェンヌのキャリア形成に深く関わることに価値をおくファンを創造する，という方向にも発展している．したがって，トップスターの選抜に関して，ファンが「順当」・「予想外」・「抜擢人事」などと語ることから，タカラジェンヌの人材育成の実情をファン自らが把握し，それに基づき今後の予測を行っていることがわかる．

おわりに——タカラジェンヌの人材育成——

　タカラジェンヌたちは，舞台に立つ自分の様子を見ることができない．つまり，タカラジェンヌたちは，自分自身の能力進捗について，客観的な視点で把握することが難しい．したがって，一般の観客の反応やキャリアの伴走者であるファンからの能力発揮に関する評価情報をもとに，キャリア形成のプロセスに応じて日々努力を重ね，舞台上で付加価値を高めることが必要となる．

　人材育成においては，評価や育成の仕組みなどの制度的な面や個々人のモチベーションが重要であることはよく知られている．一方，宝塚歌劇の事例から，個人に円滑な人材育成を促す条件として，キャリアの節目が明確でありそのプロセスが明示されていることもあげることができる．さらに，タカラジェンヌのファンのように個人のキャリア形成を見守り，評価やサポートをする人間関係があることが，人材育成に大きな役割を果たすといえよう．

　また，宝塚歌劇ではこのような人材育成が継続した結果，タカラジェンヌ（ヒト）という可変の経営資源が舞台に立つことを通じて能力が磨かれ，その変化が組織にも波及し，より興行そのものの成功という大きな成果につながり，当該の個人に良い影響を及ぼす，こうした効果的なサイクルの生成も見受けられる．このような継続的な人材育成とサービスの付加価値向上の連動のサイクルにより，エンターテイメントという文化的なサービス提供に必須の，言語化が難しいが観客が感じることができる特色，宝塚歌劇らしさやタカラジェンヌらしさの形成につながることが示唆される．

注

（1）　西尾（2013）によると，観客がスターの選抜に直接関わりその選抜のプロセスそのものを興行として展開するAKB48と，宝塚歌劇の興行を通じたスター育成と選抜のプロセスには，類似性が高い．

（2）　2011年2月12日の読売新聞ニュースで，2011年の宝塚大劇場の観客数が16年ぶりに9100万人を下回りそうだと報道された．

（3）　興行の本場のブロードウェイ・ミュージカルでは，莫大な資金を投資する出資者とプロデューサーは別であることはよく知られている．隅井（2010）によると，舞台のたびに出演者や現場のスタッフが集められ，他の舞台との掛け持ちは禁止されている．また，1000万ドル以上の製作予算をかけるものも珍しくなく，舞台がヒットしない

場合，その出資はすべてなくなるというリスクの高い事業である．そのため，地方都市で「トライアウト」と呼ばれるテスト公演で観客の反応を見て，本場でのプレビューとなり，手直しをして，興行がされるという仕組みになっている．
（4）　ただし，スターシステムの序列や配役の重要性が成績より優先する．
（5）　退団後もこの序列は維持され，OG が集まる会でも序列順に席についたり，記念写真では特段の指示がなくても成績順に並んだりするという．
（6）　1958 年から開始されている．
（7）　タカラジェンヌの職能とその位置づけや人数については，西尾 2010：55-56 に詳しい．

📖 参 考 文 献

石倉洋子（2004）「劇団四季――演劇ビジネスのイノベーション」『一橋ビジネスレビュー』第 52 巻第 2 号，108-130 頁．
伊藤宗彦（2010）「サービスによる新たな価値創造」，伊藤宗彦・高室裕史編著『1 からのサービス経営』碩学舎，127-142 頁．
植田紳爾（2002）『宝塚――百年の夢――』文藝春秋．
加護野忠男・井上達彦（2004）『事業システム戦略』有斐閣．
金井壽宏（2002）『働くひとのためのキャリア・デザイン』PHP 出版．
川崎賢子（2005）『宝塚というユートピア』岩波書店．
小林一三（1980）『宝塚漫筆』阪急電鉄．
阪田寛夫（1983）『わが小林一三――清く正しく美しく――』河出書房新社．
隅井孝雄（2010）「人を惹きつけて止まないミュージカルの舞台．その巨大な創造力を支えるものを追う」『歌劇』2010 年 7 月号，阪急コミュニケーションズ．
宝塚歌劇団（2004）『すみれの花歳月（とし）を重ねて――宝塚 90 年史――』宝塚歌劇団．
宝塚歌劇検定委員会編集，宝塚歌劇団監修（2012）『宝塚歌劇検定公式基礎ガイド 2012』阪急コミュニケーションズ．
宝塚歌劇団監修『宝塚おとめ』（1988～2012 年度版）
―――『歌劇』（2009 年 1 月号～2012 年 5 月号）阪急コミュニケーションズ．
玉岡かおる（2004）『タカラジェンヌと太平洋戦争』新潮社．
津金澤聰廣（1991）『宝塚戦略――小林一三の生活文化論――』講談社．
西尾久美子（2007）『京都花街の経営学』東洋経済新報社．
―――（2008）「伝統産業のビジネスシステム」『一橋ビジネスレビュー』第 56 巻第 1 号，18-33 頁．
―――（2010）「エンターテイメント産業のキャリア形成と興行――宝塚歌劇の事例――」『現代社会研究』第 13 号，49-62 頁．
―――（2012）「エンターテイメント産業のビジネスシステム――宝塚歌劇の劇場型選抜の仕組み――」『日本情報経営学会誌』第 33 号，25-37 頁．
―――（2013）「サービス　小林一三と秋元康」，宮本又郎・加護野忠男・企業家研究フォーラム編著『企業家のすすめ』有斐閣，377-391 頁．
三浦展（2012）『第四の消費――つながりを生み出す社会へ――』朝日新聞出版．

宮本直美（2012）『宝塚ファンの社会学』青弓社.
和田充夫（1999）『関係性マーケティングと演劇消費——熱烈ファンの創造と維持の構図——』ダイヤモンド社.

📖 推 薦 図 書

植田紳爾（2002）『宝塚——百年の夢——』文藝春秋.
金井壽宏（2002）『働くひとのためのキャリア・デザイン』PHP 出版.
津金澤聰廣（1991）『宝塚戦略——小林一三の生活文化論——』講談社.
西尾久美子（2007）『京都花街の経営学』東洋経済新報社.
宮本直美（2012）『宝塚ファンの社会学』青弓社.

（西尾久美子）

6.

生きる場へのまなざし

第18章　現代に生きる〈政治風土〉
――鞆港保存問題にみる「話し合い」のローカリティ――

　現代の地域社会が抱えている様々な問題を解明するのに，その土地の歴史を知ることが大事な手がかりとなる．そこで広島県福山市鞆の浦を事例に，地域の人々に残されている伝統的な社会意識や集合的な記憶を探っていく．鞆の浦では歴史的な町並み景観が残る港町であるが，港を埋め立てる道路計画の賛否をめぐって住民の間で意見の対立が起きている．この意見対立の背景にはどのような地域の歴史が潜んでいるのだろうか．

◆

はじめに――宮本常一のモノグラフより――

　「あるく・みる・きく」を実践した民俗学の巨人・宮本常一は，1950年代に調査で訪問した対馬の集落で，村人たちの話し合いの様子を次のように描いている．

　　いってみると会場の中には板間に二十人ほど座っており，外の樹の下に三人五人とかたまってうずくまったまま話しあっている．雑談をしているように見えたがそうではない．事情をきいてみると，村でとりきめをおこなう場合には，みんなの納得のいくまで何日でもはなしあう．はじめは一同があつまって区長から話をきくと，それぞれの地域組でいろいろに話しあって区長のところへその結論をもっていく．もし折り合いがつかねばまた自分のグループへもどってはなしあう．用事ある者は家へかえることもある．ただ区長・総代はきき役・まとめ役としてそこにいなければならな

い．とにかくこうして二日も協議がつづけられている．この人たちにとっては夜もなく昼もない．ゆうべも暁方近くまではなしあっていたそうであるが，眠たくなり，いうことがなくなればかえってもいいのである．（宮本 1984：13-14）

　これは宮本が対馬の集落に関する郷土資料を貸して欲しいと集落の有力者に頼んだところ，大事な郷土資料を宮本に貸与するかどうかを村寄合で決めることになり，そこで行われた話し合いの様子である．対馬の集落では大事な問題ほど，こうした「村寄合」の話し合いによって決めており，この地域と同じように日本の伝統的な村落社会の多くが村寄合の慣習を持っていた．この対馬の村寄合を宮本が目撃したのは1950年代のことではあったが，その後しばらくはこのような寄合の習慣が続いていたことは間違いないだろう．この有名な記述は，まぎれもなく「戦後」のモノグラフなのである．

　現代において，こうした慣習に出会うことは非常に難しい．1960年代の高度経済成長を経て，都市化やバブル経済期の開発ブームの波によって，いわゆるムラ社会は解体され，伝統的な社会制度の多くは失われていったからだ．しかし，それでもなお，人々の社会的な記憶や社会意識のなかに〈政治風土〉として残されている地域も存在する．そのことを瀬戸内海の港町でおきている地域問題を事例に確認してみよう．

（1）いにしえの港町・鞆の浦──鞆港の栄枯盛衰の物語──

　瀬戸内海は，その沿岸や島々に多くの漁村や港町が点在し，古くから漁業や海上貿易で栄えた海洋文化を持つ海域であった．本章で紹介する鞆の浦もそうした古き港町の1つである．広島県福山市の南部に位置し，町の中心には鞆港を抱える（図18-1，図18-2）．町の規模は約2平方キロで徒歩なら20分あればどこにでも行ける．町中を歩いてみると，近世に建てられた立派な商家や土蔵がいまも残っているが，そうした木造建築は現代の感覚では意外なほど，こぢんまりと感じる．また街の中を通る道の幅は狭く，クランクや緩やかなカーブを描いているなど，方向感覚を失ったり道を間違えたりしやすく，不慣れな訪問者は思い通りに目的地に向かうことができない．これは鞆の浦が城下町で

第 18 章　現代に生きる〈政治風土〉　　219

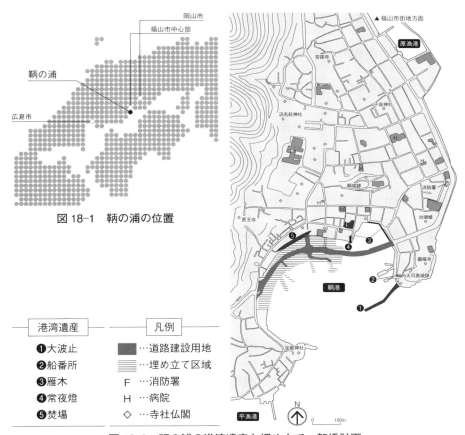

図 18-1　鞆の浦の位置

港湾遺産
❶ 大波止
❷ 船番所
❸ 雁木
❹ 常夜燈
❺ 焚場

凡例
▓…道路建設用地
▧…埋め立て区域
F…消防署
H…病院
◇…寺社仏閣

図 18-2　鞆の浦の港湾遺産と埋め立て・架橋計画

もあるために，容易に城に近づけないように巧妙に都市構造が構成されているからである．そして港に出ると階段状の護岸施設（雁木）や常夜燈といわれる大きな石灯籠，江戸時代に建造された大波止，当時の港湾管理施設であった船番所，そして船舶を修理するドックである焚場など，江戸時代の港町の町並み景観を現在でも目の当たりにすることができる（写真❶〜❺および①〜⑥）．このような町並み景観を「歴史的環境」と呼ぶ．まずはこのような歴史的環境を生み出すに至った歴史を簡単に振り返りたい．

❶大波止

❷船番所

❸雁木

❹常夜燈

❺焚場

*本章の写真は全て筆者撮影

第 18 章　現代に生きる〈政治風土〉　221

　古代から中世に至るまでの鞆の浦は，瀬戸内海漁業の中心地であった．現在の鞆町南部にある江の浦町に住む漁師は，港町が形成される以前の古代から鞆の浦に住んでいたと言われる．彼らは深沼漁場の中心である鞆の浦を拠点に，瀬戸内海における漁業を牽引した中心的な存在であった（広島県沼隈郡役所 1923）．そして鞆の漁師は時にその腕を買われて周辺の漁村へと移り住み，それによって彼らが開発した漁法や漁業の仕組みは鞆から周辺漁村に伝播したという（宮本［1965］2001）．

　この鞆の浦は瀬戸内海の潮の流れが切り替る境目に位置し，背後の山間部と深い海底，周辺の小島によって湾内の波が穏やかであることから天然の良港であった．そのため中世には漁村から軍事的要衝の港町へと発展した．さらに近世に海上貿易が活発になると，様々な物品を取引する貿易港として鞆港は大きく繁栄した．1711（宝永 8）年には人口が 7,204 人程で（福山市史編纂会編 1965：762），本瓦葺きの商家が並び，その生活水準は高いものであった（芸備地方史研究会 2000a；2000b）．町内には多くの商人や職人が同業者ごとに集住し，北前船が昼夜を問わず出入りした様子が当時の絵巻物や古地図，文書資料などに残されている．瀬戸内海交易の中核を占めた鞆商人は大坂商人に比肩するほどの経済力を持っていたという．また貿易港としての歴史の傍ら，漁で用いる釣り針や銛，鍬や鋤などの農具，船に必要な錨や船釘を製造する鍛冶を営む者が現れた．彼らは鞆の内陸部に集住し職人集団を形成している（森栗 1985）．鞆の鍛冶は漁業や商業と並ぶ伝統産業の 1 つとなっている．

　こうして繁栄を極めた鞆の浦であったが，明治になって近代技術が発展し，潮流や風向きに左右されない動力船が導入されると，鞆港に寄港する必然性がなくなり，寄港する船の数が減ってしまう．しかも山陽鉄道の建設に際して，鞆町に駅を建設することを議会が拒んだ結果，陸上輸送の発展にも遅れてしまった．鞆町と山陽線・福山駅の間を結ぶ鞆軽便鉄道が運行されたが鞆港の衰退に歯止めは効かず，1953 年には廃線となって貿易港としての役割は限りなく終えることとなったのである．一方，伝統産業の 1 つであった鍛冶は 1956 年に鉄鋼業団地を造成して地域経済を支えた時期もあったが，1980 年代の円高不況によって衰退したのであった．

　このように港町・鞆は日本社会の近代化と反比例するように衰退してきた．

①鞆城から瀬戸内海を臨む

③伝統産業の保命酒の酒蔵の外壁

②左の石塔は港湾遺産の常夜燈

④蔵や商家が並ぶ町並み

⑤高台の医王寺から鞆港を臨む

⑥江戸時代の商家の町家格子

現在の鞆港は，貿易港として活用されておらず，早朝に小さな魚揚場で漁船が魚を揚げている時間が過ぎると，とても静かである．そして鞆の町には近世に建てられた商家や土蔵とその時代に整備された鞆港の港湾施設によって歴史的な町並み景観が形成され，栄華を誇った往時の面影を今に伝えている．しかし同時に鞆の浦の景観は，この地域が大きく変容するほどの経済活動がなく，日本社会の経済発展から取り残されたことを示してもいるのだ．現在でも新たな宅地開発や集合住宅の建設なども少ないため新規来住者は増えず，若者は進学・就労を機に地域外へと流出している．2014年3月末現在，鞆の浦は，地域の世帯数は2116世帯，人口4412人のうち，65歳以上が44％を占める超高齢社会となっているのが現状である．
(4)

(2) 鞆港保存問題の経緯と論点──賛否に揺れるローカル・コミュニティ──

この地域で，30年ちかく地域住民の間で論争になっているのが，「鞆港保存問題」である．鞆港保存問題とは，鞆港の湾内を埋め立てて架橋し，県道を建設する計画（以下，埋め立て・架橋計画と記す）の賛否をめぐる地域論争のことである．

この問題の発端は，1950年に鞆の町の中央部の道路を拡幅する計画が策定されたことにある．拡幅の対象となった道路は，江戸時代のメイン・ストリートであり，沿線には歴史的な建造物が並んでいた．そのため道路の拡幅事業は沿線の歴史的建造物や住民生活への影響が大きいことから断念せざるを得なくなったのである．そこで行政は代替案として海上に道路を建設する計画，すなわち埋め立て・架橋計画を立案したのであった．ところが埋め立て・架橋計画は，一部の地元住民による反対と利害関係者である鞆の浦漁協の同意が得られず頓挫してしまう．

こうしたなかで地元住民自身が鞆の町並みの歴史的価値だけではなく，鞆という町の魅力にも注目をするようになった．1980年代後半には，若手経営者たちの「鞆を愛する会」が，鞆の浦の沖合で沈没したと伝わる坂本龍馬の「いろは丸」の海中調査・引き揚げプロジェクトを実行するなど，若手経営者の町おこし運動がマスコミに取り上げられ，大きな話題になったのである（亀地2002）．

こうして鞆の浦を再生しようとする機運は，鞆の町全体で高まっていった．そして鞆の浦の有力者たちは，この機運に応えるために一度頓挫した埋め立て・架橋計画の実現を行政当局に要望したのである．しかし，再び住民の中から計画反対の声が上がり，「鞆を愛する会」も反対の立場を表明する．「鞆を愛する会」は山側にトンネルを建設する代替案を提示し，他の保存派住民は署名活動をしながら歴史学や建築・都市計画の専門家などの反対意見を取り入れて，様々な活動を展開した．これに対し有力者層は，一貫して道路建設を支持する．道路建設派の住民もまた福山市長や広島県知事と何度も会見し，町内会組織を利用して集めた署名や要望書を提出するなど，計画の早期実現を目指して活動していく．

　ここでそれぞれの主張を見てみよう．道路建設派は，埋立地に駐車場を整備して大型バスの乗り入れを可能にし，一度に多くの観光客を呼び込むような観光開発に期待を寄せている．また朝夕の通勤時間帯に発生する町内の自動車渋滞の解消や緊急車両が通過するための道路の確保など生活環境およびインフラを道路建設によって整備する必要性があると述べる．ある住民は「もう，ちょんまげ，大八車の時代じゃない」とさえ話す．そして，埋め立て・架橋計画が時間・財政の両面でもっとも効率が良く，効果も高いと述べ，他の方法は考えられないという．また現状では下水道整備のために通行止めをすると迂回路がなく困ってしまうが，海に道路が迂回路になると考えている．つまり埋め立て・架橋計画によって，いくつものインフラ整備が可能になるというのだ．

　それに対して鞆港保存派は，鞆港の港湾遺産と港町の景観を「世界遺産クラスの価値」と評価する．そして港に橋を架けてしまえば，その歴史的価値と魅力は失われてしまい，かえって観光客は減ってしまうと主張する．そして港湾近辺の住民生活に長年にわたって親しまれた海が見える風景と鞆港の景観を保全すべきと考える．さらに排気ガスによる大気汚染も懸念している．また行政当局による環境影響予測では住民生活に影響は少ないと結論づけているが，鞆港保存派が依頼したコンサルタントの調査結果は逆の結論を示している．交通渋滞の問題については，実際に走行実験してみると渋滞が発生しているとされる時間帯であっても移動時間は平常時とそれほど変わらないという．さらに鞆港保存派による代替案の山側トンネル案の方が，建設コストや施工期間の短さ，

排気ガスという点でも優れていると述べる．そして救急車による搬送時間については，搬送先となる病院は鞆の町の中心部にあるため短縮せず，消防車についても，鞆の浦には大型の消防車両が入れない道路が多く，道路建設は効果的ではないという．そして下水道整備についても，通行止めをしなくとも下水道整備が可能な工法がすでに実用化されていると主張する．

　この意見対立のなかで福山市と広島県は道路を建設する立場を貫いている．特に福山市は，陸地部分は歴史的景観の保護のために道路建設はできないのだから，その代替のために埋め立て・架橋計画は必要であると主張し，海側に道路を建設しなければ町並み景観の保存にも取り組まないという考えである．また町内会連合会の意見は道路建設を要望しているため，福山市はこれを「地元住民の総意」，すなわち鞆の浦の住民は計画の推進を求めていると捉え，広島県に計画を早く推進するよう強く要望している．

　一方，外部からは計画に反対する声が大きい．映画監督や文化人などの鞆港保存運動を支援する団体が結成されたり，全国の郷土史・歴史学の学会やWorld Monuments Fundなどの世界的な遺産保存団体は道路計画の見直しを表明している．特にユネスコの世界遺産の認定に関わるICOMOS（国際記念物遺跡会議：International Council on Monuments and Sites）は，計画が実施されれば鞆の浦が世界遺産に認定される可能性はなくなると述べ，二度にわたってICOMOS総会で埋め立て・架橋計画に反対する声明を出し，福山市と広島県に書簡で計画の中止を勧告している．また2008年に鞆港保存派の住民が計画中止と世界遺産登録を求める署名活動を始めたところ，鞆以外の福山市民や観光客などから10カ月で10万人以上の署名を集めたことは，鞆港の保存を求める外部の声の大きさを示しているといえるだろう．

　こうして鞆は，道路派住民と行政／保存派住民と外部専門家の間で「開発か保存か」の意見の相違により二分されると両者の意見対立の溝は深く，事態は硬直化していく（表18–1および表18–2）．そうしたなか，鞆港保存派の住民は，排水権利者が計画に合意していないという法的手続き上の不備があることを発見する．一般に海や河川に生活排水などを排水している者には「排水権」が付与されている．もし海や河川などを埋め立てることによって排水ができなくなる場合，その権利は保護されなければならない．たとえば以前と変わらず

表 18-1　道路建設派・鞆港保存派住民の特徴

	道路建設派住民の特徴	鞆港保存派住民の特徴
主な団体	明日の鞆を考える会，鞆港整備並びに県道建設期成同盟会，鞆町内会連絡協議会，鞆鉄鋼協同組合連合会，鞆医師会，鞆老人クラブ	鞆を愛する会，鞆の浦海の子（鞆まちづくり工房），鞆の自然と環境を守る会，歴史的港湾鞆港を保存する会，江の浦町の一部町内会
年齢層	高齢者層	20代～60代前半
主な居住地区	鞆町周辺部，旧平村（現平町），旧原村（現御幸町）	港湾施設周辺部（鞆町中心部）
社会的地位	地元産業経営者，政治的リーダー層，旦那衆，漁師	若手経営者，名望家商業者層，主婦・女性層，漁師
他地域の支持	広島県，福山市	大学研究室，芸備地方史研究会，建築家，中国新聞社説，World Monument Watch（U.S.A.）

　排水できるように処置をするか，金銭などで補償するといったかたちで，全ての権利者が埋め立て事業に同意する必要があるのだ．ところが鞆の浦の場合，全ての排水権利者が計画に合意していなかったのである．
　しかし2004年9月，建設派住民の後援を受けた候補が福山市長に当選すると，新市長は少数の排水権利者が計画に同意していなくても広島県に行政手続きを進めるように働き掛けた．広島県もこれに応じて例外的に計画を推進できると判断し，手続きを進めようとしたのである．このような行政当局の動きに対して，鞆港保存派の住民は計画の完全中止を求めて，改定版の代替案を提示したり，署名活動などで対抗していく．しかし行政当局の意思は変わらず，全排水権利者の同意なしに計画が手続きが進められる機運が高まっていった．そこでついに2007年4月24日，鞆港保存派の住民は行政手続きの差し止め訴訟を起こしたのであった．
　この裁判では，大きく次の2点が争われた．第1点は，景観利益の認定と保護に関するものである．具体的には鞆の浦の歴史的景観のなかで暮らしてきた地元住民が景観利益(5)を持っているかどうか，そして埋め立て・架橋計画の実施は景観利益を損なうのかどうか，その景観利益は保護あるいは補償されるべきものであるか，が争われた．第2点は，埋め立て・架橋計画を必要とする根拠となった交通量調査や環境影響調査は信頼できるものだったのか，そして埋め

表 18-2 道路建設派・鞆港保存派の主な主張

論点	道路建設派の主張	鞆港保存派の主張
重伝建地区	1950年の都市計画道路を整備するには，沿道に歴史的町並みが残っており，重伝建地区に指定するためには都市計画道路として拡幅できない．そこで，埋め立て・架橋計画による代替道路の建設が必要．	町並み保存と埋め立て・架橋計画は別々に是非を問うべき問題で，港町なのに港を埋め立て・架橋をしてしまったら，重伝建地区としての価値も下がるのだから矛盾する．
交通政策	沼隈町および平地区から福山市中心部へ向かう通過交通の処理と，鞆町内が狭い道路のため生じる交通渋滞の解消のため．	通過交通量や交通渋滞はそれほど深刻なものではない．しかも交通量調査が十分なされていない．
救命・防災	緊急車両（救急車・消防車）の通過を可能にして，人命救助・消火活動を速やかに行う．また，高潮被害対策も含む．	最寄りの病院が鞆町内にあるので，救急車は建設された道路は使わない．消防に関しては，小型の消防車両の配備など地域の道路事情に合ったやり方で対処可能である．
下水道整備	下水道の整備も同時に行うことができる．また町内で通行止めにして工事をするために必要．	最新の工法技術を使えば，通行止めにしなくても下水道整備は可能．
駐車場	住民のニーズに応える．	埋め立て予定地とは別の場所で代替可能である．
観光開発	「迎賓都市・鞆」を創生する．インフラ整備で観光開発を促進する．	埋め立て・架橋したら，かえって観光資源としての価値は下がる．
環境	生活排水の海への直接排水をやめるので，自然環境に配慮できる．	鞆港の湾内に生息する貴重な生物に影響．また排気ガスによって生活環境が悪化する．
町並み景観	低い橋脚とデザイン意匠で町並み景観に配慮している．	橋が架かってしまったら，港町の町並みも瀬戸内海の景観も台無しになる．
代替案	山側トンネル案，海底トンネル案は，予算的に難しく，また上記の別の地域の課題を解決できない．	通過交通・交通渋滞の処理には，山側トンネルを造ることで対応できる．予算的には問題なし．

立て・架橋計画以外の方法を十分に検討していたのかどうか（計画決定の合理的根拠の有無）である．

そして 2009 年 10 月 1 日，広島地裁が下した判決は，事業計画の手続きを進めてはならないというものであった．広島地裁は地元住民が景観利益を保持していることを認め，この道路計画によってその利益が損なわれることを指摘した．そして鞆の浦の歴史的景観は，その文化的価値・歴史的価値を考慮すれば，

特別に保護すべき価値があるものと判断したのである．さらに計画決定の合理的根拠については，道路計画による様々な影響や代替案の実施可能性などの調査検討が不十分として，道路計画を進める合理性を欠いているとみなしたのだ．

　現在，地域の有形・無形の歴史的遺産や伝統文化を活かしてまちづくりをすることはめずらしいことではない．しかし，1960年代以降の地域開発は古きものは打ち捨て新しいものを作る，いわゆるスクラップ＆ビルド型の開発政策であった．それは全国各地で地域に固有の歴史や文化，伝統を台無しにする無秩序な開発政策であり，それに抵抗する運動が町並み保存運動だったのだ．しかしその運動の多くは開発を推進する圧倒的な政治・経済の力の前に敗北してきた．そのなかで，鞆の浦の判決は保存運動の主張が認められた希少なケースである．このことは，古いものは壊して新しいものを建設するスクラップ＆ビルド型の開発政策が転換点をむかえ，地域資源を修復・修繕しながら活用するリハビリテーション型のまちづくりへと時代が移行していることを示している．だがこの社会変動は，全国各地の住民運動が多大な努力を地道に積み重ねたことによって，ようやくもたらされた転換点なのだ．

（3）議論する場の設置を！――「話し合い」を求める〈政治風土〉――

　鞆港保存問題の経緯を振り返る中で特徴的なのは，意見の相違に対して，徹底して話し合いで解決しようとする動きである．この問題の場合，行政当局と地域の有力者層は連携して計画を進めてきた．さらに道路建設派は多数派と言われているのに30年ちかく決着がついていない．他の地域では反対意見を押し切って強行された公共事業も少なくないが，そうせずに話し合いによる決着を目指しているのは，鞆の浦に話し合いを大事にする政治風土が残っているからである．

　古来より漁業が発達した地域では，漁師たちのチームワークを高めるために若い頃に共同生活を送るという習慣があった．その共同生活の中で集団的な規律を守るとともに，漁業の仕方だけではなく，村の仕事や役職，祭礼行事の運営方法，さらには異性との交流の手ほどきまで教育を受けた．そして，実際に漁へ出る際には，どの海域に行って漁をするか，あるいは海の荒れ具合をみて漁に出るかどうか，といったことで話し合いをした．これはメンバーの一部が

第 18 章　現代に生きる〈政治風土〉　229

決定に不満を抱えたまま漁に出れば，集団の統率力に影響しないとも限らないからである．

　このように漁獲量が生活を左右するだけではなく，ときには海のシケなど自身の生命の安全に直結する漁師集団にとって，メンバーの間で意思決定をすることがきわめて重要な問題となる．しかも生まれた家柄と関係なく同じ世代ごとに等しい扱いと教育を受けてきたことで，同世代の間は対等な関係となる．こうして漁村社会では，話し合いによって意思決定をする慣習を持つようになったのである．このような慣習を持つ漁村社会は，瀬戸内海などの西日本の漁村に多いといわれている（高橋 1958）．他には伊豆諸島，西南諸島，対馬列島，近畿北陸地域，志摩地方，萩市玉江浦，愛媛宇和地域などでも確認されており，冒頭であげた宮本常一のモノグラフは対馬の漁村の話し合いを描いたものであった．(6)

　したがって鞆の浦は話し合いを大事にする社会なのである．そういった地域社会では地域にとって重要な問題ほど話し合いによって決定する．鞆の浦にとって埋め立て・架橋計画はまさに重要な議題の１つである．そのため実際に，1995 年に県知事が「鞆地区マスタープラン」の話し合いの場を設定したり，福山市は 2005 年に「鞆町まちづくり意見交換会」のような協議の場を設けたりしてきた．それだけではなく道路建設派と鞆港保存派の住民の間で直接，話し合いが続けられてもいた．そして鞆港保存派のある町内会は話し合いの場を行政当局に要望していたが，この町内会は，漁師たちが住み続けてきた地域なのである．しかも，この町内会では古くから町内会長を選挙で選ぶという．この選挙という方法は，全員が意思決定に参与し，納得して物事を決めるという意味で，話し合いを大切にする〈政治風土〉を引継ぐものと考えられるだろう．他にも鞆の浦の〈政治風土〉を示す出来事がある．「鞆町まちづくり意見交換会」で，道路建設派のある住民が「住民の大半が賛成なのだから，いつまでも少数の住民に構っていないで，ともかく事業を進めよ」と話した者がいた．しかし，それに対する反応は，道路建設派でさえ冷ややかなものであった．

　また，鞆港保存派が起こした行政訴訟に対する反応にも話し合いの〈政治風土〉を垣間見ることができる．鞆港保存派の住民が訴訟を起こした理由は，広島県と福山市が「議論は尽くした」として話し合いをやめ，反対意見がある中

で埋め立て・架橋計画を進めようとしたことを止めるためである．この提訴に関して鞆港保存派の原告の1人は，「〔話し合いではなくて〕司法の判断にゆだねる方法しか残されていないことが残念」とマスコミの取材に語っている．その一方で，道路建設派の住民は，「計画に反対する人たちは，話し合いの場を設けるよう訴えていたはずなのに，提訴でその道を閉ざすようなことをするのはいかがなものか」（『朝日新聞』2007年4月25日付）と訴訟という手段を用いた鞆港保存派を批判しているのだ．この両者の談話は，鞆港保存派は行政当局に対して，道路建設派は鞆港保存派に対して，いずれも「話し合いを断念したこと」に関する批判と解釈でき，いかに話し合いが重要なものと認識されているかが分かる．

このように，鞆港保存問題の一連の経過の中に，話し合いで物事を進めるという鞆の浦の〈政治風土〉がみられるのである．もちろん，少数意見を尊重して話し合いで物事を進めるというのは，民主主義の社会の一般的な規範ではある．だが，鞆の浦では「話し合い」というものが持つ意味の重さが他の地域とは違うのである．ここに伝統的に継承されてきたローカルな〈政治風土〉が見いだされる．鞆の浦の人々は地域社会の伝統を受け継ぎつつ，そこに戦後民主主義の社会規範を織り交ぜながら独自の〈政治風土〉を作り上げて地域のまちづくりに取り組んできた（森久 2011）．そして鞆港保存問題という現代の問題を読み解く鍵は，その地域の歴史と伝統，そして環境と風土のなかに隠されているといえよう．

おわりに

このように鞆港保存問題の一連の経過をみていくと，鞆の浦では話し合いで物事を進めるという〈政治風土〉が存在していることが見いだせるであろう．もちろん，少数意見を尊重して話し合いで物事を進めるというのは民主主義の社会の一般的な規範であり，日本社会全般で共有されている規範の1つではある．だが，ここで注目したいのは，地域住民が「話し合い」をすることに込めている意味の重さである．すなわち鞆の浦では「話し合い」による意思決定が重視されていて，その意味の重さが他の地域と異なっているのだ．これこそが鞆の浦が伝統的に継承してきたローカルな〈政治風土〉ではないだろうか．

鞆の浦の人々は地域社会の伝統を受け継ぎつつ，そこに戦後民主主義の社会規範を織り交ぜながら独自の〈政治風土〉を作り上げて地域のまちづくりに取り組んできた（森久，2011）．鞆港の埋め立て・架橋計画の是非はそうした〈政治風土〉のもとで検討され，議論され，結論へと向かおうとしている．したがって鞆港保存問題という現代の問題を読み解く鍵は，この地域の歴史と伝統，そして環境と風土のなかに隠されているといえよう．

[謝辞]
　現地調査において，地元住民の方々をはじめとして福山市・広島県の各担当部局，マスコミ関係者など，多くの方々にお世話になりました．心より感謝申し上げます．

注
(1)　特定の事例について詳細な調査研究を経て描かれた事例研究の著作をモノグラフという．
(2)　地域社会を取り巻く気候や地形，生物資源などといった自然条件としての「風土」は，その地域で営まれる生業構造を規定することで，その生業にもとづく地域固有の社会文化に様々な影響を及ぼしている．本章は，そうした地域の〈風土〉に根ざした政治文化を〈政治風土〉と呼ぶことにする．
(3)　歴史的環境とは，自然環境や社会的・文化的につくられた環境のなかで，「長期間にわたって残ることによって，一定の価値をもつとみなされるようになったもの」で「昔の人々の生活や生業，その繁栄ぶりを彷彿とさせ，当時の時代状況を偲ばせる古い町並みなどが，歴史的環境の典型」（片桐 2000：1）である．
(4)　65歳以上の人が総人口に占める割合のことを「高齢化率」というが，この高齢化率が7％を超えると「高齢化社会」，14％を超えると「高齢社会」，21％を超えると「超高齢社会」と呼ばれる．なお2013年9月の時点での日本社会の高齢化率は25％である．
(5)　景観利益とは，良好な景観によって生活上，様々な恩恵を享受する利益のことである．法的保護の対象となる．
(6)　このように，血縁ではなく年齢ごとに形成された社会集団によって社会を統合する制度を持つ社会を「年齢階梯制社会」という．

参考文献
福山市史編纂会編（1965）『福山市史——近世編——』福山市史編纂会．
芸備地方史研究会編（2000a）「特集　失われゆく港湾都市の原像——鞆の浦の歴史的価値をめぐって（I）——」『芸備地方史研究』第222・223号，1-39頁．

6. 生きる場へのまなざし

―――（2000b）「特集　失われゆく港湾都市の原像――鞆の浦の歴史的価値をめぐって（II）――」『芸備地方史研究』第 224 号，1-30 頁．
広島県沼隈郡役所（1923）『沼隈郡誌』先憂会．
亀地宏（2002）『まちづくりロマン』学芸出版社．
片桐新自（2000）「歴史的環境へのアプローチ」，片桐新自編『歴史的環境の社会学』新曜社，1-23 頁．
宮本常一（[1965] 2001）『瀬戸内海の研究――島嶼の開発とその社会形成―海人の定住を中心に――』未來社．
―――（1984）『忘れられた日本人』岩波書店．
森栗茂一（1985）「鞆の鍛冶集団について」『日本民俗学』第 157・158 号，70-80 頁．
森久聡（2005）「地域社会の紐帯と歴史的環境――鞆港保存運動における〈保存する根拠〉と〈保存のための戦略〉――」『環境社会学研究』第 11 号，145-59 頁．
―――（2008）「地域政治における空間の刷新と存続――福山市・鞆の浦「鞆港保存問題」に関する空間と政治のモノグラフ――」『社会学評論』第 234 号，349-368 頁．
―――（2011）「伝統港湾都市・鞆における社会統合の編成原理と地域開発問題――年齢階梯制社会からみた『鞆港保存問題』の試論的考察――」『社会学評論』第 62 巻第 3 号，392-410 頁．
高橋統一（1958）「日本における年令集団組織の諸類型――社会人類学的覚書――」『東洋大学紀要』第 12 号，131-140 頁．

推薦図書
片桐新自編（2000）『歴史的環境の社会学』（シリーズ環境社会学 3）新曜社．
木原啓吉（1982）『歴史的環境――保存と再生――』岩波書店〔岩波新書〕．
Hayden, Dolores（1995）*The Power of Place : Urban Landscapes as Public History*, Cambridge, MA : The MIT Press（後藤春彦・篠田裕見・佐藤俊郎訳『場所の力――パブリック・ヒストリーとしての都市景観――』学芸出版社，2002 年）．
鳥越皓之（1993）『家と村の社会学〔増補版〕』世界思想社．
中筋直哉・五十嵐泰正（2013）『よくわかる都市社会学』ミネルヴァ書房．

（森久　聡）

第19章 再生可能エネルギーについて
――日本の再生可能エネルギー政策はどのように導入されてきたか――

2011年3月11日の東日本大震災、及び東京電力福島第一原子力発電所の事故以降、エネルギー問題に関する社会の関心が高まった。そして日本のエネルギーシフトを考える上で鍵となる「再生可能エネルギー」の可能性を、原子力代替として真剣に議論する機運が生まれている。本章は化石燃料・原子力に代わる再生可能エネルギー導入に向けた政策的課題について解説する。

はじめに

2011年3月11日の東日本大震災、及び東京電力福島第一原子力発電所の事故は、原子力発電や日本のエネルギー需給構造に関する社会の関心を否応なしに高めることとなった。それまで石油等の化石燃料の費用高騰、温室効果ガスの排出の関連でエネルギー・電力問題が語られることはあったが、事故をきっかけとしてようやくエネルギー源・電源の選択に踏み込んだ議論が一般的になった。日本のエネルギーシフトを考える上で大きな機会が悲劇的な形で与えられた瞬間である。そして再生可能エネルギーの可能性を、原子力代替として真剣に議論する機運が生まれたのである。

しかし2012年の政権交代以降、政権内部における脱原発の流れはトーンダウンし、原子力発電を一定の条件のもと再稼働させる動きがみられる。電力会社各社は、原子力発電所の停止を埋め合わせる燃料として、石炭・石油・天然ガス等の化石燃料調達に2013年度総額7.2兆円を投じる中(1)、2012年度のわが国の温室効果ガスの総排出量は、12億7600トンで、1990年度比11.8％の増加、2011年度比2.8％増となっている(国立環境研究所 2014)。このような状況の中、本章は化石燃料・原子力に代わる再生可能エネルギーの原理と、導入に向けた課題について解説する。

（1）エネルギーについて

a　エネルギー段階

そもそもエネルギーとは，あらゆる物質の動きに関わる要素であり，「万物を動かすもの」である．エネルギーの性質を理解する上では，熱が関係する様々な現象を取り扱う普遍的な理論体系である熱力学の法則を把握することが重要である．

熱力学第一法則は，「ある種類のエネルギーをまた別のエネルギーに変換した場合でもそのエネルギー総量は変化しない」という法則である．エネルギーは，次から次に形を変えるが，決して途中で増加したり破壊されたりしないという基本的な現象を表現したものである．

熱力学第二法則は，熱現象の不可逆性に関するものであり，あるエネルギーは常に分散して使いにくいエネルギーに変わってゆくという特徴を捉えたものである．

これらの法則が示す通り，地上に降り注ぐ太陽光線（光エネルギー）が陸地や水域に吸収されると，温暖な地域と寒冷な地域を作り出し（熱エネルギー），地上の温度差は大気の流れ（風）を作り，その運動エネルギーは風力発電で利用することができる．さらに，地上及び大気における水の動きにより，ダムや川が形成され，水力発電が可能となる．このように，地上において一般的に見られるエネルギーは，その大部分が太陽起源である．なお，石炭・石油・天然ガス等の化石燃料であっても，太古の生物由来であり，太陽のエネルギーなしには存在し得ないことから，広く捉えたところの太陽起源のエネルギー源であると考えることができる．

太陽起源でないエネルギー利用形態の例には，地下のマグマの熱を利用する地熱発電，月と地球の関係に依る波力発電，地球の自転に由来する潮力発電等がある．原子力発電も地下資源のウランを基にしているため，太陽起源のエネルギー利用とは分類されない．

熱力学法則に従い，エネルギーは分散し，その過程で使いにくいエネルギーとなっていくため，常に何らかのエネルギー源が必要となる．生命活動維持のために，我々は食事を摂り，主に炭水化物からカロリーを得続けなければならないが，国家・社会の単位でも，化石燃料等のエネルギー源からエネルギー（カ

ロリー）を得て，その活動を維持しているのである．

　エネルギーが日本でどのように供給され，消費されているかを大きく理解する上ではエネルギー・フロー（流れ）図が助けとなる（図19-1）．

　エネルギーは，生産されてから，最終需要の場面で使用されるまでの間に様々な段階を経る．エネルギー・フロー図ではこれらの段階に応じ，日本が必要とする全てのエネルギーである「一次エネルギー供給」と，最終的に消費者に使用されるエネルギーである「最終エネルギー消費」の区別が用いられる．一次エネルギーとは，自然界に存在し，社会が利用するエネルギーの原材料となるもので，石炭・石油・天然ガス・太陽放射・地熱・風力・水力・原子力等がある．一次エネルギーはそのままの形態で利用されるわけではなく，「二次エネルギー」に変換されて社会に届けられることから，エネルギーの「原材料」と位置づけられる．また，二次エネルギーとは，一次エネルギー源を何らかの形で変換した「エネルギー媒体」を指し，電力・ガソリン等が代表的な例である．なお，電力もガソリンも最終需要の場面で利用しやすい形態となるよう，原材料を一定の規格・基準を満たすように加工した一種の「工業製品」として捉えることができる．

　国内に供給されたエネルギーが最終消費者に供給されるまでには，発電ロス，輸送中のロス並びに発電・転換部門での自家消費が発生し，最終消費者に供給されるエネルギー量は，その分だけ減少することになる．日本における一次エネルギーの構成は，石炭，石油，天然ガスが約90％を占め，原子力・水力・地熱・その他再生可能エネルギー等がその他であり，これらが電力やガソリン等の輸送用燃料などへ変換されている．なお，このように日本では化石燃料の構成割合が高いが，主要国の一次エネルギー構成（図19-2）にある通り，徐々に再生可能エネルギーの比率を増やしつつある国も見られる．

　化石燃料由来のエネルギー使用は温室効果ガスが関与する気候変動問題の要因となっている．熱力学法則が示す通り，エネルギーは常に分散する性質があり，常に「利用しにくいエネルギー」となっていく点で，再使用や再利用が可能な「物質」とは全く性質が異なっている．エネルギーを利用するためには，常に「利用しやすい」エネルギー源が必要であり，利用しやすいエネルギー源として典型的である化石燃料を大量消費することで二酸化炭素などの温室効果

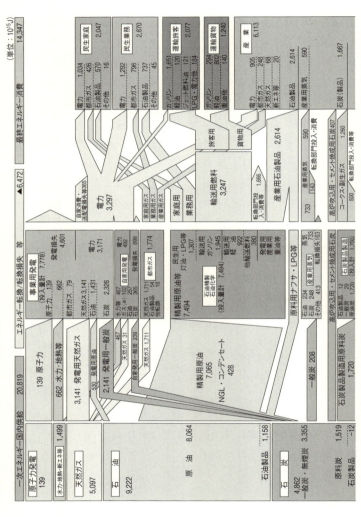

図 19-1　我が国のエネルギーバランス・フロー概要（2012年度）

注1）本フロー図は，我が国のエネルギーフローの概要を示すものであり，細かいフローについては表現されていない．特に転換部門内のフローは表現されていないことに留意．
注2）「石油」は，原油，NGL・コンデンセートの他，石油製品を含む．
注3）「石炭」は，一般炭，無煙炭，原料炭の他，石炭製品を含む．
注4）「自家用発電」の「ガス」は，天然ガス及び都市ガス．
資料）資源エネルギー庁「総合エネルギー統計」を基に作成．
出典）経済産業省（2014）．

第19章 再生可能エネルギーについて

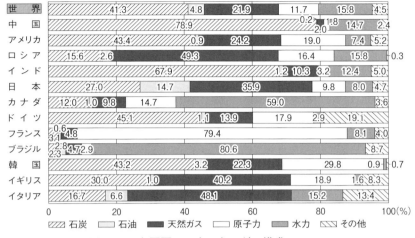

図 19-2 主要国の一次エネルギー構成（2011年）

出典）電気事業連合会（2013）．

ガスが排出され，温室効果ガスが関与した気候変動の発生の確率が高くなる．

なお，化石燃料は，その探査・掘削技術の向上により，メタンハイドレードのように新たな形態で利用可能なエネルギー源となる等，必ずしも緊吃に枯渇する資源ではない可能性もあるが，その生成には億年単位が必要となる物質であり，一度利用した後に再び生成することができない非再生エネルギーであることから，究極的には枯渇性のエネルギー源である．

原子力発電とは，ウランの核分裂によって高温の水蒸気を大量に発生させ，タービンによって発電する発電形態である．核分裂に伴う放射性物質の拡散を管理するために様々な技術が用いられていることから，その全体的理解について，非常に高度な工学の知識を必要とする印象があるが，結局のところ，（核分裂によって）水をあたためることで蒸気を得，タービンを回転されることで発電する，という点では通常の火力発電，さらにはタービン系発電であるということでは水力発電・地熱発電とも大差はない．

原子力発電に伴う問題は，核分裂に伴う放射性物質の管理が非常に困難であることである．福島第一原子力発電所の事故以降，特に事故による放射性物質の拡散が大きく取り上げられることとなったが，そもそも核分裂に用いられる

ウランは，主にオーストラリア・カザフスタン・ロシア等で採掘され，採掘に伴う労働者被曝の問題が指摘されてきた．また，事故が起きる以前から，原子力発電所の運転・保守・点検の場面で作業員の被曝が問題となっている（西尾 1999）．さらに，放射性廃棄物の最終処分方法について我が国で明確な目処が立っていない状況は，事故以前・以降も変わりはない．

このように化石燃料・原子力利用ともに問題が山積する中，私たちはエネルギー利用を大きく2つの方向に変える必要がある．1つは「省エネルギー」である．

b 省エネルギー

省エネルギーには確かに一定の効果がある．例えば東日本大震災後，人々の自主的な省エネルギー努力等により，東京電力管内で電力消費量の18%削減が達成されたとされる（八木田 2012）．

しかし，一般に我が国における省エネルギーとは，エネルギー使用量を消費者の観点からできるだけ「節約」するものとして捉えられ，そのモチベーションは主に節約に対する道徳的受容性，または倹約によるこまめな経済的効果に集約される傾向がある．確かに節約も倹約も非常に重要な価値観ではあるが，これらを発揮する主体はあくまでもエネルギー「消費者」であり，そこには必要なエネルギーを自ら創り出す，「つくり手」の視点は稀薄であった．

例えば，火力発電によって電力を生み出すにあたり，一般的な蒸気タービンの発電効率は45%前後でしかないことから，膨大な量の廃熱が発生する．逆に考えるならば，非常に有用性の高いエネルギー媒体である電力を得るために，それだけの廃熱・コストを見込んで発電を行っているのだが，発電のライフサイクルとそれに伴う無駄を一般の消費者が知る機会はこれまで必ずしも豊富であったとは言い難い．また，最終需要の場面で再び低熱目的で利用する等，化石燃料を一旦燃焼させて作り出された電力を用いて熱を発生させる場合（電気ストーブ・IH調理器・温水洗浄便座等），ライフサイクルの観点から考えると，発電の段階で熱を捨てながら最終需要に近い段階でまた熱を作るという矛盾が生まれているが，そのような観点から電力の熱利用を控えるべきという観点は，上述の節約・倹約の発想の中には概ね不在である．

c　再生可能エネルギー

　消費者があくまで消費者として位置づけられ，エネルギーの「つくり手」としての視点が共有されてこなかったこともあり，もう1つの方向性である「エネルギーシフト」，すなわちエネルギー源転換は，社会知として定着するまでに浸透してこなかった．

　エネルギーシフトの鍵は再生可能エネルギーである．化石燃料には枯渇の恐れがあるのに対して，再生可能エネルギーは一度利用しても比較的短期間に再生が可能であり，資源が枯渇しないエネルギーで，太陽放射・地熱・風力・水力・バイオマス等様々な種類があり，国の補助を受けた技術開発がなされてきた．特に1970年代以降，サンシャイン計画・ムーンライト計画等の補助政策が打ち出され，技術的革新もなされたが，その実装は限定的なものに留まってきた（木村 2006）．

　しかし，気候変動問題・資源確保のための費用対策，そして原子力・化石燃料代替としてようやく再生可能エネルギーへの社会的認知が高まりつつある．本章では以下において，再生可能エネルギーとは何か，また，様々な種類がある再生可能エネルギー実装に向けた政策がこれまでどのように導入されてきたか，今後どのような展開を遂げるべきかについて解説する．

d　再生可能エネルギーと新エネルギー

　そもそも上述の通り，社会で現在多く用いられているエネルギーは太陽起源であり，地下資源であるウランも含めて，非常に広く考えるならば現在人類が利用しているエネルギー源はすべて自然エネルギーである．しかし一旦利用されると再生が非常に困難である化石燃料やウランに対し，再生可能エネルギーは，太陽光・風力・水力・地熱などに見られる通り，利用されても再び自然の力で再び生み出されることができる．これを以てこれらエネルギー源は「再生可能エネルギー」と呼ばれる．

　一方，国は「新エネルギー」という分類を使うことがある（図19-3）．新エネルギーは，「技術的に実用化段階に達しつつあるが，経済性の面から普及が十分でないもので，石油に代わるエネルギーの導入を図るために特に必要なもの」と政策的に定義されている．このため，実用段階に達したとみなされる水力発電・地熱発電などは新エネルギーには含まれていない．

240 6. 生きる場へのまなざし

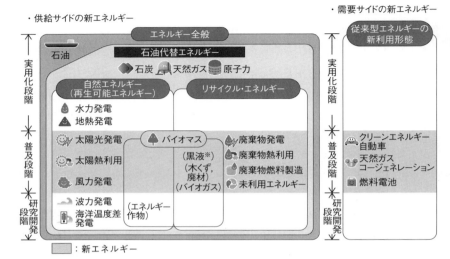

図 19-3 新エネルギーの分類

注) 黒液とは，パルプ製造工程の際に出る廃液
出典) 新エネルギー財団ホームページ．

　また，近年再生可能エネルギーの技術が進むに従って，新エネルギーという定義が打ち出された当時よりも広い範囲の再生可能エネルギーが開発されているが，研究開発段階にある波力発電なども新エネルギーには指定されていない．さらに，新エネルギーには，太陽熱・地中熱・氷雪熱等が含まれない等，エネルギーの熱利用に対する意識が希薄である．そもそも再生可能エネルギーの多くは，分散型であり，それを用いてわざわざ発電するよりは分散したままの形（低熱等）で利用した方が一般的には効率が良い．しかしながら日本のエネルギー政策においては，熱に対する十分な配慮がなされてこなかったこともあり，再生可能エネルギー由来の熱は新エネルギーに含まれてこなかった．このように新エネルギーという定義は，社会の技術革新や実装に向けたニーズから取り残されたものとなりつつある．

　基本的に，再生可能エネルギーは運転時（発電・熱利用）に二酸化炭素を排出しない（図 19-4）．また，再生可能エネルギーは，比較的災害等にも強く，例えば地熱発電は東日本大震災後も，日本の全ての地熱発電所は震災前のレベ

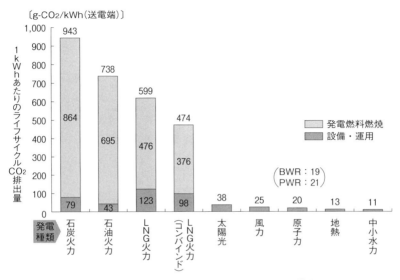

図 19-4　各種電源別のライフサイクル CO_2 排出量

注 1）発電燃料の燃焼に加え，原料の採掘から発電設備等の建設・燃料輸送・精製・運用・保守等のために消費される全てのエネルギーを対象として CO_2 排出量を算出
注 2）原子力については，現在計画中の使用済燃料国内再処理・プルサーマル利用（1 回リサイクル前提）・高レベル放射性廃棄物処分・発電所廃炉等を含めて算出した BWR（19g-CO_2/kWh）と PWR（21g-CO_2/kWh）の結果を設備容量に基づき平均
出典）電気事業連合会（2013）．

ルで発電を続けている．この点は，確かに運転時には二酸化炭素排出が少ないが，一旦事故が起きた場合放射性物質の放出の危険がある原子力発電と対象的である．

（2）再生可能エネルギー政策

　以上の特長から大きな期待が寄せられてきた再生可能エネルギーであるが，2013 年段階で電源構成に占める割合は約 2.2％（水力を含めると約 10.7％）に留まっている（図 19-5）．

　この一因には，前述の通りオイルショック以降の開発補助に比べ，その実装に向けた政策が長らく不在であったことが挙げられる．すなわち，エネルギー源転換に向けた取り組みとしては，あくまでも技術的な観点から，各種技術開

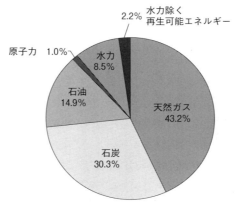

図 19-5　再生可能エネルギー等の導入状況
資料）電気事業連合会「電源別発電電力量構成比」
出典）資源エネルギー庁（2014a）.

発・革新が図られたが，必要な政策の不足等から，開発された技術が効果的にかつ効率的に実装されてこなかったのである（倉阪 2004）.

いかなる技術も，技術を開発するだけでは社会に普及するとは限らない．技術のコストを下げ，利用促進を図るための効果的な戦略・政策がなければ普及しないことは，技術イノベーションの分野でよく知られることである．技術イノベーションが起きても，実際に技術が市場に普及しない現象を「死の谷（the Valley of Death）」に喩えるが，再生可能エネルギーの多くは，いわば「死の谷」の崖っぷちの状況であったといえよう．

a　固定価格買取制度萌芽期

再生可能エネルギーの普及にようやく１つの弾みがついたのは，1990 年代に電力会社が余剰電力を購入する動きを見せた時期である．1992 年，電力各社は太陽光発電，風力発電，廃棄物発電等からの余剰電力を一定の価格で，原則全量購入する余剰電力購入メニュー制度を開始した．また事業を目的とする風力発電については，事業用風力メニューを 1998〜1999 年にかけて各社が順次設定した．

このうち，余剰電力購入メニューは，補助金交付等政府の支援施策と相俟って，近時の我が国における太陽光発電，風力発電，廃棄物発電の導入量の増大

に一定の貢献をしたものと評価されている．しかし，これらはあくまでも電力会社の自主的な取り組みであり，法的根拠があるものではなく，価格や売却条件やその変更等が電力会社の裁量に任されていたことから，再生可能エネルギー発電事業の経済性を安定的に確保する上で様々な問題が発生した．このため，NGO を中心に，電力会社任せではなく，再生可能エネルギー由来の電力を固定価格で買取る制度，すなわち「固定価格買取制度」の法制化を促進する動きが加速した（「自然エネルギー促進法」推進ネットワーク 1999）．これは，1990 年代以降，ドイツで導入された固定価格制度が再生可能エネルギー導入に大きな影響を与えた経験を参考に，日本でも同様の制度を導入しようとするものであった．

固定価格買取制度は，一定の価格（tariff）で再生可能エネルギー由来の電力を買い取るものであり，価格固定により個々の事業者の投資リスクを低く保ち，事業採算性を確保する制度である．固定価格買取制度の原型は 1978 年，アメリカにおいて導入された Public Utility Regulatory Policies Act(PURPA) とされる．PURPA は特にカリフォルニア州などにおける風力発電の容量増加に貢献した．ドイツは PURPA モデルを参考に 1990 年の電力供給法（FEL）で国家レベルで初となる固定価格買取制度を導入，さらに 2000 年に自然エネルギー法（EEG）で現在のコストベースの買取価格を定めた制度を導入し，法改正を行った 2004 年頃から特に太陽光発電等が飛躍的に増加した．

ドイツの固定価格買取制度を参考にし，我が国でも同様の制度の導入を目指す有志のネットワークである「グリーンエネルギーネットワーク（GEN）」が 1999 年に結成された．GEN を中心に，政府関係者・学識経験者・NGO 等を母体とする有志が固定価格買取制法案の原案の作成まで行い，超党派の国会議員約 250 名からなる自然エネルギー議員連盟と連携しつつ，自然エネルギー市民立法を目指した．しかし，固定価格買取制度に関する議員立法は 2000 年の国会に上程される目前に衆議院解散を受けて廃案となった（環境エネルギー政策研究所 2014）．

一方，経済産業省及びその審議会を中心に，全く異なるタイプの政策の導入が審議され始めた．その政策が，Renewable Portfolio Standards（RPS）といわれる制度を基にした，「電気事業者による新エネルギー等の利用に関する特

別措置法（新エネ利用特措法，以下 RPS 法）」である．PRS 法は，固定価格制度のように再生可能エネルギーの価格を保証するのではなく，電力会社が再生可能エネルギー由来の電力を供給する量を決める制度である．当時，アメリカ・イギリス等を中心に導入されていたが，再生可能エネルギー導入に関する効果は限定的であるとの見方が学識経験者の間で概ね広がっていた．しかし経済産業省は，RPS 法の導入を非常に早いペースで進め，同制度に懐疑的な意見は議論の本流から排除されることとなった（飯田 2002）．

　2002 年の通常国会で成立した「電気事業者による新エネルギー等の利用に関する特別措置法（RPS 法）」は，翌年 2003 年 4 月から施行されたが，一部の識者が予測していた通り，日本の RPS 法は導入後数年でその問題点を露呈することとなった．もともと RPS 制度一般の効果は，電力会社に課す再生可能エネルギー導入目標をどのレベルに設定するかに大きく依存する．しかしながら，我が国の RPS 法の目標値は非常に低く設定され，義務量を達成することが容易であることが早い段階からわかってきた．例えば，RPS 法では義務量（基準利用量）以上の新エネルギー発電量を貯めて翌年の義務履行に充てる「バンキング（Banking：「貯蓄」の意）」を認めていたが，法律が施行さされた 2003 年度以降，毎年度相当量のバンキングが発生した．例えば 2008 年度から 2009 年度へバンキングされた電力総量は約 70 億 4000 万 kWh に上り，2009 年度の義務量 91 億 7000 万 kWh の 80％ 近くを賄う量に達した（図 19-6）．このような大量のバンキングの発生は，再生可能エネルギーポテンシャルに比べて義務量（基準利用量）が少なすぎたことを示していた．このように RPS 法は，再生可能エネルギーの根本的な導入促進にはつながらなかった（環境エネルギー政策研究所 2014；諏訪 2008）．

　国内での再生可能エネルギーの導入が低迷する中，国外の状況は大きく変化していた．太陽光発電を例に取ると，2000 年代はじめまで世界で日本が第 1 位の導入量を誇ってきたが，2004 年には累積導入量でドイツに抜かれることとなった（図 19-7）．また，太陽光発電機器の製造についても，中国等新興国の台頭は著しく，シャープ・京セラ等，当時高い技術力を誇っていた日本の太陽光機器メーカーも国内外の市場で苦戦を強いられる状況となった．国内外の自然エネルギー市場拡大に対しも RPS 法は大きく貢献することはできなかっ

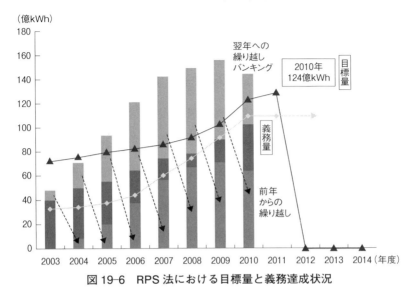

図19-6 RPS法における目標量と義務達成状況
出典）環境エネルギー政策研究所（2012）．

たのである．

　日本のRPS法の不備が明白なものとなってきた中，2009年2月24日，当時の二階経済産業大臣は，太陽光発電に関する新たな制度として，太陽光発電に限って固定価格買取制を導入することを記者発表する（経済産業省 2009a）．この発表内容は，事前に経済産業省の諮問機関である総合資源エネルギー調査会新エネルギー部会に知らされることもない，トップダウンの判断であった（経済産業省 2009b）．

　そして，太陽光以外の再生可能エネルギーをカバーする包括的な固定価格買取制が，2011年3月11日に閣議決定された．奇しくも東日本大震災当日の午前のことであった．福島第一発電所事故以来，再生可能エネルギーが脚光を浴び，その導入策である固定価格買取制があたかも反原発政策として導入されたかの印象が一般に与えられることがあるが，固定価格買取制自体は，1990年台後半から提案され，様々な紆余曲折を経ながら大震災以前にその導入が見込まれることとなった制度であり，反原発政策として短期間に準備されたものではないということは，表舞台・裏舞台に限らず，その導入に関わったすべての

246   6. 生きる場へのまなざし

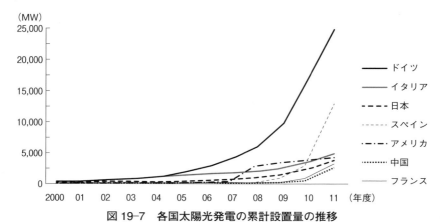

図 19-7　各国太陽光発電の累計設置量の推移

出典）ジャパン・フォー・サステナビリティホームページ.

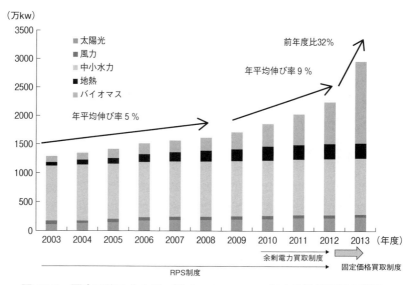

図 19-8　再生可能エネルギー等（大規模水力除く）による設備容量の推移

注）2013 年度の設備容量は 2014 年 3 月末までの数字
資料）JPEA 出荷計，NEDO の風力発電設備実績統計，包蔵水力調査，地熱発電の現状と動向，RPS 制度・
　　　固定価格買取制度認定実績等よりエネルギー庁作成
出典）資源エネルギー庁（2014a）.

人々の努力とともに記憶されておくべきである．

2011年3月11日の閣議決定を受け，ようやく再生可能エネルギーの固定価格買取制度が，「電気事業者による再生可能エネルギー電気の調達に関する特別措置法」として2011年8月26日成立，2012年7月1日から施行されることとなった．この再生可能エネルギーの固定価格買取制度は，太陽光や風力等の再生可能エネルギーによって発電された電気を一定の価格・期間で電力会社等が買い取るもので，買取に要する費用は「再生可能エネルギー発電促進賦課金」として，電気を利用する消費者が負担する．

b 固定価格買取制度運用後の課題

固定価格買取制度運用開始後，再生可能エネルギーへの関心は確実に高まった．太陽光発電以外でも，風力・地熱などの各エネルギーに関し自ら導入を検討する事業者・個人が増加した．再生可能エネルギーの設備容量も増加し，2012年7月から2013年2月までの8カ月で運転開始した自然エネルギー発電設備は合計135万kWである．また，今後の導入予定も合わせた設備認定量は，1306万kWにのぼり，これら認定設備がすべて運転開始すれば，自然エネルギーの総設備容量は3337万kW，その年間発電量は約820億kWhとなり，100万kWの原子力発電13.4基分に相当すると試算されている（自然エネルギー財団2013）．

しかし，このような急速な再生可能エネルギーの浸透を妨げる要因も見られる．

要因の第一に挙げられるのは，送電網の整備である．言うまでもなく，送電線とは，発電された電力を最終需要へ届けるためのインフラである．日本では上述の1952年の電力改革以降，10の電力会社によって送電網が整備・運営されてきた．しかし，送電網はあくまでも電力会社の資産であり，大規模火力発電所や原子力発電所と需要地を結ぶことに力点が置かれてきたため，電力会社が興味を示してこなかったエネルギー源による電力を運ぶようにデザインされていない．

例えば，北海道と本州を結ぶ「北本連係」と呼ばれる送電線があるが，これは60万kWという脆弱な容量しかない．北海道は風力発電を行うのに適した風況で，大規模風力発電の可能性もあるが，せっかく北海道で風力発電由来の発電を行ったとしても，北本連係の容量制限により最大の需要地である本州に

送電することが困難といわれている（環境エネルギー政策研究所 2014）．

　また，日本の地熱発電の潜在エネルギー量は世界第3位と試算されているが，地熱発電は市街地から遠く離れた山間地に立地することが多く，これまで既存の電力会社があまり発電を行ってこなかった地域で発電しなければならないが，電力会社の保有する電力網までの送電線敷設費用は原則として地熱開発事業者の負担とされており，開発コストを押し上げる要因となっている．

　固定価格買取制が導入され，メガソーラー，洋上風力等大型プロジェクトを導入する動きが加速するにつれ，プロジェクト着手後に電力会社から，送電網の容量制限を理由に送電を断られる事例も増えている．新規発電事業の中には，事業採算性を確保できない稚拙な計画案も含まれることが報告されているが，送電網の所有者である電力会社各社が，系統連係の容量について透明性の高い情報を公開していないという批判もある（小泉 2014）．

　もともと，送電網の容量は1990年代に固定価格買取制が議論され始めた頃から，再生可能エネルギーの大幅導入を図る上では避けて通れない課題として認識されてきた．再生可能エネルギーの多くは，大規模火力・原子力発電と異なり，間歇型のエネルギーであり，これらのエネルギー由来の電力を系統連係に流すには，送電網の容量を戦略的に増強すること，及びその費用負担をどうすべきか，という議論が不可欠であった．

　再生可能エネルギー導入を積極的に進めてきたEUでは，系統連係に関する研究がEU予算で行われ，ルール作りを進めるきっかけとなってきた．またEU諸国では送電網の増設は送電網を有する会社の責任となっており，発電者側が費用負担を要求される日本と対比される．なお，固定価格買取制を英語で表現した「Feed-in Tariff」も，系統連係への再生可能エネルギーの接続（feed-in）を妨げてはならず，むしろ優先的に供給されるべきであるという原則を表現したものであり，容量制限・変動管理等の理由によって系統接続を妨げている日本の固定価格買取制はこのfeed-inの根本的なデザインから外れたものとなっている．

　また，固定価格買取制度の見直しも検討されはじめている（資源エネルギー庁 2014b）．見直しの重要なポイントは，国民負担の軽減という名目における買取価格の改定だが，系統連係等の問題から未だ事業者の参入が阻まれており，

市場が未成熟な状況のもとで，固定価格買取制の根幹である価格設定に不確実性を加えることは，事業の採算性の見通しをさらに悪化させる可能性があり，慎重な対応が必要である．

おわりに

再生可能エネルギー政策からさらに目をエネルギー政策全体へ移せば，"電力小売りの全面自由化"を柱とした改正電気事業法が 2014 年 6 月 11 日に成立した．従来は電力会社が指定され，小口の消費者は東京電力・関西電力などの 10 電力会社からしか電力を購入できなかったが，電力自由化により他の新規参入電力会社からも電力を購入できるようになった．この電力自由化により，電力会社間で競争が発生し，電力価格が下がることが期待される．また，新しい電力会社から，再生可能エネルギー由来のグリーン電力を買う契約を結ぶことも可能となることが見込まれ，市民と電力との新たな関係構築が期待できる．

しかし，日本で再生可能エネルギーをさらに導入するためには，市場任せではない，まず国が一貫性のある再生可能エネルギー政策を実現することが基本である．そのためには，再生可能エネルギー技術の実装を具現化すべくようやく導入された固定価格買取制をさらに効果的に運用するに留まらず，系統連係問題に踏み込み，費用負担に関する透明性の高いルール作りを行っていく必要がある．また，再生可能エネルギー由来の電力に加え，ほとんど政策的支援が行われていない再生可能エネルギー由来の熱をどう促進していくかのグランドデザインも早急に求められている．

注

(1) 2013 年度は 10 電力会社の火力発電による化石燃料購入費は 2010 年度の約 3.2 兆円から 2013 年度には約 7.2 兆円と 4.0 兆円増加し，2.3 倍になったが，実際の化石燃料使用量の増加は 1.4 倍に留まり，円安や原油価格上昇による化石燃料（特に原油や LNG）の購入単価（輸入価格から推計）が上の要因の多くを占めており，仮に化石燃料の購入単価が変わらなかったとすれば，化石燃料購入費は 4.6 兆円（すなわち原発停止に伴う燃料費の増加は 1.4 兆円）に留まるという推計がある（環境エネルギー政策研究所 2014）．

(2) 量的には，日本の一次エネルギー国内供給を 100 とすると，最終エネルギー消費は

69 程度であったとされる（経済産業省 2014）．

◻ **参考文献**

飯田哲也（2002）「歪められた「自然エネルギー促進法」――日本のエネルギー政策決定プロセスの実相と課題（エネルギー転換の社会学）――」『環境社会学研究』環境社会学会第 8 号，5-23 頁　http://ci.nii.ac.jp/naid/110008726862（2014 年 12 月 4 日確認）．

環境エネルギー政策研究所（2012）『自然エネルギー白書 2012』http://www.isep.or.jp/images/library/jsr2012/jsr2012-02.pdf（2014 年 12 月 4 日確認）．

――――（2014）「九州も四国も関西も再稼動は要らない：原発ゼロでの電力需給および経済的影響の評価」http://www.isep.or.jp/wp-content/uploads/2014/05/ISEP-BP20140507.pdf（2014 年 12 月 4 日確認）．

木村宰（2006）「エネルギー技術開発プログラムに対する費用効果分析（科学技術政策と政策論（2））」『研究技術計画学会　年次学術大会講演要旨集』第 21 号，1192-1195 頁 https://dspace.jaist.ac.jp/dspace/bitstream/10119/6573/1/2006-2H22.pdf（2014 年 12 月 4 日確認）．

倉阪秀史（2004）『環境政策論――環境政策の歴史及び原則と手法――』信山社出版．

経済産業省（2009a）『二階経済産業大臣の閣議後大臣記者会見の概要』http://www.meti.go.jp/speeches/data_ed/ed090224j.html（2014 年 12 月 4 日確認）．

――――（2009b）『総合資源エネルギー調査会新エネルギー部会　第 31 回議事録』http://www.meti.go.jp/committee/summary/0004405/gijiroku31.html（2014 年 12 月 4 日確認）．

――――（2014）『エネルギー白書 2014』http://www.enecho.meti.go.jp/about/whitepaper/2014pdf/（2014 年 12 月 4 日確認）．

小泉耕平（2014）「原発偏重　安倍政権下で進む自然エネルギー"つぶし"」『週刊朝日』2014 年 8 月 8 日号．

国立環境研究所・温室効果ガスインベントリオフィス（GIO）編（2014）『日本国温室効果ガスインベントリ報告書』地球環境研究センター　http://www-gio.nies.go.jp/aboutghg/nir/2014/NIR-JPN-2014-v3.0_J.pdf（2014 年 12 月 4 日確認）．

資源エネルギー庁（2014a）『再生可能エネルギーを巡る現状と課題：総合資源エネルギー調査会省エネルギー・新エネルギー分科会：第 1 回新エネルギー小委員会配布資料』http://www.meti.go.jp/committee/sougouenergy/shoene_shinene/shin_ene/pdf/001_03_00.pdf（2014 年 12 月 4 日確認）．

――――（2014b）『総合資源エネルギー調査会　省エネルギー・新エネルギー分科会：第 1 回新エネルギー小委員会議事録』http://www.meti.go.jp/committee/sougouenergy/shoene_shinene/shin_ene/pdf/001_gijiroku.pdf（2014 年 12 月 4 日確認）．

「自然エネルギー促進法」推進ネットワーク編（1999）『光と風と森が拓く未来――自然エネルギー促進法――』かもがわブックレット．

新エネルギー財団　ホームページ『新エネルギーとは』http://www.nef.or.jp/what/whats00.html（2014 年 12 月 4 日確認）．

自然エネルギー財団（2013）『プレスリリース――固定価格買取制度一年の成果と課題

──』http://jref.or.jp/images/pdf/20130628/FIT_press%20release_FIT1year_REV.pdf（2014年12月4日確認）.
ジャパン・フォー・サステナビリティ　ホームページ　http://www.japanfs.org/ja/news/archives/news_id032260.html（2014年12月4日確認）.
諏訪亜紀（2008）「我が国再生可能エネルギー政策の現状と課題──電気事業者による新エネルギー等の利用に関する特別措置法を例として──」『環境行政改革フォーラム年次総会紀要』東京都市大学.
電気事業連合会（2013）『原子力・エネルギー図面集　2013年度版』http://www.fepc.or.jp/library/pamphlet/zumenshu/pdf/all.pdf（2014年12月4日確認）.
西生漠（1999）『原発なんかいらない』七つ森書館.
八木田克英・岩船由美子・荻原美由紀・藤本剛志（2012）「東日本大震災後の家庭における節電行動の規定要因」『日本資源エネルギー学会誌』第33巻第4号　http://www.jser.gr.jp/journal/journal_pdf/2012/journal201207_2.pdf（2014年12月4日確認）.

推薦図書

上園昌武（2013）『先進例から学ぶ再生可能エネルギーの普及政策』本の泉社.
大島賢一（2010）『再生可能エネルギーの政治経済学』東洋経済新報社.
和田武（2013）『市民・地域主導の再生可能エネルギー普及戦略──電力買取制度を活かして──』かもがわ出版.
高橋洋（2011）『電力自由化──発送電分離から始まる日本の再生──』日本経済新聞出版社.
ロビンス，エイモリー・新原浩朗・福山哲郎・佐和隆光・村上憲郎・槌屋治紀（2013）『再生可能エネルギーがひらく未来』岩波書店.

（諏訪亜紀）

第20章　生物に見られる種内変異の維持機構

　自然選択による進化は，生存・繁殖上有利な性質が集団中に拡がる事で集団の遺伝子構成が変化する事を言う．このため，自然選択は遺伝的基盤を持つ種内変異を小さくする圧力となる．一方，生物界では同じ種に属していても一個体一個体が異なる性質を持つ事が一般的である．このような遺伝的基盤を持つ種内変異を維持するメカニズムである1) 突然変異の発生速度とその集団からの除去速度の釣り合い，2) 環境条件の時空間変異と個体の移動，3) 負の頻度依存淘汰，4) 超優性，の4つについて解説する．

はじめに

　生物多様性という言葉があるように，現在の地球上には我々ヒトを含む多種多様な生物が生息している．その数はおよそ数百万種から1000万種程だと推定されている．このような多様な生物は，生態系の要素として重要であり，近年の生物多様性の損失は，生態系サービスの劣化を通じてヒトの生活・文化にも影響を及ぼすことが懸念されている（Millenium Ecosystem Assessment 2005）．さて，生物多様性という概念は，多様な種の生物が存在しているという事だけを意味するものではない．それ以外にも生物多様性は，生態系の多様性という種よりも大きなレベルでの現象も含んでいる．これは，異なる種の生物同士が，例えば食う食われるの関係のように，つながりを持ち1つのシステムを作っているような場合に，そのシステムのあり方が多様であるという事を意味している．一方，私たちは人間の1人ひとりがそれぞれ違った性質を持った人物であることを知っているが，この違いの中には例えば血液型のように遺伝的な基盤を持ったものもある．このような遺伝的多様性は決してヒトにだけ存在するのではなく，私たちにとっては皆同じにしか見えないような種類の生物にも存在することがわかっている．例えば，イヌやネコを飼った経験のある人ならば，これらの動物に，ヒトと同じように個性があることを実感として理解できるだろうが，個性は昆虫や貝，線虫といった無脊椎動物にもさえ広く見

られる現象であり，その少なくとも一部には遺伝的基盤の関与があることが知られているのである（Kralj-Fišer and Schuett 2014）．一個体一個体が他の個体と性質が異なっていることは生物に普遍的に見られる現象で，生物多様性は，このような種よりも小さなレベルに見られる遺伝的多様性まで含む幅広い概念である．

（1）生物多様性と種内変異

さて，上で記述したような，同じ種に属する個体の間に見られる違いのことをひっくるめて，生物学的には種内変異と呼ぶ．種内変異の遺伝的基盤といえる遺伝的多様性は生物多様性の一部であり，生物多様性は生物界の最も重要な特徴である事を考えると，このような遺伝的多様性に基づく種内変異が生物界に広く存在することは当然のように思われるかもしれない．しかし，もう少し考えを深めてみると，このことは必ずしも自明ではない．なぜなら，地球の生物多様性は38億年前に地球に現れた共通祖先から進化の過程を経て生み出されてきたものだからだ（Barton et al. 2007）．なぜ，進化によって生み出された生物多様性の前で種内変異の存在が自明でないのか？　そのことを理解するためには，進化を引き起こす重要なメカニズムの1つである自然選択について理解しなくてはならない．

（2）自　然　選　択

自然選択とは，1) 同じ種の個体間で性質に違いがあり（変異），2) その性質が親から子に受け継がれ（遺伝），3) 性質の違いが生存率，繁殖率，死亡率の違いなどを通じて各個体が次世代に残す子の数に違いを生み出す（淘汰），という3つの条件が満たされたときに生じるプロセスのことである（Barton et al. 2007）．このとき，有限な地球環境のもとで，その種に属する個体の総数が長い目で見て一定になると仮定すれば，その種に属する個体の平均的な性質は，世代を経るごとに変化していく．このような変化を観察したとき，私たちは「自然選択による進化が生じた」と呼ぶのである．もう少し具体的に，例えば生物Xの中に，Aという性質を持った成体の個体が500個体，Bという性質を持った成体の個体が500個体いると考えよう．このとき生物Xに属す

る個体の総数は1000個体となるが，餌量や生息場所の制約などでこの総数は時間が経っても変わらないものとする．ここでさらに，Aという性質はBという性質と比べて，エネルギー利用の効率が3倍優れていると考えよう．これは例えば，同じ量の餌を食べることができたとして，3倍多く活動できるというものだと考えてもらえば良い．もし性質Aを持つ個体がこの3倍の活動量をすべて繁殖に振り向け，性質Bを持つ個体が一生で10個体の子を残すものとすると，性質Aを持つ個体は30個体の子を残せるということになる．全体では性質Aを持つ個体は500個体いるわけだから，遺伝により性質Aを受け継ぐ子は総数で1万5000個体（＝500×30）産まれることになる．一方，性質Bを受け継ぐ子の総数は5000（＝500×10）個体産まれてくる．合計で2万個体である．ところが，先ほども述べたように，生物Xは成体だと全体で1000個体しか生息できない．子の間は，体が小さく餌をあまり必要としないために2万個体が共存できても成長するにつれ餌不足になる個体が現れ，数が減っていくだろう．このとき，成体になるまで生き残れる確率は，平均すると0.05（＝1000/20000）である．この確率が，個体が持っている性質がAであるかBであるかにかかわらず一定だと考えると，性質Aを持つ子で成体になれる個体の総数は750（＝15000×0.05）個体で，性質Bを持つ子の場合は250（＝5000×0.05）個体になる．この結果，性質Aを持つ個体とBを持つ個体の集団内での比率が，親の世代で1：1だったものが子の世代で3：1に変化している事に注目して欲しい．この変化が自然選択による進化なのである．

　この例からわかるように，自然選択による進化とは，ある生物の集団の中で，子をよりたくさん残す性質が増えていくプロセスだということになる．このことは逆に言うと，子を残す上で有利ではない性質は次第に減っていく事を意味する．上の例では，性質Bを持つ個体が数を減らしていることがわかるだろう．このプロセスが何世代も続くと，最終的に性質Bを持つ個体が生物Xの中からいなくなってしまうだろう（計算上だと9世代後に性質Bを持つ個体の数がほぼ1になる）．これを種内変異の観点から見ると，生物Xの中にあったAという性質とBという性質の混ざり合った状態が，進化の結果失われてしまうことを意味する．つまり自然選択には，種内の遺伝的変異を減らそうと作用する側面があるといえる．地球上の生物多様性は，自然選択による進化を

長い時間繰り返して作り出されたものなのだから，そう考えると現在の生物は種内変異を失っていてもおかしくなさそうである．

（3）種内変異維持メカニズム

しかし，現実にはヒトを含む様々な生物で種内変異が観察される．このような変異が種内に維持されているメカニズムはどのようなものだろうか？　その主な可能性として，1）突然変異の発生速度とその集団からの除去速度の釣り合い，2）環境条件の時空間変異と個体の移動，3）負の頻度依存淘汰，4）超優性，が挙げられる（Lewontin et al. 1978；Roulin 2004；Gray and McKinnon 2007）．

a　突然変異の発生と除去の釣り合い

1）については，生物の遺伝においては，親の持つ性質が100％正確に子に伝わるわけではない事がポイントである．遺伝子の複製時に生じる間違いや有性生殖における組み換えによって，繁殖時には親世代には存在しなかった遺伝的性質が一定の割合で子世代に現れる事になる．このような突然変異によって生じた遺伝的性質は，生存上もしくは繁殖上で既存の遺伝的性質と比べて有利な点がない限り，時間が経てば自然選択によって集団から取り除かれると予想される．しかし，淘汰があまり強くなく特定の遺伝的性質が取り除かれるまでに時間がかかり，その間にまた別の新しい遺伝的性質が突然変異によって生じれば，集団全体としては常に種内変異が存在する事になる．生物Xの例で言えば，性質Bを持つ個体がいなくなってしまうまえに性質Cを持つ個体が現れ，その性質Cを持つ個体がいなくなる前に性質Dを持つ個体が現れれば，生物Xに属する個体がすべて性質Aを持つという状態にはならない，と言う事である．自然選択による進化が生じるためには変異が必要である事から，このような突然変異による新しい遺伝的性質の導入が生物の世界では重要である事は明らかである．しかし，生物に普遍的に見られる種内変異がすべてこのような突然変異と自然選択の釣り合いによって説明できるかというとそうではないだろう．性質間に見られる極わずかな生存上繁殖上の有利さの違いでも自然選択は十分速く働き，それに比して突然変異の発生速度はそれほど大きくないと考えられているからである．また，このメカニズムで種内変異が維持されて

いると場合，突然変異によって生じた性質を持つ個体は集団内で極少数にとどまり，ほとんどは淘汰上有利な性質を持つ個体で占められている事になるが，現実の種内変異は必ずしもこうなっているわけではない．一方，性質の違いが生存上繁殖上の有利さと関係ない場合が考えられる．この場合，進化的に中立であるこの性質は突然変異が生じるたびに種内変異が大きくなっていくという現象が見られると予想されるが，こちらも現実の種内変異と必ずしも合致しない．

b 環境条件の時空間変異と個体の移動

2) については，同種の生物でも生息する環境の性質が一様でない事がポイントである．温帯の地域のように時間によってその物理的環境が異なれば，それに伴い子を残す上で有利な性質が時間によって異なる事が考えられる．生物Xの例で考えると，性質Aは高い平均気温に適応したもので，春から夏は性質Aを持つ個体が3倍多くの子を残すが，性質Bは低い気温に適応したもので，この性質を持つと秋から冬に3倍有利になるとする．この場合，有利な性質が時間とともに交替するので，どちらかの性質を持つ個体が他の性質を持つ個体を絶滅に追いやる事は起きにくくなると考えられる．しかし，このメカニズムだけで長期間にわたって種内変異が維持されるには，各性質の有利さの長期平均がすべて等しくなる必要があり，この事が現実に起きているのかは定かではない．理屈の上では，有利さにわずかでも違いがあれば，そのわずかに有利な性質が不利な性質を最終的には絶滅に追いやる事ができると考えられる．一方，ヒト集団には熱帯のジャングルに暮すものもあれば，雨のほとんど降らない砂漠環境で家畜とともに暮すものもあるように，生物は環境の異なる複数の場所に拡がって生息している事もある．このとき，場所によって有利な性質が異なれば，それぞれの場所で異なる性質が残る事で全体としては種内変異が維持される事になる．例えば，ポケットネズミの一種 *Chaetodipus intermedius* は溶岩からなる生息地では暗い毛の色をしているのに対して，花こう岩からなる生息地ではもっと明るい色の毛を持っている．このような体色の種内変異が見られる理由は，それぞれ背景の色が異なる生息地間で異なる色を持つ事が捕食者に対する隠蔽として機能し，有利になるためだと考えられる（Hoekstra et al. 2004）．さて，空間的に異なる環境で有利な性質が交替する場合が時間

的な場合と異なるのは，場所間で平均した有利さに性質間で違いがあったとしても，有利な性質が不利な性質を駆逐するまでには至らない事である．生物 X の例で考えよう．今回は生物 X が場所 P と場所 Q の 2 カ所に住んでおり，場所 P では性質 A が，場所 Q では性質 B がそれぞれ 3 倍有利になるとする．場所 P は場所 Q より面積が広いと考えると，計算上は性質 A が平均的に有利になることになる．しかしこの有利さが完全に効力を持つのは，生物 X に属する個体が，生まれた場所に関わらず場所 P と場所 Q の間にランダムに分布できる場合だけである．そして，この条件は現実的ではない．例えば，文明が発達した現代のヒトであったとしても熱帯で生まれた人の多くは熱帯で一生を送る．すなわち，場所間の行き来には何らかの制約があることが一般的なのである．この場合，場所 P で性質 A が有利だったとしても，その有利さが場所 Q で性質 B を持った個体を減らす事には繋がらない．そのため場所 Q では，性質 B を持った個体が存続し続け，性質 A を持った個体を減らす事になる．もし，場所 P と場所 Q の間で生物 X の行き来が完全に見られない場合，場所 P は性質 A を持った個体に占められ，場所 Q は性質 B を持った個体で占められる事になるだろう．この場合，種内変異は場所間のみで存在する事になる．場所間で多少なりと行き来が見られる場合，それぞれの場所で有利な性質を持った個体と不利な性質を持った個体が見られる事になり，場所間に加えてそれぞれの場所内でも種内変異が見られる事になる．不利な性質を持った個体は淘汰によって除かれ続けるのだが，有利に振る舞える他の場所から移動してくる事によって，不利な性質を持った個体であっても集団は維持されるのである．このメカニズムは，1) と似ているが，不利な性質を持った個体が移動してくる速度は突然変異速度よりも大きくなりうるので，複数の性質の頻度にそれほど違いがないような種内変異の存在を説明する事が可能である．

c　負の頻度依存淘汰

3) の負の頻度依存淘汰によるメカニズムの本質も，2) と同様に有利な性質と不利な性質が状況に応じて入れ替わる，ということである．しかし，負の頻度依存淘汰では，2) と異なり，どのような性質が有利になるかが集団内で複数の性質がどのような割合で存在しているかで決まるというのがポイントで，さらに，多数派が常に不利になる状況が必要である．もしそうであれば，ある

時不利である性質があったとしても，不利であるがゆえに集団内で数を減らしていき少数派になった段階でその性質が不利から有利なものに変わる．その結果，変化の方向が逆転して小数派だった性質を持つ個体の数が増えていき，これまで有利だった性質を持つ個体が不利なものになり数を減らす．そして再び多数派と少数派が逆転した時，もう一度性質の有利不利さが逆転し，最初に戻る事になる．このようなダイナミクスを繰り返す結果として，いずれの性質も集団から失われる事がない．

　しかし，多数派が常に不利になると言うようなそんな都合の良い状況が自然界に存在するのだろうか？　実は，このような状況はそれほど珍しいものではない．例えば，生物 X が捕食性の生物の餌であったとしよう．そして，性質 A と性質 B はこの生物 X の体の色，例えば青と赤を示すと仮定する．この状況を捕食者の観点から見ると，この世には青と赤の餌があるという事になる．捕食者は生きていくために餌であるこの生物 X を探して食べるわけだが，あらかじめ探すもののイメージを頭に描くことで，より効率的に餌を見つけることができるとしよう（サーチイメージ：行動生物学辞典（2013））．ただし，このやり方には副作用があって，イメージしていないものが見つけにくくなるだろう．この場合，捕食者はどの色を頭に描いて餌を探せば良いだろうか？　もし，私は赤がラッキーカラーだから，いつでも赤を頭に浮べます，という捕食者がいたとしたら，その生物は餌探しで他の個体に負けてしまって飢える事になるだろう．この状況で上手いやり方は，多数派の色を頭に描く，と言う事である．例えば，青の餌が 100 個，赤の餌が 10 個あって，頭に浮べた色の餌は 0.2 の確率，浮べなかった色の餌は 0.1 の確率で見つける事ができるとする．この時青の餌を頭に描くと，見つける事のできる餌の総数は $100 \times 0.2 + 10 \times 0.1 = 21$ 個となる．赤の餌を頭に描くと，$100 \times 0.1 + 10 \times 0.2 = 12$ 個しか餌を見つける事ができない．どちらが有利かは一目瞭然である．もしここで，青の餌が 10 個，赤の餌が 100 個だったとしたら，逆に赤の餌を頭に描いた方が餌をたくさん手に入れられる事は，計算してみると明らかである（説明は繰り返しになるので省略する）．この状況を餌の立場から言い直すと，捕食者がより多くの餌を手に入れようとする結果として，多数派がより高い確率で食べられ，不利になるという事である．

このような集団を構成する個体の頻度によって淘汰の結果が変わる現象を一般に頻度依存淘汰と呼ぶ．多数派が不利になる負の頻度依存淘汰のために種内変異が維持されていると考えられている実際の生物の例としては，ハワイに住むハッピーフェイススパイダー *Theridion grallator* が有名である（Gillespie and Oxford 1998）．頻度依存淘汰には多数派がより有利になるようなものもあり，これを正の頻度依存淘汰と呼ぶが，この場合は種内変異は維持されにくくなる．例えば，カタツムリの殻の巻く方向は遺伝的に決まっており，日本に生息するカタツムリの多くの種は右巻きの殻を持つ個体が大多数を占めており種内変異はほとんど見られない．これはカタツムリの交尾行動の特徴から，殻の巻き方向が異なる個体とは配偶する事が難しいからで，このような状況では，小数派の左巻きに属してしまうと，配偶相手を見つけることが多数派の右巻きよりも困難になり，そのために左巻きが消えてしまったのだと考えられている（細 2012）．

d 超優性

4）については，遺伝子と実際に生物に現れる性質とを区別して考える必要がある．遺伝子 A のみを持つ個体は性質 A を示し，遺伝子 B のみを持つ個体は性質 B を示すときに，有性生殖を行う生物であれば，片方の親から遺伝子 A，もう片方の親から遺伝子 B をもらうという場合があるが，その時生まれた子は性質 C を示す，と言う状況である．この時，もし性質 C が性質 A や性質 B よりも有利であれば，性質 A が性質 B より有利であったとしても，性質 B を示す原因となる遺伝子 B が集団から失われる事はない．性質 C を持つ個体経由で遺伝子 B が増えるからである．性質 B を持つ個体が一時的にすべて失われたとしても，性質 C を持つ個体同士が繁殖すると，その子の中に性質 B を持つ個体が現れる．これは，遺伝学の用語で言うと，ヘテロ個体がホモ個体より有利な場合である，ということである．このような状況は現実にも存在する可能性がおおいにあるだろう．例えば，遺伝子 A が体の色を青にし，遺伝子 B が赤にする場合で，ヘテロ個体が赤と緑の中間である緑色になるという状況だ．もし緑色が植物の前で保護色となって捕食者から見つかりにくくなるならば，ヘテロ個体はホモ個体より生存確率が高くなり有利になるだろう．

おわりに

このように,自然選択の存在下でも,種内変異は様々なメカニズムによって維持される.むしろ,複雑な自然環境の中で暮す生物にとって,物理環境の多様さと他の生物との相互作用を前提とすれば,種内変異が存在する事は当然といえるかもしれない.しかしながら,種内変異の維持メカニズムについての詳細がわかっていない生物はまだまだたくさんある.遺伝的多様性を基盤に持つ種内変異の理解は,生物多様性の理解のために必要不可欠であり,今後も研究が望まれる.

参考文献

上田恵介・菊水健史・坂上貴之・岡ノ谷一夫・辻和希編(2013)『行動生物学辞典』東京化学同人.

細将貴(2012)『右利きのヘビ仮説――追うヘビ,逃げるカタツムリの右と左の共進化――』東海大学出版会.

Barton, Nicholas H., Briggs, Derek E. G., Eisen, Jonathan A., Goldstein, David B. and Patel, Nipam H. (2007) *Evolution*. New York: Cold Spring Harbor Laboratory Press.(宮田隆・星山大介監訳『進化――分子・個体・生態系――』メディカルサイエンスインターナショナル,2009年)

Gillespie, Rosemary G. and Oxford, Geoffrey S. (1998) "Selection on the color polymorphism in Hawaiian happy-face spiders: evidence from genetic structure and temporal fluctuations" *Evolution*, vol.52, pp.775–783.

Gray, Suzanne M. and McKinnon, Jeffrey S. (2007) "Linking color polymorphism maintenance and speciation" *Trends in Ecology & Evolution*, vol.22, pp.71–79.

Hoekstra, Hopi E., Drumm, Kristen E. and Nachman, Michael W. (2004) "Ecological genetics of adaptive color polymorphism in pocket mice: geographic variation in selected and neutral genes" *Evolution*, vol.58, pp.1329–1341.

Kralj-Fišer, Simona and Schuett, Wiebke (2014) "Studying personality variation in invertebrates: why bother?" *Animal Behaviour*, vol.91, pp.41–52.

Lewontin, Richard C., Ginzburg, Lev R. and Tuljapurkar, Shripad (1978) "Heterosis as an explanation for large amounts of genic polymorphism" *Genetics*, vol.88, pp.149–169.

Millennium ecosystem assessment (2005) *Ecosystems and Human Well-being: Synthesis*, Island Press.(『生態系サービスと人類の将来――国連ミレニアムエコシステム評価――』,オーム社,2007年)

Roulin, Alexandra (2004) "The evolution, maintenance and adaptive function of genetic colour polymorphism in birds" *Biological Reviews*, vol.79, pp.815-848.

📖 推薦図書

サダヴァ, デイヴィッドほか (2014)『アメリカ版 大学生物学の教科書 第4巻 進化生物学』, 石崎泰樹・斎藤成也監訳, 講談社〔講談社ブルーバックス〕.

――― (2014)『アメリカ版 大学生物学の教科書 第5巻 生態学』, 石崎泰樹・斎藤成也監訳, 講談社〔講談社ブルーバックス〕.

（中田兼介）

7.
インターネットと現代社会

第21章 Internet of Things（IoT）
——ネットに繋がるモノたち——

インターネットの普及による当然の帰結として，いつでもどこでもネットに接続されている状況が珍しくなくなった．今やテレビやカメラ，自家用車などもネットに繋がっていないと機能性能が充分に発揮できないようになっており，様々なものがネットに繋がることでスマート化（賢くなる）されてきている．この章ではそのような「モノ」がネットに接続され利用されている具体例を紹介し，現代社会との関わりについて考察する．

"この街では誰もが神様みたいなもんさ．いながらにしてその目で見，その手で触れることのできぬあらゆる現実を知る．何一つしない神様だ．"

——荒川茂樹，機動警察パトレイバー2 the Movie（1993）．

はじめに

1990年代に爆発的な勢いで規模を拡大したインターネット[1]は，黎明期には主に大型計算機やサーバ，パソコン（PC）等のコンピュータが接続されたネットワークだった．その頃からプリンタのような周辺機器がコンピュータにではなくネットワークに接続され，ネットを経由して複数のコンピュータから利用できるようになっているのは日常的だったが，近年これが発展し，身の回りの様々な「モノ」がネットに接続されることで，お互いに情報交換したり制御し

たりユーザに情報を提示したりするようになってきた．

　1997年に岡山県高度情報モデル実験としてインターネット冷蔵庫が研究されていた（INTERNET Watch 1997）．これは冷蔵庫に搭載されたPCがネットに接続され，扉に付いた液晶ディスプレイを通じてユーザに情報を提供するもので，冷蔵庫が常時通電していることを利用してこれを家庭内のキオスク端末として利用しようとしたものであった．(2) 家電においては，今や個々のテレビ受像機がネットに接続されていることを前提とした番組（クイズの回答や投票等，双方向の通信が行われる）も多く，ネットに接続されることでスマートフォンやPCを利用して操作や動作状況の確認等ができるエアコンも普及してきている．

　同じく1997年，サーバから取得した情報をユーザに提供するカーナビゲーションシステムがトヨタの自家用車に搭載された（西川 1998）．これは個々のカーナビが直接インターネットに接続するわけではなく専用サーバとの通信を行う形式だが，その後のカーナビの付加機能を方向付けた嚆矢であった．また逆に自動車をネットに接続してセンサとして利用するプロジェクトもあった（砂原ら 2002）．これは2001年に開始されたもので，横浜市内を走る300台の自動車をネットに接続して位置情報や走行速度等のデータを収集するというプロジェクトだった．例えばワイパーが動作しているという情報が位置情報付きで収集されれば，その一帯に現在雨が降っているという情報となって付加価値が生まれた．さらに2004年の新潟県中越地震や2011年の東日本大震災等の災害時には，被災地域の道路規制情報と通行実績を，カーナビによって収集された自動車の位置情報を利用して地図上に可視化するサービスが構築された（八木ら 2012）．

　筆者は電子工作キットとして入手したガイガーカウンタ(3)をPCに接続し，日常的な放射線の量を可視化するシステムを1999年に構築した（宮下 2000）．このシステムは改良されつつ10年以上にわたり筆者の研究室（途中で異動したので2カ所）で動作した．その過程で，最初は1分ごとの放射線量（ガイガー管が検知した回数）を数値で表示するだけだったものをWWWページとして公開したり，RRDtool（http://oss.oetiker.ch/rrdtool/）を利用してグラフ化したり，後述するPachubeに情報を提供したりといった改良を施した．

2009 年，Ashton によってこのような仕組みに"Internet of Things"（IoT）という名前が与えられ（Ashton 2009），瞬く間に人口に膾炙するようになった．IoT のコンセプトを最初に掲げたものとして Weiser（1991）が有名である．これは 1991 年に発表されたもので，21 世紀には現実世界の様々なものにコンピュータが組み込まれネットワークを利用して協調動作するというコンセプトを語るものである．筆者はこれに加えて，同年発表された宮川ら（1991）を挙げたい．この文献では様々なものをインターネットに接続するためのハードウェアとソフトウェアを（コンセプトではなく）実際に設計・構築し，それによってコーヒーサーバーや百葉箱をインターネットに接続するという応用例が紹介されている．実際に当時の東京工業大学大野研究室にはネット接続されたコーヒーサーバーが存在し，百葉箱をネットで繋ぎ情報を収集するアイデアは 2005 年に誕生した LiveE！プロジェクト（http://www.live-e.org/）におけるデジタル百葉箱に受け継がれている．

2009 年には 9 億台だった IoT デバイスは 2020 年には 260 億台になるだろうと Gartner 社は予測している（Gartner 2013）．その頃にはスマートフォンやタブレット，PC を合わせて約 73 億台になるとも予測しており，それらに比較して IoT デバイス数の増加率は非常に大きい．また Cisco 社の予測では，インターネットに接続されている機器数は 2000 年には 2 億台，その後機器の小型化や BYOD の流れ等を受けて 2013 年には 100 億台，今後は IoT（Cisco 社では IoE（Internet of Everything）と呼ぶが）の発展により 2020 年には 500 億台になるだろうとされている（Bradley et al. 2013）．とりわけ IoT に関しては，身の回りの「モノ」のうち 99.4％ は現在ネットに繋がっておらず，これは世界中にある 1.5 兆個の「モノ」のうち 100 億個しかネットに繋がっていないということになり，地球人 1 人あたり約 200 個の「モノ」がネットに繋がる可能性を秘めている計算になるとのことである．

朝，通学中に「ガスコンロの火を消してきたかどうか」心配になったことはないだろうか．コンロがネットに繋がるようになればこれはスマートフォン等で簡単に確認できるようになるだろうし，家中の「モノ」がネットに繋がって協調動作するようになれば，人が家にいない状態がしばらく続いたことを感知して（あるいはコンロに乗っているヤカンの温度を計測して）自動的に消火さ

れるようになるだろう．

　この章ではIoTについて，「モノ」がネットに繋がる仕組みを説明した後，具体的な例を挙げてIoTの実際を紹介しながらそれらとインターネットと社会との関わりについて述べる．

（1）ネットに「モノ」を繋ぐ

　様々な「モノ」をネットに繋ぐには，大きく分けて2種類の方法がある．[5]

　ひとつはその「モノ」自身がネットに直接接続されるための機能を有する場合で，これはPCがネットに繋がるのと同様の仕組みをそれ自身が備えている場合である．つまり，その「モノ」で動作するアプリケーション（センサから値を読み取ったりユーザに情報を提示したりする）の要求する通信をTCP/IP[6]として処理できる能力があるということである．こういうものにはUTPケーブルを差し込むための口（RJ-45ジャック）が付いていたり，無線LANに接[7]続できることが明記されていたりする．

　前出のテレビやエアコン等最近の家電製品にはネットに直接接続できるものが多い．TCP/IPを処理するにはそのためのソフトウェアが必要で，それをある程度の速度で動作させられる能力が必要となる．また，当然ながら上記のRJ-45ジャックや無線LANを利用した通信を行うハードウェアとそれを動作させるための電力も必要である．家電製品の場合，もともとの用途（テレビ放送を受像する，室温を快適に保つ等）のためのプロセッサを備えているため，こ[8]れに余力で通信処理をさせることができたり，使用する電力と製品の大きさに余裕があり通信処理のためのハードウェアを追加搭載することが容易だったりするので，ネット接続も自前で賄うことが可能である．

　もうひとつの方法は，先ほど紹介したコーヒーサーバー（またはコンロや水道の蛇口等）のようにそれ自身ではネットに接続できないものを接続する方法である．

　これはネット接続するための機構をその「モノ」に付加することで実現でき，先述のコーヒーサーバーはこの方法を利用した世界初のIoTデバイスであろう．もちろん当時このような目的のための製品は存在しなかったので，宮川ら（1991）はセンサを接続できる汎用I/Oポートを持ちネットに接続できる[9]

図 21-1　Arduino Uno（左）と Raspberry PI（右）

WBIP と呼ばれる装置を自作している．しかし現在ではこのような装置がいくつか販売されており，非常に簡単に利用できるようになっている．代表例を以下に挙げる．

Arduino　図 21-1 左参照．汎用 I/O ポートを複数備えたワンボードマイコンで，別売の Ethernet Shield を追加することでネットに接続できる．プログラム開発は PC 上で行う．回路図や仕様が公開されたオープンハードウェアであり，用途に応じて様々な派生品が作られている．例えば Light Blue Bean (http://punchthrough.com/bean/) は Arduino に Bluetooth での通信機能を持たせ小型化したものである．Arduino は製品によって価格がまちまちだがだいたい 2000 円～数千円程度で手に入る（詳しくは http://arduino.cc/参照）．

Raspberry PI　Arduino と同様のワンボードマイコンだが，単体でネットに接続できる（図 21-1 右参照．手前に RJ-45 ジャックが見える）．PC と同様の CPU やメモリ，インタフェース等を備えているためキーボードやディスプレイを繋ぐことができ，Linux や NetBSD 等 PC と同等の OS が動作するので，アプリケーション開発も本体上で行うことが可能である．5000 円程度で入手できる（詳しくは http://www.raspberrypi.org/参照）．

このような機器を「モノ」に追加し，汎用 I/O ポートに繋がれたセンサを適切に配置することでその「モノ」の状態や周囲の状況を取得してネット経由で情報提供したり，逆にネットから得られた情報により汎用 I/O ポートを通じてその「モノ」を制御したりすることが可能となる．

近年では最初から IoT デバイスとして利用されることを目的とした製品も

第 21 章 Internet of Things (IoT)

図 21-2　TWINE

存在する．例えば TWINE は温度センサと加速度センサを備え，無線 LAN に接続できる小さなデバイス（70×70×20mm）で，単 4 電池 2 本で動作する（図 21-2）．

　TWINE は本体に内蔵した温度センサと加速度センサで周囲の温度と本体の向きおよび揺れの大きさを測定し，無線 LAN を通じて一定の間隔で特定のサーバ（http://twine.cc/）に転送するだけのものである．サーバ側ではそれらの情報を元に何らかの動作を行うためのルールを作ることができる．例えば図 21-3 では加速度センサで TWINE 本体が揺れたことを検知したらそれをツイートするルールを作成している．他に湿度センサや磁気スイッチを TWINE に追加したり，アクションとしてメールを送信したり電話をかけたりすることも可能である．

　次に IoT の実例を見てみよう．まず筆者の研究室で動いている IoT デバイスを紹介する．

（2）研究室の様子

　筆者の研究室には Arduino が 1 つあり，UTP ケーブルで学内ネットワークに接続されている．これで室温と明るさおよび扉の状態（開閉）を計測しエアコンの制御（オン・オフ）を行っている．図 21-4 にシステム全体像を示す．手前左側にあるのが Arduino で，Ethernet Shield から写真左へ UTP ケーブルが延びているのがわかる．Arduino の右側に置かれたブレッドボードに温度[12]

268   7. インターネットと現代社会

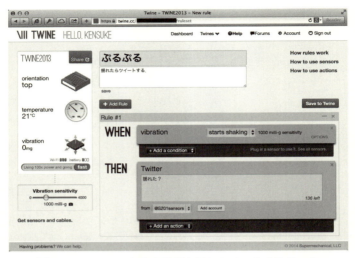

図21-3　TWINEからの情報を元にツイートするルール

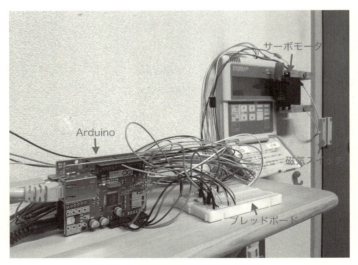

図21-4　筆者の研究室のシステム

センサと明るさセンサによる回路が構成され（写真ではわかりづらいが部品数点による簡単な回路である），その右隣の壁面に設置されたエアコンのリモコンの電源スイッチ（押ボタン）をサーボモータで押せるようになっている．さらに写真右端にある扉の端に磁気スイッチを配置して扉の開閉を感知するようにしている．

この Arduino では 10 秒間隔で明るさと室温を計測しサーバへ情報を提供している．また，扉の状態が変化した場合は即座にそのことをサーバへ伝達するようになっている．

サーバとしては Xively（https://xively.com/）というサービスを利用している．Xively は 2007 年，IoT の発展に伴い誕生したサービス（当初は Pachube という名前だった）で，IoT デバイスからの情報を統一的な手法で集積しその場でグラフ化したり先述の TWINE のようなルールを作成したりできる外，Xively に集まっている情報を基本的に公開し第三者が利用する方法も統一化した，IoT のハブとして活躍するサービスである．Xively は 2 億 5000 万以上の IoT デバイスとユーザ，顧客を抱えたサービスである．筆者はこれを 2007 年当初から利用している（当初は前述のガイガーカウンタのデータの提供をしていた）．

筆者の研究室の様子を Xively で確認すると図 21-5 のようになる．図の左上に"Public Feed"とありこれが公開情報であることがわかる．左側には明るさや扉等の現在の状態が数値で示され，クリックするとグラフが表示される．この図では扉のグラフ（開いていると 1，閉まっていると 0 で，グラフ化すると平均化されるので小数になっている）と室温のグラフが示されている．また，右側には上部に情報提供の履歴があり，下部にはルールが 4 つ示されている．ルールのトリガー（そのルールが適用されるきっかけ）は，上から順に「研究室が暗くなったら」「研究室が明るくなったら」「エアコンの状態が変化したら」「扉の状態が変化したら」となっており，いずれも条件が真になれば HTTP POST で学内の WWW サーバにその旨の通知が行われ，WWW サーバではその通知を受け取るとその旨をツイートするプログラムが動作している．

このシステムや先述の TWINE を通じてツイートが行われた様子を図 21-6 に示す．上の 2 つはこのシステムによって扉の開閉が感知されたことを示し，

図21-5 Xively で見る研究室の様子

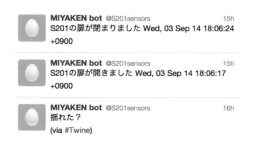

図21-6 実際のツイート

下のツイートはTWINEが揺れを検知したことを示す．これらのツイートも公開されており，誰でもアクセスすることが可能である．

このようにIoTを利用することで研究室の状況を容易にオープンデータ化することが可能となり，これは思いがけない結果を生む可能性を孕んでいる．[13] 例えば，前述したガイガーカウンタのデータは，2009年から2010年にかけてNTTインターコミュニケーション・センター（ICC）で開催されたOPEN

第 21 章 Internet of Things（IoT）

SPACE 2009 において展示物の照明の強弱を制御する情報として利用された（Pachube-M. K. I. 2009）．また，ガイガーカウンタの情報には，2011 年 3 月の福島第一原子力発電所事故以降しばらくの間は世界中から大量のアクセスがあった（放射線量に有意な変化はなかったことを念のため書き添える）．

さて，次はもっと大掛かりな例を紹介しよう．

（3）ビル管理システム

BEMS という言葉がある．これは Building Energy Management System の略で，建物のエネルギー（電力）消費を最適化するように建物内の機器や設備を運用するシステムを指す．BEMS のためにはエネルギーの消費量を随時監視することが必要不可欠である．それには建物内の電気配線にセンサを取り付けて消費電力に関する情報を収集し，それを視覚化するなどしてユーザに提示する必要がある．ここに IoT が活用されている．

近年，BEMS のためのオープンなプロトコル（通信規格）として IEEE1888 が開発された（IEEE 2011）．IEEE1888 は HTTP を用いて上記のような情報を提供・取得するためのプロトコルであり，とても単純な仕組みなので数 cm 四方の大きさの基板で実装できたり（実際に東京大学で開発されている），前述の Arduino 等に実装されたりしている．このような機器を建物内の要所に配置することで，電線を流れている（消費されている）電力を随時計測しネットを通じてそのデータを集約することができる．

この IEEE1888 を利用した BEMS が運用されている例として，東京大学，東京工業大学，日本マイクロソフト株式会社等がある．中でも東京大学は IEEE1888 の開発を先導し，各キャンパスの複数の建物で電力消費量を計測して省エネルギーに努力している．その基礎データを得るために IoT が活用されているというわけである．図 21-7 に東京大学が公開している電力消費量の WWW ページを示す．

次に，もっと身近なところで IoT が活躍した例を挙げる．

（4）スマート白杖

Cisco 社はネットワーク機器の最大手メーカであり，最近はサーバや遠隔会

7. インターネットと現代社会

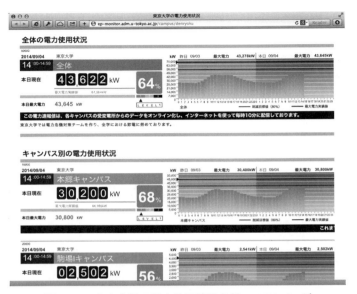

図 21-7　東京大学の電力使用状況公開 WWW ページ
出典）http://ep-monitor.adm.u-tokyo.ac.jp/campus/denryoku（2014 年 9 月 4 日）

議などネットワークアプリケーションの分野にも進出してきた巨大企業である．Cisco 社では IoT を IoE（Internet of Everything）と呼んで重要な戦略の 1 つに位置付けており，2013 年の白書（Bradley et al. 2013）では IoT による経済効果は約 14.4 兆ドル（約 1500 兆円）と予測している．

　Cisco 社は情報通信技術に関する教育に世界規模で関わっている．本学部で採用している Cisco Networking Academy はネットワーク技術の初歩から始まり組織間ネットワークの構築や運用を行えるまでのスキルや知識を習得するカリキュラムで，9 つの言語を利用して 165 以上の国で展開され，90 万人の受講生を擁している．このような教育の一環として Le Defi Cisco というコンテストがフランスで実施された（http://www.cisco.com/web/FR/events/ledefi-cisco/）．これに参加した仏ロレーヌ大学の学生チームが IoT を活用して地域社会を変革するプロジェクトで賞金を獲得し起業している（Cisco 2014）．

　このチームは地元ナンシー市を視覚障害者にとってより快適な街にしようとした．そのためにまず視覚障害者が持つ白杖に超音波センサとバイブレータを

付加し，センサで広範囲の障害物を検知してそれを振動によって杖を持つ人に伝えるように改良した．また予てよりナンシー市では市の施設にタグを付けるようになっており，そのタグから読み取れるデータはオープンデータとなっていたので，白杖が周囲にあるそれらのタグを読み取ることで信号の色やバスの現在位置，横断歩道の場所や天気等の情報を杖を持つ人に伝達するように改良された．例えば商店のタグからはそこで何が売られているかや入り口はどこか，いつ開店しているかなどが白杖に伝えられ，視覚障害者が商店街を1人で歩くことがとても容易になった．さらに緊急時に警察に通報するシステムも白杖に組み込まれる予定だそうである．

この一連の過程で，それまでただの棒だった白杖が賢い杖(スマートスティック)になった．すなわち，「モノ」に新たにセンサや情報処理装置を追加することでスマート化し，さらに他のもの（ここではタグ）やネットに繋げることでオープンデータと連携して適切な情報をユーザに提示することが可能になったわけである．このような連携のしかたはきわめてインターネット的であると筆者は考える．この「インターネット的」とは何だろうか．

(5) ネットの中立性

今や地球を覆う勢いで規模を拡大しているインターネットの，そのもっとも初期の段階から設計や運用の根幹をなす思想が存在する．それは次の3点に要約できる（江崎ら 2014）．

1. 情報が自由にかつ自律的に流通する．
2. 常に「別の手段」を提供する．
3. 動くものを尊重する．

インターネットでは情報の利用法（アプリケーション）を制限せず，また情報の利用者（ユーザ）も制限しない．そして常に複数の選択肢を用意するために技術が標準化され，その上で動作する多様なアプリケーションをユーザは自由に選択できる．さらに，厳密な仕様を決定してからアプリケーションを作成するのではなく，だいたいの合意ができたらとにかく動くものを作成しそれを尊重しつつ議論を継続するという方針が，特に技術の標準化の段階で採用され

ている．

また，米国連邦通信委員会（FCC）は 2005 年にネットの中立性（Network Neutrality）という概念を発表した（FCC 2005）．これはインターネットに関する消費者の権利を宣言したもので，要約すれば消費者は以下の 4 つ権利をもつと謳っている．

1. 合法的なインターネットコンテンツに自由にアクセスできる．
2. 合法である限り自由にアプリケーションを実行しサービスを利用できる．
3. ネットワークに悪影響を及ぼさない合法的な機器を自由に接続できる．
4. ネットワークプロバイダやアプリケーションプロバイダ，サービスプロバイダ，コンテンツプロバイダを自由に選択できる．

インターネットを利用するユーザがこれらの権利を保障されていることによってインターネットはオープンであり続け，また健全に発展し続けると考えられる．逆に言えば，インターネットが持続可能なメディアであるためには上記のような設計・運用方針とユーザの権利保障が不可欠なのである．

以上のことを IoT においてネット上をやりとりされる情報の観点で整理すれば，そのような情報を発生させる機器（センサ等）は自由にネットに接続できなければならず，それらの情報は「誰によって」「どんなふうに」「どこで」利用されようと（合法である限り）自由であるということになる．つまり，前述のタグに紐付けられているようなオープンデータが白杖によって読み取られ視覚障害者に伝達されたり，筆者の研究室（京都）で計測した放射線の情報が東京で照明の制御に利用されたりすることはインターネットの健全な姿を体現したものであると言えよう．

おわりに

この章では IoT についてその仕組みや実例を紹介し，その発展を支えているインターネットの設計思想等について述べた．ここで述べたような方針でインターネットが運用されることで，インターネットは誰でも参加できどんなふうに利用してもよいメディアとして発展し，そのこと自体がインターネットの持続可能性を支えるものになる．読者がインターネットに接続するときやネッ

トに情報を発信するとき，またネット上のデータを利用するとき等に，このようなことに少しでも思いを馳せていただければ幸いである．

▣ 注

(1) IP（Internet Protocol）を用いて相互接続された世界規模のコンピュータネットワークの総称．"The Internet"．
(2) コンビニエンスストアの店内にあるチケット販売機のように常時通電している双方向通信可能な情報端末のこと．
(3) 放射線を検知し，回数をカウントできる装置．
(4) Bring Your Own Device の略で自分の PC やタブレット等を職場や学校に持ち込んで仕事や学習をすること．
(5) ここでネットとはインターネットに代表される IP ネットワークを意味する．
(6) インターネットで利用されている標準プロトコルスタック．HTTP（WWW）や SMTP（メール）等のアプリケーション層，TCP や UDP 等のトランスポート層，IP 層，デバイス層（物理層）の4層から構成される．
(7) イーサネットを利用してネットワーク接続をするためのケーブル．4組の撚り対線からなる．
(8) 例えば PC における CPU（中央演算装置）のように，ある処理を行うために作られた集積回路（IC）のこと．
(9) PC 等の装置と外部接続装置との情報の入出力を行う端子のこと．
(10) OS の一種で，1991年 Linus Torvalds によって開発・公開された Linux カーネルを利用する．IoT でも活用される組込システムや家電，PC，サーバ等で広く普及している．
(11) 1970年代にカリフォルニア大学バークレー校で開発された OS を元に 1992年に William Jolitz が公開した 386BSD から派生した OS．
(12) 電子部品を差し込むことで回路を作成できる基板で，実験や試作に便利である．
(13) 誰もがアクセスすることのできるデータ．

▣ 参考文献

江崎浩・落合秀也（2014）「「Internet by Design」に基づいたスマートビル・スマートキャンパスの設計と実装」『情報処理学会デジタルプラクティス』第5巻第3号，196-204頁．
砂原秀樹・佐藤雅明・植原啓介・青木邦友・村井純（2002）「IPCar：インターネットを利用した自動車プローブ情報システムの構築」『電子情報通信学会論文誌B』第85巻第4号，431-437頁．
西川保幸（1998）「自動車向けオンライン情報提供サービス――MONET（モネ）の紹介――」『富士通テン技報』第16巻第1号，1-7頁．
宮川晋・鈴木正人・篠田陽一・大野浩之（1991）「Everything can beIP-reachable-WBIP

プロジェクト―」『第 17 回 UNIX シンポジウム予稿集』JUS（Japan UNIX Society），105-114 頁．

宮下健輔（2000）「放射線検知器」『UNIX 便利帖第 3 回，UNIX MAG-AZINE』2000 年 2 月号，第 15 巻第 2 号，112-118 頁，アスキー．

八木浩一・林昌仙（2012）「災害時における ITS 分野での取り組み事例――乗用車・トラック通行実績・道路規制情報――」『情報処理学会デジタルプラクティス』第 3 巻第 1 号，3-8 頁．

Ashton, Kevin (2009) "That 'Internet of Things' Thing", RFID Journal, http://www.rfidjournal.com/articles/view?4986（2014 年 12 月 6 日確認）．

Bradley, Joseph, Joel Barbier, Doug Handler (2013) "White Paper: Embracing the Internet of Everything To Capture Your Share of $14.4 Trillion", http://www.cisco.com/web/about/ac79/docs/innov/IoE_Economy.pdf（2014 年 12 月 6 日確認）．

Cisco (2014) "CSR Impact Story: Social Innovation in France @ Cisco", http://csr.cisco.com/casestudy/social-innovation-in-france（2014 年 12 月 6 日確認）．

FCC (Federal Communications Commission) (2005) "Policy Statement FCC05-151", https://apps.fcc.gov/edocs_public/attachmatch/FCC-05-151A1.pdf（2014 年 12 月 6 日確認）．

Gartner, Inc.(2013) "Gartner Says the Internet of Things Installed Base Will Grow to 26 Billion Units By 2020", http://www.gartner.com/newsroom/id/2636073（2014 年 12 月 6 日確認）．

IEEE (2011) 1888-2011-IEEE Standard for Ubiquitous Green Community Control Network Protocol", http://standards.ieee.org/findstds/standard/1888-2011.html（2014 年 12 月 6 日確認）．

INTERNET Watch（1997）「インターネット冷蔵庫が研究中，町内のお知らせもインターネットで」，INTERNET Watch, 1997 年 11 月 17 日号，http://internet.watch.impress.co.jp/www/article/971117/inetf.htm（2014 年 12 月 6 日確認）．

Pachube + M.K.I.（2009）「《Pachube@ミッション G》」，http://www.ntticc.or.jp/Archive/2009/Openspace2009/Works/pachube_j.html（2014 年 12 月 6 日確認）．

Weiser, Mark(1991) "The Computer for the 21st Century", Scientic American, 265(9), pp.66-75.

推薦図書

磯光雄（2008）『電脳コイル』バンダイビジュアル．
東大 EMP，横山禎徳（2014）『デザインする思考力』東京大学出版会．
西餅（2014）「ハルロック」講談社（月刊誌『モーニング』で連載中）．
矢野和男（2014）『データの見えざる手――ウエアラブルセンサが明かす人間・組織・社会の法則――』草思社．

（宮下健輔）

第22章 ネットワーク社会を生き抜く

　　我々は身の回りに溢れかえる様々な情報にアクセスし，また情報を発信している．インターネットの登場から半世紀がたった今，インターネットを利用して様々な利益を享受している一方で，影の部分があることも事実である．情報化社会といわれる現代社会を生き抜くには影の部分を理解し，それに対抗する力が必要とされている．ここではまず，インターネットの登場に至る情報通信の歴史を振りかえり，インターネットが現代社会に与える影の部分とそれを乗り越える方法を考える．

はじめに

　人間は古来より，様々な手段により情報伝達を行ってきた．その原動力は自分の知っている情報を他人に伝えたい，他人の情報を知りたい，情報を交換したい，つまり他人とコミュニケーションを取りたいというものである．現在のインターネットでもこの原動力は生きている．また，文明の発達とともに情報を伝達するということが重要視されるようになるのは現代と変わらない．より遠くへ，より多くの情報を同時に伝達する方法が重要視されるのも自然なことである．まずは古来から行われていた通信手段の歴史を振りかえろう．

（1）情報通信の歴史とインターネット

a　情報伝達の歴史と電気通信の登場

　狼煙は小さな塔の上で高い煙を上げて合図として利用するものである．紀元前のペルシア，ローマでは，火薬を用いて煙の色を変えたり，煙の形を変えることで様々な意図を伝達する方法も考案された．狼煙は主に侵入者の伝達に利用され，ヨーロッパやアジアでも狼煙を挙げる塔が建てられていた．手紙も情報を記した紙を伝達する手段，ととらえれば古くから用いられた情報伝達手段であるといえる．

　1800年代に電気通信が可能になってから，情報伝達手段は大きく変化する．そのきっかけは1837年にアメリカで考案されたモールス信号である．モール

ス信号は短点「・」と長点「－」の二種類の符号（それぞれトン・ツーといわれることもある）を組み合わせてアルファベットや数字などを表現する．例えば ABC は「・－－・・・－・・」と表現され，これを電気信号を用いて伝達する．

その後，1876 年にアメリカのベルによる電話の発明，20 世紀になると 1902 年のイタリアのマルコーニによる大西洋を横断する無線通信の成功(1)，ラジオやテレビ放送の開始と続き，電気通信による情報伝達が広まっている．

b インターネットの登場

現在のインターネットの基となったネットワークは 1957 年に組織されたアメリカの ARPA（高等研究計画局）の研究開発によるものである．このネットワークはもともと旧ソ連のミサイル攻撃に耐えるためのネットワーク構築が目標であったとされている．

様々な研究開発の結果，1969 年にアメリカ西海岸のカリフォルニア大学ロサンゼルス校（UCLA）とスタンフォード研究所（現 SRI インターナショナル）の間で初めての通信が成功した．この通信の成功がきっかけとなり，さらに多地点を接続するコンピュータネットワークが構想された．これを ARPANET という．ARPANET には遠隔地のコンピュータを操作するサービスや，特定のコンピュータに負荷が偏らないようにする負荷分散の機能が必要とされた．

同年に 4 地点の大学や研究所を相互接続して ARPANET の基礎が実現し，現在のインターネットの原型となった．2 年後の 1971 年には接続拠点は 15 地点に増え，1972 年の一般向けデモンストレーションをきっかけとして ARPANET への接続数は増加した．1973 年にはイギリスやノルウェーと接続し，これが初の国際間の接続となった．その後 APRANET と同様の研究ネットワークが多数構築され，相互接続を繰り返し規模が拡大した．1984 年には ARPANET から発展した NSFNET というプロジェクトにより接続組織が 1000 程度に増加した．これまでのネットワークは接続組織の研究者のみが利用できるものであったが，1990 年に使用料を支払って一般の人も利用できる商用利用が認められ，研究者以外の利用者も増加した．日本では 1984 年にいくつかの大学や研究所がコンピュータネットワークを構築した．このネットワークを JUNET といい，日本国内のインターネットの基となったネットワークである．

日本のインターネットの商用利用は 1993 年に開始され，ほぼ現在のような形態になった．

c　WWW の登場

インターネットが爆発的な広まりを見せた一番の要因は，WWW（World Wide Web の略で単に Web とも呼ばれる）である．WWW は 1989 年にヨーロッパの原子核研究機構（CERN）で開発されたもので，複数の文章をハイパーリンクで結びつける仕組みを応用したもので，もともとは文献検索のために開発された仕組みである．

当初は文字データのみがやり取りされていたが 1993 年に開発された Mosaic というブラウザ（インターネットエクスプローラのような Web 閲覧ソフト）で画像が表示されるようになり，操作性も向上した．さらに，ネットワーク越しということを特に意識せずに大量の情報が得られたり，当時は難しかった画像や音声を手軽に取り扱えるという特徴も備えていた．これにより，WWW を用いて簡単に情報が得られるという利点が研究者のみならず一般の利用者に広く受け入れられた．商用利用開始の時期と重なったこともあり，インターネットの利用者が爆発的に増え始めた．

インターネットそのものは前述したようなコンピュータを相互接続したネットワークであり，WWW はインターネット上で提供されているサービスの 1 つに過ぎない．しかしこのような経緯から一般には「インターネット＝WWW」と誤解されているほどである．実際，現在インターネット上で提供されているサービスのほとんどは WWW の仕組みを利用している．

d　日本におけるインターネットの広まり

日本では 2000 年前後から本格的にインターネットの利用が広まった．そのきっかけは前述の WWW の広まりに加えて，国の情報化政策によるところが大きい．

日本の情報化政策は 2001 年の e-Japan 戦略が始まりである．これは「5 年以内に超高速アクセスが可能な世界最高水準のインターネット網整備を促進し，必要な国民が低廉な料金で利用できるようにする」というのが目標であった．これまでのインターネット接続は接続時間に応じて課金される方式が主流であったが，これによりインターネットへの常時接続が主流になる．また，1999

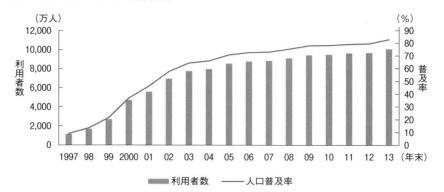

図 22-1　日本のインターネットユーザ数

出典）総務省「平成 20 年通信利用動向調査　世帯編」及び「平成 24 年　通信利用動向調査の結果」より作成．

年に NTT ドコモによる i モードサービスが開始され，携帯電話によるインターネット接続が可能になったことも利用者の広まりの要因に挙げられる．その後も様々な情報化政策により，1997 年に 9.2% であった人口普及率は 2000 年に 37.1%，2001 年に 46.3% と増加した．2012 年には 79.5% となり，2013 年には 82.8% と 8 割を超え，15 年で 8 倍以上になった．これは人口でいうと 1 億人以上にあたり，ほとんどの人がインターネットを利用するネット時代になっている（図 22-1）．

なお，現在の国の情報化政策は 2013 年に閣議決定された「世界最先端 IT 国家創造宣言」であり，ここでは IT を用いて革新的な新サービスの創出，それを支える社会の実現，公共サービスの展開のための取り組みを策定するとしている．

（2）ネットワーク社会の影

1. で述べたように，インターネットは今やほとんどの人が利用する情報インフラとして確立している．インターネットに接続されるのは当たり前となり，その上で多様なサービスが展開されている．サービスの分野もネットショッピングやオンラインゲーム，動画配信にチケットサービスなど様々な分野に広がっている．また，情報伝達手段という側面に限ってもメールによる単純な情報交換から，SNS を利用したグループ間でのコミュニケーション，写真投稿

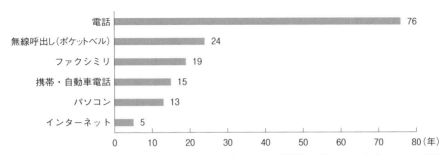

図 22-2 我が国における主な情報通信メディアの世帯普及率 10% 達成までの所要期間

出典) 郵政省「平成 11 年　通信白書」より作成.

などを併用し誰もが発信者になることで災害時の状況をいち早く知ることも可能となっている．

一方で普及に伴い様々な弊害も存在し，社会に影響を与えるようにもなってきている．ここでは，ネット社会における弊害とそれを引き起こしている原因，対処法について考える．

a　なぜ弊害は起きるのか

まずは様々な弊害を引き起こす原因を広く考える．1 つ目はインターネット利用者数の増加速度である．郵政省および総務省の調査によると，日本に電話が登場してから世帯普及率が 10% に達するまでに 76 年かかっていた．インターネットはわずか 5 年で世帯普及率 10% に達しており，これまでの情報通信メディアに比べて圧倒的な早さで普及していることが分かる（図 22-2）．なぜ普及速度が早いことが問題になるのだろうか．例えば電話の場合，電話の掛け方やとり方といった基本的な利用方法，TPO に応じた電話のマナー，いたずら電話への対処法や自分の電話番号を他人に教えてよいかの判断など，電話に関するルールが 70 年以上かけて社会的に徐々に確立され，それが一般常識として誰もが身に着けるようになってきた．それに対してインターネットはわずか 5 年という短期間で，さらに情報インフラとしての利用方法が完全に確立されないまま普及してしまったため，正しい使い方の教育や間違った使い方に対する対処法も確立されずにいるのが問題といえる．

次に，誤った情報の氾濫である．これまでの情報通信メディアは発信者や新

聞社やテレビ局などに限られていた．そのため，ある程度マスメディア自体の意向が含まれているとはいえ，流通していた情報はそれなりに信頼できるものだったといえる．しかしインターネットの普及により，個人での情報発信や匿名に近い形での情報発信が可能となった．つまりあらゆる者が情報の発信者であり受信者でもあるという状況になったのである．2011年3月の東日本大震災の際には被災地からの生の情報が発信されたり，ボランティアのコミュニティにより被災地へ必要と思われる情報が発信された．一方で必要以上に不安を煽る情報や，偽の被災地支援に関するデマ情報が多く流通した．情報伝達技術の進歩の原動力の1つである他人に情報を知らせたい，という思いがデマの広まった一因でもある．

　また，インターネットをはじめとする情報技術の変化の速度が速いことにも注目すべきである．新たなサービスが次々に登場しているため，現在主流のサービスでも数年後には廃れて使われなくなっているということも容易に考えられる．新たなサービスが登場すればそのサービスに応じた振る舞いや常識も変化する．

b　具体的な問題

・迷惑メール

　迷惑メール（SPAM）とはユーザに無許可で広告やコンピュータウイルスを送りつけるメールのことで，その内容は出会い系への誘導を代表とするアダルト系や偽ブランド品の広告，詐欺に関連するものなどが多い．

　迷惑メールが減らない大きな原因は，メール送信にかかるコストが非常に安いことである．インターネットへ接続していれば簡単なプログラムで大量のメールを送信できる．送信先のメールアドレスにはコンピュータウイルスやスパイウェアにより取得されたり，情報漏えいにより流出したデータが使われる．また，プログラムで適当に文字を組み合わせて機械的にアドレスを生成して送信する場合も多い．この場合はあて先不明のメールが大量に送信されることになるが，迷惑メール送信者にすれば何の不利益もない．大量に送信してそのうち1通でも引っかかれば十分元が取れるのである．また，インターネットのメールシステムはこのような迷惑メールは想定されずに作られているのも問題である．通信事業者は迷惑メール対策のため多くの費用をかけており，利用料金の

増加という形で我々にも跳ね返ってくる．

　迷惑メールの問題点は，不要なメールを見せられたり，必要なメールを探す手間が増えるだけではない．迷惑メールから感染するコンピュータウイルスによる情報漏えいやデータの破壊，ワンクリック詐欺やフィッシングによる金銭的な被害と二次的な被害が問題である．

　迷惑メールによる被害を防ぐには，不要なメールを開かないということに尽きる．興味本位で開かずにただちに削除すればほぼ被害を被ることはない．また，簡単にメールアドレスを他人に教えないことも重要である．「配送停止のための連絡」もしてはならない．返信すれば人間が読んでいるアドレス，ということが送信者に分かり，逆に迷惑メールがたくさん送られることになるからだ．

・情報漏えい

　データ所有者の意図に反して様々な情報が外部に流出することを情報漏えいといい，企業が持つ顧客情報（名前，住所，クレジットカード番号など）が流出した，という事件が頻繁に起きている．原因は様々であるが，大きく3つに分類される．

　1つ目はオペレーティングシステムの技術的な弱点（脆弱性）を突いた攻撃によるものである．迷惑メールやWebサイトから感染したコンピュータウイルスやスパイウェアが，コンピュータ内の情報が攻撃者へ情報を送信する．情報が保存されてあるコンピュータへ不正侵入して情報を盗まれるケースもある．不正侵入には様々な方法で取得したパスワードが用いられる．

　2つ目はパソコンやUSBメモリなど情報が入った媒体の紛失や盗難による情報漏えいである．紛失したパソコンからの不正侵入といった二次被害の可能性も大きい．

　3つ目は，個人情報や機密情報にアクセスできる正規の権限を持った内部犯によるものである．目的は情報の売却や競合他社へのデータの持ち込みが考えられる．近年はこのケースの情報漏えいが増加している．正規の権限でアクセスするために漏えい件数も多くなり，報道されるケースも多い．特に2014年7月に発生したベネッセコーポレーションが所有する個人情報の流出事件では，2000万件以上も情報が流出し，流出件数としては過去最大級であった．この

ような内部犯行による情報漏えいを防ぐことは難しい．

　対策としては，技術的な対策と人的な対策がある．技術的な対策はいわゆる情報セキュリティ対策と呼ばれるものである．ウイルス対策ソフトやパーソナルファイアウォールの導入は必須で，Windowsの場合，Windows自体の定期的な更新も必要となる．これらはインターネットに接続されていれば自動的に行われるよう設定されている場合がほとんどなので，使用しないパソコンであっても定期的にインターネットに接続して更新作業を行わなければならない．人的な対策としては，情報機器の持ち出しの制限や適切なアクセス制限など，情報の取り扱いに関するルールを定めることが必要となる．

・炎上

　炎上とはインターネット上のある出来事に対して批判，賛同を問わず多数の書き込みが行われる状況を指す．批判が批判を呼び，当初の書き込みとは無関係な罵詈雑言が飛び交い収拾がつかなくなるケースも多い．

　この現象は最近になって起きたものではなく，インターネットが利用され始めた当初から存在していた．1990年代にはネットニュースと呼ばれる掲示板のようなサービス上での論争や言い争いが絶えず，それは「フレーム」と呼ばれていた．フレームの語源は炎を意味する単語flameである．炎上と同様で燃え上がっているイメージからついた名づけだと思われる．対面のコミュニケーションではなく，文字のみによるやり取りであるため，些細な誤解や揚げ足取りが発端でフレームが発生することが多かった．

　2000年代の前半にはフレームの発生頻度も増える傾向にあり，炎上という言葉が使われるようになったのもこのころからである．その原因は2つあり，1つは「2ちゃんねる」を代表とする匿名掲示板の流行である．匿名で情報発信できることから実社会と切り離された感覚になり，対面では使わないような攻撃的で猥雑な言い回しを多用するのである．もう1つはインターネットの利用者，特にネット上のマナーを身につけていない若年者が増えたことである．利用者が増えると当然コミュニケーションの幅も広がるが，同時に論争の火種も増えてしまう．また，年齢や立場に関する違いへの意識が実社会に比べ軽薄になってしまうのが問題である．

　ここまでは炎上やフレームといってもネット上のコミュニティ内で完結し，

実社会に与える影響はそれほど大きくなかった．つまりインターネット内で閉じた社会が形成されていたともいえる．

しかし2010年代になってほとんどの人がインターネットを利用するようになった今では，ネット社会と実社会の区別が明確ではなくなった．つまりネット社会が実社会の一部になっているのである．すると炎上の形態も必ずしもインターネット上のみで完結する事象ではなくなっている．例えば2013年7月にコンビニエンスストア店内のアイスクリーム用冷蔵庫に入った写真がFacebook上に掲載され，批判のメッセージが殺到して炎上した．その結果当該の店舗が閉店になるという事態に発展した．このように近年の炎上のきっかけは多くの場合掲示板やブログでの書き込み，TwitterのつぶやきやSNSサイトへの安易な投稿である．

このようなことに巻き込まれないようにするためには，情報倫理というネットワーク社会で必要なモラルや基本的なルールを身につけることである．

情報発信をする際の1つ目のポイントは「常に全世界に発信している」と心がけることである．インターネット上のデータはデジタルデータであるため，コピーの作成や保存が容易に可能である．一旦発信した情報は誰かが必ず複製を取っていると考えるべきである．SNSで友達のみに限定して公開して発信したとしても，友達がそのコピーを公開すれば限定した意味はなくなってしまう．

もう1つは「誰かのプライバシーを侵していないか」に気を配ることである．例えば写真つきの投稿をする際には，著作物を侵害するようなものは映り込んでいないか気を配るべきである．他人のプライバシーだけではなく，自分自身のプライバシーについても忘れてはならない．必要以上に自分の居場所や行動を投稿し公開するのは，自分自身のプライバシーを侵しているともいえる．いくつかの投稿内容から個人を特定するのはそれほど難しいことではないためだ．

受信する際に気を付けるべきことは「正しい情報か慎重に判断する」ということが最も重要であろう．「a なぜ弊害は起きるのか」でも述べたように，インターネットでは誰でも自由に情報発信ができるため，間違った情報も氾濫している．情報を鵜呑みにせず，少しでも疑わしいと感じた場合は一次情報（情報ソース）を探ることが必要である．見た情報が正しい情報である，という保

証はどこにもないのだ.

おわりに

21世紀は情報化社会といわれている.ここ数年は影の部分が強調されがちではあるが,もはやインターネットなしでの生活は考えられない状況となっている.新技術が次々に登場し変化が激しい分野であるが,正しい知識を身につけて楽しく利用しよう.

注
（1） 1901年に成功したという説もあるが,これは第3者による確認がなかったため成功を疑問視する意見もある.

参考文献・推薦図書
荻上チキ（2007）『ウェブ炎上』筑摩書房〔ちくま新書〕.
西垣通（2007）『ウェブ社会をどう生きるか』岩波書店〔岩波新書〕.
中山貴夫（2010）「インターネットと現代社会」初瀬龍平ほか編『現代社会研究入門』晃洋書房.
情報処理推進機構（2012）『情報セキュリティ読本 四訂版 IT時代の危機管理入門』実教出版.
情報通信総合研究所編（2013）『情報通信データブック2014』NTT出版.

（中山貴夫）

執筆者一覧（五十音順，＊は編集委員）

秋本　勝（あきもと・まさる）　　仏教学
江口　聡（えぐち・さとし）　　哲学・倫理学
奥井亜紗子（おくい・あさこ）　　社会学
＊嘉本伊都子（かもと・いつこ）　　社会学
工藤正子（くどう・まさこ）　　文化人類学
坂爪聡子（さかづめ・さとこ）　　人口経済学
澤　敬子（さわ・けいこ）　　法社会学
＊霜田　求（しもだ・もとむ）　　倫理学
諏訪亜紀（すわ・あき）　　環境政策学
竹安栄子（たけやす・ひでこ）　　地域社会学，家族社会学，民俗学
＊手塚洋輔（てづか・ようすけ）　　行政学
戸田真紀子（とだ・まきこ）　　比較政治学
鳥谷一生（とりたに・かずお）　　国際経済学
＊中田兼介（なかた・けんすけ）　　動物行動学
＊中山貴夫（なかやま・たかお）　　情報工学
＊西尾久美子（にしお・くみこ）　　経営学
濱崎由紀子（はまさき・ゆきこ）　　精神医学
林　忠行（はやし・ただゆき）　　国際関係論
東元春夫（ひがしもと・はるお）　　社会学
正木大貴（まさき・だいき）　　臨床心理学
宮下健輔（みやした・けんすけ）　　情報工学
森久　聡（もりひさ・さとし）　　都市社会学，環境社会学

現代社会を読み解く

2015年3月10日 初版第1刷発行　　＊定価はカバーに表示してあります

編著者の了解により検印省略	編著者	嘉本 伊都子 霜田 求 手塚 洋輔 © 中田 兼介 中山 貴夫 西尾 久美子

発行者　川東 義武

発行所　株式会社　晃洋書房

〒615-0026 京都市右京区西院北矢掛町7番地
電話　075(312)0788番代
振替口座　01040-6-32280

ISBN978-4-7710-2601-8　　印刷・製本　亜細亜印刷㈱

JCOPY 〈㈳出版者著作権管理機構　委託出版物〉

本書の無断複写は著作権法上での例外を除き禁じられています．複写される場合は，そのつど事前に，㈳出版者著作権管理機構（電話 03-3513-6969, FAX 03-3513-6979, e-mail: info@jcopy.or.jp）の許諾を得てください．